EMPRESAS COM PROPÓSITO

André Rehbein Sathler Guimarães
Roberto Campos da Rocha Miranda
Gestores e docentes de cursos de Administração

EMPRESAS COM PROPÓSITO

ALTA BOOKS
GRUPO EDITORIAL
Rio de Janeiro, 2023

Empresas com Propósito

Copyright © 2023 da Starlin Alta Editora e Consultoria Ltda.
ISBN: 978-85-508-1886-3

Impresso no Brasil — 1ª Edição, 2023 — Edição revisada conforme o Acordo Ortográfico da Língua Portuguesa de 2009.

Dados Internacionais de Catalogação na Publicação (CIP) de acordo com ISBD

S253e   Sathler, André Rehbein
Empresas com Propósito: o que são, o que sonham e o que valorizam as maiores empresas brasileiras / André Rehbein Sathler, Roberto Campos da Rocha Miranda. - Rio de Janeiro : Alta Books, 2022.
320 p. ; 16cm x 23cm.

Inclui bibliografia e índice.
ISBN: 978-85-508-1886-3

1. Administração de empresas. I. Miranda, Roberto Campos da Rocha. II. Título.

2022-3306
CDD 658
CDU 65

Elaborado por Vagner Rodolfo da Silva - CRB-8/9410

Índice para catálogo sistemático:
1. Administração de empresas 658
2. Administração de empresas 65

Todos os direitos estão reservados e protegidos por Lei. Nenhuma parte deste livro, sem autorização prévia por escrito da editora, poderá ser reproduzida ou transmitida. A violação dos Direitos Autorais é crime estabelecido na Lei nº 9.610/98 e com punição de acordo com o artigo 184 do Código Penal.

A editora não se responsabiliza pelo conteúdo da obra, formulada exclusivamente pelo(s) autor(es).

Marcas Registradas: Todos os termos mencionados e reconhecidos como Marca Registrada e/ou Comercial são de responsabilidade de seus proprietários. A editora informa não estar associada a nenhum produto e/ou fornecedor apresentado no livro.

Erratas e arquivos de apoio: No site da editora relatamos, com a devida correção, qualquer erro encontrado em nossos livros, bem como disponibilizamos arquivos de apoio se aplicáveis à obra em questão.

Acesse o site **www.altabooks.com.br** e procure pelo título do livro desejado para ter acesso às erratas, aos arquivos de apoio e/ou a outros conteúdos aplicáveis à obra.

Suporte Técnico: A obra é comercializada na forma em que está, sem direito a suporte técnico ou orientação pessoal/exclusiva ao leitor.

A editora não se responsabiliza pela manutenção, atualização e idioma dos sites referidos pelos autores nesta obra.

Produção Editorial
Grupo Editorial Alta Books

Diretor Editorial
Anderson Vieira
anderson.vieira@altabooks.com.br

Editor
José Ruggeri
j.ruggeri@altabooks.com.br

Gerência Comercial
Claudio Lima
claudio@altabooks.com.br

Gerência Marketing
Andréa Guatielo
andrea@altabooks.com.br

Coordenação Comercial
Thiago Biaggi

Coordenação de Eventos
Viviane Paiva
comercial@altabooks.com.br

Coordenação ADM/Finc.
Solange Souza

Coordenação Logística
Waldir Rodrigues

Gestão de Pessoas
Jairo Araújo

Direitos Autorais
Raquel Porto
rights@altabooks.com.br

Assistente da Obra
Ana Clara Tambasco
Erick Brandão

Produtores Editoriais
Illysabelle Trajano
Maria de Lourdes Borges
Paulo Gomes
Thales Silva
Thiê Alves

Equipe Comercial
Adenir Gomes
Ana Claudia Lima
Andrea Riccelli
Daiana Costa
Everson Sete
Kaique Luiz
Luana Santos
Maira Conceição
Nathasha Sales
Pablo Frazão

Equipe Editorial
Andreza Moraes
Beatriz de Assis
Beatriz Frohe
Betânia Santos
Brenda Rodrigues

Caroline David
Elton Manhães
Gabriela Paiva
Gabriela Nataly
Henrique Waldez
Isabella Gibara
Karolayne Alves
Kelry Oliveira
Lorrahn Candido
Luana Maura
Marcelli Ferreira
Mariana Portugal
Marlon Souza
Matheus Mello
Milena Soares
Patricia Silvestre
Viviane Corrêa
Yasmin Sayonara

Marketing Editorial
Amanda Mucci
Ana Paula Ferreira
Beatriz Martins
Ellen Nascimento
Livia Carvalho
Guilherme Nunes
Thiago Brito

Atuaram na edição desta obra:

Revisão Gramatical
Fernanda Lutfi
Simone Sousa

Diagramação
Rita Motta

Capa
Erick Brandão

Editora afiliada à:

Rua Viúva Cláudio, 291 — Bairro Industrial do Jacaré
CEP: 20.970-031 — Rio de Janeiro (RJ)
Tels.: (21) 3278-8069 / 3278-8419

www.altabooks.com.br — altabooks@altabooks.com.br
Ouvidoria: ouvidoria@altabooks.com.br

"AS PESSOAS PRECISAM
SABER AQUILO QUE AS
EMPRESAS DEFENDEM
E ESTÃO TENTANDO
REALIZAR."

— Peter Drucker

SOBRE OS AUTORES

André Rehbein Sathler Guimarães

Economista pela Universidade Federal de Minas Gerais — UFMG, mestre em Informática pela Pontifícia Universidade Católica de Campinas — PUCCAMP, mestre em Comunicação pela Universidade Metodista de São Paulo — UMESP, doutor em Filosofia pela Universidade Federal de São Carlos — UFSCar. Foi coordenador do curso de Administração — Gestão de Negócios Internacionais (Universidade Metodista de Piracicaba — UNIMEP); diretor da Faculdade de Gestão e Negócios (UNIMEP), pró-reitor de Graduação e Educação Continuada (UNIMEP), pró-reitor de Pesquisa e Pós-Graduação (UNIMEP), vice-reitor (Izabela Hendrix), diretor do Programa de Pós-graduação (Câmara dos Deputados), coordenador do curso de Mestrado em Poder Legislativo (Câmara dos Deputados). Consultor do Ministério da Educação (MEC), da Coordenação de Aperfeiçoamento de Pessoal de Nível Superior (Capes), do Ministério da Justiça e da *Global Partners Governance*. Professor do Mestrado em Poder Legislativo da Câmara dos Deputados e do Mestrado em Gestão Estratégica de Organizações do Centro Universitário IESB.

ROBERTO CAMPOS DA ROCHA MIRANDA

Bacharel em Administração Postal pela Escola Superior de Administração Postal (1986), Bacharel em Administração — com habilitação pública e privada — pela União Pioneira de Integração Social (1993), Especialista em Gestão de Pessoas no Setor Público pela Universidade Cândido Mendes (2011), Especialista em Psicologia Clínica — Psicanálise pela Universidade de Araraquara (2016), Mestre em Ciências da Informação pela Universidade de Brasília (1999) e Doutor em Ciências da Informação pela Universidade de Brasília (2004). É Analista Legislativo da Câmara dos Deputados na área de Recursos Humanos, atuando no Centro de Documentação e Informação, e Professor do Mestrado Profissional em Poder Legislativo (Câmara dos Deputados). Participou como consultor e coordenador de projetos no(a) Ministério das Comunicações, Empresa Brasileira de Correios e Telégrafos (ECT), Instituto Brasileiro de Informação em Ciência e Tecnologia (IBICT), União Postal Universal (UPU), União Postal das Américas, Espanha e Portugal (UPAEP), Confederação Nacional da Indústria (CNI), Câmara Legislativa do Distrito Federal (CLDF) e Centro Universitário — Instituto de Educação Superior de Brasília (IESB).

ANDRÉ

Dedico este livro à Malena, que me deu um propósito.

ROBERTO

Dedico este livro ao meu filho, Rafael Miranda.

# AGRADECIMENTOS

André agradece ao seu parceiro de obra e de vida, Roberto Campos da Rocha Miranda, com quem mantém parceria há mais de uma década, sempre com excelentes resultados e sem estresse. Aos colegas do Mestrado em Gestão Estratégica das Organizações, do Centro Universitário IESB, com quem discutiu muitos dos pontos desenvolvidos neste livro, bem como aspectos da pesquisa conduzida e realizada a partir da infraestrutura disponibilizada pelo programa. Particularmente, também expressa a sua gratidão a Breno Giovanni Aidad Castro e Thiago Gomes Nascimento. Agradece também a Ricardo de João Braga, com quem discute muitos assuntos e extrai muita sabedoria a ser aplicada ao cotidiano da gestão.

Roberto agradece a André Rehbein Sathler, mais que um amigo e parceiro de trabalho, um irmão de jornada, sempre presente em sua vida, partilhando seu bom humor, postura profissional e o desejo sincero do bem. Também a todos os alunos e colegas professores, com os quais teve a oportunidade de trabalhar em algum momento da vida, pelos aprendizados recíprocos e pelas oportunidades de desenvolvimento.

AGRADECIMENTOS

SUMÁRIO

Introdução 1
Sobre este livro 5

PARTE I
UMA PESSOA COM UM PROPÓSITO

1. Para que servem as empresas? 11
2. E o dinheiro, afinal? 20
3. A pessoa jurídica 28
4. Fantasmas camaradas? 35
5. Pessoas com propósito 38
6. A origem do propósito 45
7. Propósito e cultura 50
8. Propósito como motivação 55
9. Quando o propósito falta: o risco das empresas se tornarem psicopatas 62

PARTE II
QUEM SÃO

1.1 Aspectos conceituais 69
1.2 Aspectos técnicos 77
1.3 A missão das 500 91
1.4 Aplicação: quem são os maiores hospitais brasileiros? 103

PARTE III
O QUE SONHAM

2.1 Aspectos conceituais 109
2.2 Aspectos técnicos 114
2.3 A visão das 500 118
2.4 Aplicação: o que sonham os maiores hospitais brasileiros? 128

PARTE IV
O QUE VALORIZAM

3.1 Aspectos conceituais 133
3.2 Aspectos técnicos 145
3.3 Os valores das 500 148
3.4 Aplicação: o que valorizam os maiores hospitais brasileiros? .. 155

Considerações finais: O Poder do Propósito 159
Referências Bibliográficas 165
Apêndice I. Rol de Declarações de Missão 169
Apêndice II. Rol de Declarações de Visão e Valores 205
Índice 301

INTRODUÇÃO

No Éden, as pessoas viveriam sem esforço uma vida de contemplação, alimentando-se de uma oferta abundante e disponível, mas, atrapalhados pela cilada de uma serpente, os pais originais da humanidade condenaram seus filhos a conseguir todo o necessário para sua sobrevivência mediante o trabalho — uma praga rogada por um Deus ressentido. Desde então, a pecha do trabalho como algo maldito permanece forte, ainda em nossos tempos.

Traduzindo a questão para uma linguagem menos esotérica, as pessoas têm seus próprios interesses, os quais gostariam de satisfazer com o mínimo de esforço possível. Há um quê de economista em cada ser humano — nós fazemos cálculos de custo e benefício o tempo todo. As empresas, por sua vez, também têm seus interesses. Como conciliar as duas coisas?

Durante muito tempo, graças às propostas dos primeiros a tentar dar um grau de ciência à Administração — Frederick Taylor, Max Weber, Henry Fayol —, essa resposta foi simples: dinheiro. Diante da cenoura da remuneração, as pessoas abririam mão dos seus interesses, durante algumas horas do dia, para atuar em prol dos interesses das companhias e de seus donos.

Mas essa é apenas uma parte da história. Depois da chamada teoria clássica da Administração, vieram muitas outras abordagens. E a própria evolução das relações entre patrões e empregados, colaboradores e proprietários, mostrou que a remuneração já não era mais suficiente. Cada vez mais, e principalmente entre as gerações mais jovens, o que conta é o quanto a pessoa se sente bem na empresa em que trabalha, o quanto admira sua cultura e quão saudável é o clima organizacional. As pessoas querem escolher aonde vão trabalhar e essa escolha passa por mais fatores do que a quantidade de dinheiro que serão capazes de ganhar.

O trabalho é uma parte importante na definição da personalidade, afinal, as pessoas escolhem uma carreira e muitas vezes se definem em virtude de suas ocupações: "Eu *sou* engenheiro"; "Eu *sou* economista" etc. Também pesa o fato de que passamos muito tempo de nossas vidas dentro das empresas. Aquilo que fazemos profissionalmente acaba compondo uma parte importante e significativa do que somos. Se estamos em uma empresa com a qual nos sintonizamos, nos sentimos bem e nosso ser caminha em harmonia. Do contrário, experimentamos frustrações, ansiedades, ficamos estressados e sofremos *burnout*.[1]

Do ponto de vista do empresário, a empresa é uma questão existencial. O economista John Maynard Keynes dizia que os empreendedores tinham um instinto diferenciado, um *animal spirit*, que os motivava a assumir riscos e a fazer acontecer uma empresa. Fica claro que, também sob a ótica dos donos, a remuneração, no caso o lucro, não é o único determinante. Dizer que uma empresa existe somente para gerar lucro é o mesmo que dizer que se criam empresas para gerar dinheiro. Mas essa não é toda a verdade. Um empresário que cria uma cafeteria deseja servir um bom café, conquistar os clientes para continuar servindo café, atender à necessidade social de se ter bom café para beber, a um

---

[1] A síndrome de *burnout* é um distúrbio psíquico causado pela exaustão extrema, sempre relacionada ao trabalho de um indivíduo. Essa condição também é chamada de "síndrome do esgotamento profissional" e afeta quase todas as facetas da vida de um indivíduo.

bom preço e na quantidade adequada, e não apenas gerar dinheiro. Em outras palavras, o dono da cafeteria cumpre a função social de disponibilizar café.

Os empresários enxergam um sentido naquilo que fazem. A grande questão é a medida com que conseguem compartilhar esse sentido com os seus funcionários e com a sociedade em geral. O sentido da atuação de uma empresa, sua verdadeira função social, é um capital intangível que compõe seu capital reputacional. A esse sentido, essa razão da existência da empresa, suas funções social e pública, chamamos de propósito. Para alguns, algo mais, um destino.

No século XXI, as pessoas estão cada vez mais inquietas. Querem encontrar um sentido para a vida. Querem que as coisas que fazem façam sentido. Esse é um assunto que vai muito além da Administração. Mas as empresas, como lugares que reúnem multidões, todos os dias, por muitas horas, fazem parte vital desse sentido. O empresário que tem clareza do sentido de sua atividade consegue traduzi-lo como um propósito. Quando alcançam essa realização, transformam aquele impulso empreendedor inicial, instintivo, em algo mais estável e perene.

Peter Drucker foi um dos primeiros autores a insistir na importância do propósito. Quem quiser regenerar uma empresa qualquer que estiver atravessando um processo de decadência deve tentar reconduzi-la às suas origens, porque a perfeição de toda a empresa consiste em prosseguir e atingir o fim para o qual foi fundada. Afastar-se da finalidade é caminhar para a morte, e voltar para ela é readquirir a vida. Essa finalidade é o propósito. Sua descoberta tem o potencial de vivificar a empresa e a todos que nela e com ela interagem.

Uma empresa é mais do que a soma de suas partes. Ela é uma pessoa com um propósito. O propósito é o que dá unidade às suas ações, superando as contradições internas. O método tradicional das burocracias funcionais de dividir os problemas para serem tratados em diversos departamentos já não funciona. É insuficiente percorrer um caminho de setores sem conciliar os contrários. Toda empresa necessita de um ponto de referência, com o qual todos os setores concordem. Quando isso acontece, a construção do sentido é possível.

Os manuais operacionais, os guias de conduta e os procedimentos operacionais padrão não dão conta de tudo. São sempre incompletos: como qualquer conjunto de regras, têm inúmeras lacunas e ambiguidades. Nenhum manual, por mais completo e detalhado que seja, é capaz de antecipar todas as contingências possíveis ou prescrever como se comportar em todas as circunstâncias.

O propósito, por sua vez, funciona como um centro de gravidade — atrai as pessoas sem que essas percebam que estão sendo atraídas. O propósito é o caminho para a superação dos dilemas e dos conflitos de interesses entre empreendedores e seus colaboradores. Funcionam como uma bússola ética que alinha os interesses de modo que a ação da empresa seja vista como benéfica para as pessoas e que as ações das pessoas sejam benéficas para as empresas. O propósito possibilita que o ser humano volte a ficar no centro, que as pessoas se sintam valorizadas e respeitadas.

Quando isso acontece, o trabalho deixa de ser visto como uma maldição. As pessoas passam a entender que fazem parte de algo maior e qual é o papel disso no âmbito ainda mais amplo da sociedade. Compreendem que as empresas cumprem uma função pública e que elas fazem parte disso. O dinheiro que os colaboradores recebem é importante, afinal, precisam dele para seu sustento. Mas o propósito agrega uma dimensão de qualidade na relação entre colaboradores e empresários, ao trazer a possibilidade da construção de um sentido.

O propósito permite que todos, seja a comunidade interna, seja a sociedade em geral, compreendam o que a empresa faz, o que quer fazer e como pretende fazer. É uma carta de compromisso consigo mesma, com seus donos, com seus funcionários e com a sociedade em geral. Como se as empresas dissessem: *Ok, vocês, humanos, permitiram que eu me tornasse uma pessoa. Em troca, deixo aqui bem claro como vou me comportar e o que espero alcançar.*

Desejamos que a leitura o inspire e que você possa usar os conteúdos que aqui colocamos para agregar mais vida ao seu dia a dia!

Boa leitura!

EMPRESAS COM PROPÓSITO

SOBRE ESTE LIVRO

Este não é um livro acadêmico. Ao escrevê-lo, tentamos usar uma linguagem simples e direcionada aos gestores, empregados e interessados em Administração de uma forma geral. De certo modo, este livro pode ajudar a todas as pessoas que todos os dias se dirigem para um lugar de trabalho e exercem um ofício. Como já dissemos, o trabalho é parte importante de nossas vidas e este livro pode ajudar você a ressignificar aquilo que faz e como faz todos os dias, no seu lugar de trabalho.

Apesar de não ser um livro acadêmico, esta obra é resultado de uma pesquisa, desenvolvida no âmbito de um programa de mestrado em Gestão Estratégica de Organizações, cujos resultados já foram publicados em importantes periódicos científicos. Achamos importante destacar esse ponto para ressaltar que este livro não é simplesmente mais um manual de "autoajuda", como muitas obras no âmbito da Administração. Apresentamos e tratamos de experiências concretas, extraídas do conjunto das 500 maiores empresas brasileiras.

Começamos com uma parte teórico-conceitual, na qual procuramos mostrar a nossa visão sobre a construção da identidade corporativa. Para chegar nisso, refletimos sobre o início da pessoa jurídica, essa construção social que se tornou onipresente em nossas vidas. Propomos reflexões sobre a questão dos lucros e em que medida eles podem ser considerados importantes e colocados em uma perspectiva adequada dentro das empresas. Antecipamos aqui que consideramos que nenhuma empresa será saudável se estiver obcecada por lucros. E que ganhar dinheiro nunca será suficiente como razão de existência de uma empresa. Concluímos essa parte mais conceitual com provocações sobre o que pode acontecer quando as empresas não têm propósito. Falamos, inclusive, nas empresas como psicopatas.

A segunda parte do livro está mais diretamente relacionada aos resultados da pesquisa que conduzimos. Fomos buscar, entre as 500 maiores empresas brasileiras, as declarações de missão, de visão e de valores. Com isso, conseguimos ter um amplo espectro da forma como as empresas brasileiras constroem sua identidade corporativa. E como, pelo menos do ponto de vista declaratório, explicitam seu propósito.

No fim de cada tópico, apresentamos uma aplicação, mostrando as declarações de missão, de visão e de valores dos maiores hospitais brasileiros. Assim, fica bem claro como essas declarações acabam sendo elementos definidores da identidade corporativa. Afinal, olhar para o retrato de cada entidade revelado pelas suas declarações deve mostrar a real natureza de cada uma delas.

Concluímos sintetizando e apresentando nossa própria declaração de confiança no poder do propósito e como ele pode ser um elemento transformador na vida das empresas e de seus colaboradores.

Ao longo de todo o texto, foram colocadas citações cuidadosamente selecionadas de empresários famosos, como Henry Ford, Alfred Sloan, Antonio Ermírio de Moraes, Ricardo Semler, Steve Jobs, Jeff Bezzos, Travis Kalanick, Jorge Paulo Lemann, Walt Disney, Akio Morita. Elas dialogam com o conteúdo apresentado naquele instante, contribuindo para que você possa ver como esses assuntos estiveram presentes na intuição prática desses homens que revolucionaram o mundo dos negócios.

Finalmente, colocamos como apêndices as declarações que compilamos ao longo de nossa pesquisa. São mais de 850 declarações de empresas reais. Esse material, por si só, é riquíssimo e pode atender aos mais variados objetivos: pessoas que estão em processo de elaborar ou rever declarações em suas empresas; pesquisadores que tenham interesse no assunto; empresários; consultores etc.

A compilação dessas declarações foi certamente a parte mais trabalhosa e demorada do trabalho de pesquisa e nossa decisão de disponibilizá-la aqui tem a ver com a forma como nós enxergamos o nosso próprio propósito como pesquisadores — contribuir para a compreensão e a transformação da realidade com base no conhecimento. Acreditamos no poder dos dados abertos e temos a convicção de que esse material, ora disponibilizado, vai gerar muito mais conhecimento.

PARTE I

PARTE I

UMA PESSOA COM UM PROPÓSITO

PARA QUE SERVEM AS EMPRESAS?

As empresas têm uma função pública. São elas que atendem ao sistema de necessidades sociais. Não importa a natureza de sua propriedade, privada ou estatal, as empresas são uma instituição — uma solução estável e perene que a sociedade encontrou para um problema que aflige a todos. Não é à toa, portanto, que as empresas sejam onipresentes atualmente. Não importa o regime político do país (democracias, ditaduras, repúblicas, monarquias etc.) ou sua orientação econômica (capitalista, socialista, comunista etc.), lá estão as empresas oferecendo os bens e os serviços necessários.

A empresa revelou-se o modelo mais eficaz para o rápido crescimento dos sistemas socioeconômicos dos países e para dar conta de uma população crescente e cada vez mais concentrada nas cidades. As pequenas, médias e grandes empresas, ao redor do mundo, criaram um nível de riqueza jamais visto e foram responsáveis por retirar milhões de pessoas da pobreza em todos os continentes. Dedicaram-se a produzir uma quantidade vastíssima de itens, imprescindíveis ou supérfluos,

11

> **Ricardo Semler:**
>
> *Acredito piamente que a empresa só tem razão de ser se der um retorno à comunidade. Enriquecer os acionistas é um objetivo pequeno e incompleto. Remunerá-los pelo capital investido não é objetivo suficiente* (Semler, *Virando a própria mesa: uma história de sucesso empresarial*, 2002, p. 33).

proporcionando a cada indivíduo na atualidade um cardápio de escolhas muitíssimo mais vasto do que aquele de uma pessoa na Idade Média. Partindo desse ponto de vista, as empresas modernas trouxeram um progresso sensacional para a humanidade em um tempo bem curto — menos de três séculos.

Como essas coisas eram resolvidas antes da proliferação de empresas? O modo de produção anterior era o feudalismo, associado diretamente à terra. A principal produção era oriunda da agricultura. Quem tinha poder e recursos eram os donos da terra. As pessoas trabalhavam em regime de servidão para o proprietário da terra, dedicando parte de seu tempo para cultivá-la; além de entregar a ele parte do que produziam (que, na verdade, não eram suas, ocupavam por licença do barão feudal).

As relações eram de outra natureza — pessoais, diretas, entre famílias que interagiam e se conheciam por séculos. O senhor feudal tinha algumas obrigações éticas com relação aos seus servos, como a de protegê-los contra invasores hostis. Os servos tinham uma série de compromissos para com o senhor feudal. Eram relações, por assim dizer, analógicas — ditadas pela tradição e pelo costume. Não eram quitadas em moeda, que, aliás, não tinha grande penetração naquele mundo.

A necessidade de alimentos era suprida basicamente pela produção agrícola. Outras necessidades, como vestuário, itens para a habitação, remédios etc. eram supridas pela comunidade local, sob demanda e em quantidades pequenas. Quando alguém precisava de um sapato, procurava aquele membro da comunidade que mais tinha talento para produzir sapatos e encomendava um par. Depois de um tempo, recebia seus calçados, pagando com outros produtos — a economia acontecia principalmente na base do escambo. Uma pessoa tinha um ou dois sapatos. E só.

Não se trata aqui de fazer uma comparação anacrônica entre o presente e o passado, mas, sim, de apresentar, muito brevemente, como as coisas funcionavam. Há pessoas que idealizam o mundo feudal e que gostariam de ter vivido em outros tempos, o que é perfeitamente válido. O fato é que quem viveu na Idade Média tinha acesso e podia desfrutar de uma variedade de bens e serviços muito reduzida em relação a quem vive na atualidade. Uma pessoa de classe média, hoje em dia, vive melhor do que membros da nobreza naquela época. Isso não é um exagero, se pensarmos em acesso a saneamento, energia elétrica, disponibilidade de alimentos, roupas, remédios etc.

> **Henry Ford:**
>
> *Deste modo, quando a base da produção se muda do fito de lucro para o de "serviço", o negócio estará consagrado e o lucro será imenso* (Ford, 1954, p. 10).

Com o advento das empresas, essas passaram a desempenhar muitas funções públicas importantes. Agora são elas que realizam muitas das principais tarefas organizacionais da sociedade — como distribuir e alocar recursos em processos produtivos; decidir quais devem ser os investimentos e as prioridades; prover e distribuir alimentos, bens e serviços em geral; fornecer água encanada, energia elétrica, transportes... Enfim, são necessidades públicas essenciais que são atendidas pelas empresas.

Henry Ford, considerado o pai da produção em massa, entendia dessa forma seu papel e o de sua empresa. Para ele, fabricar um produto padronizado, em massa, não era o objetivo. O verdadeiro objetivo era "dedicar dias e noites, às vezes anos, primeiro ao estudo de um artigo que corresponda do modo mais perfeito aos desejos e às necessidades do público, e depois à melhor maneira de fabricá-lo" (Ford, 1954, p. 10). Ford teve clareza de perceber que, uma vez atendida a necessidade social, o lucro viria. Como vamos tratar na próxima seção, Ford não via o lucro como objetivo principal da empresa, mas, sim, como uma consequência da realização de um bom trabalho na compreensão e no atendimento das necessidades sociais.

Fica claro que Ford entendia as empresas como algo mais, como instituições voltadas para o melhor provimento das necessidades sociais. Ele inclusive afirma isso textualmente: as empresas são o *meio da coletividade prover as suas necessidades*. Seu livro *Os princípios da prosperidade* foi traduzido para o português por Monteiro Lobato, também um entusiasta dessa linha de pensamento, que, no prefácio daquela obra, registrou: "Indústria, não é, como se pensava, um meio empírico de ganhar dinheiro; é o meio científico de transformar os bens naturais da terra em utilidades de proveito geral, com proveito geral. O fim não é o dinheiro, é o bem comum" (Ford, 1954, p. 10).

As empresas são parte do sistema sociotécnico atual. Quando não estão em sintonia com o ambiente em que se inserem, cedo ou tarde, deixam de existir. O equilíbrio necessário para que a empresa se perpetue vem da sua capacidade de interagir com o ambiente — retirando dele o que precisa e entregando a ele o que demanda. Perturbações nessa equação colocam a existência da empresa sob ameaça.

Visões como a de Henry Ford, para quem "caçar dinheiro não é a essência dos negócios" (Ford, 1954, p. 21), permanecem até os dias atuais. Steve Jobs, que dispensa apresentações, compartilhou sentimento semelhante ao de Ford: "Minha paixão foi construir uma empresa duradoura, onde as pessoas se sentissem incentivadas a fabricar grandes produtos. Tudo o mais era secundário. Claro, foi ótimo ganhar dinheiro, porque era isso que nos permitia fazer grandes produtos. Mas os produtos, não o lucro, eram a motivação" (Isaacson, 2014, p. 38). E, para registrarmos um exemplo brasileiro, temos o depoimento de Jorge

EMPRESAS COM PROPÓSITO

Paulo Lemann a Jim Collins: "Quando todos os outros estavam gastando seu tempo administrando o dinheiro, investimos nosso tempo na empresa. Desenvolvê-la seria a melhor forma de gerar riqueza a longo prazo. Administrar dinheiro, por si, nunca cria algo grande e duradouro, mas desenvolver algo grande pode levar a resultados substanciais" (Correa, *Sonho grande*, 2013, p. 11).

A história da Apple é bastante conhecida. Durante um tempo, Steve Jobs esteve afastado da empresa. Naquele período, houve uma decadência contínua e o mercado chegou a apostar que a Apple iria à falência. Diante da crise, o presidente que entrou no lugar de Jobs se esqueceu do compromisso da empresa em criar grandes produtos e passou a focar formas de ganhar dinheiro. Quando essa mentalidade se instala, tudo passa a girar em torno disso — quem é contratado, quem é promovido, as pautas das reuniões. Nessa hora, contudo, o lucro mostra sua face irônica: quando ele é mais buscado, aí é que ele não aparece. O lucro gosta de ser um penetra: chega na festa sem ser convidado, como resultado da festa estar muito animada!

> **Steve Jobs:**
>
> *Claro, foi ótimo ganhar dinheiro... mas os produtos, não o lucro, eram a motivação* (WALTER, 2014, p. 38)

Além de satisfazer as necessidades sociais por bens e serviços, as empresas acabam também por criar as condições para que as pessoas possam pagar por esses bens e serviços, ao criarem empregos remunerados. Aquele sistema de escambo do período medieval não seria funcional nas sociedades atuais, devido à sua complexidade e também diante da vasta quantidade de bens e serviços disponíveis.

As empresas contribuíram para consolidar a existência do trabalho assalariado, pago em moeda, que passou a ser a principal alternativa para a maioria absoluta da humanidade, para conseguir recursos que lhe permitam acessar os bens e os serviços dos quais necessita. Também não queremos aqui exaltar a figura do trabalho assalariado, reconhecendo que é um campo de disputas intensas. Mas o fato é que, seja no capitalismo, seja no comunismo, o trabalho assalariado permaneceu como a principal forma de as pessoas assegurarem sua subsistência no mundo moderno.

Lembrando ainda do próprio Henry Ford, em determinado momento, ele promoveu um grande aumento geral para seus funcionários, tendo em mente que eles deveriam ser capazes de adquirir os automóveis que produziam. Ford não fez isso porque era particularmente sensível para com as necessidades dos operários que trabalhavam em suas fábricas, mas porque compreendia que desse modo atenderia a uma necessidade social generalizada por transporte mecânico mais rápido e mais eficiente.

Se as empresas eram um negócio sagrado, dar continuidade à sua existência era também um dever sagrado. Isso acontecia quando as empresas se preocupavam com a melhor organização possível do trabalho para produzir com a máxima eficiência, de modo a atender melhor às necessidades sociais — e, desse modo, garantir o equilíbrio de sua relação com esse ambiente. São coisas que o dinheiro não cria, mas que criam dinheiro, quando bem feitas.

Sam Walton, criador do Walmart, que veio a ser a maior empresa varejista do mundo, também compartilhava dessa visão. Defendendo a política do Walmart de oferecer os menores preços sempre, ele afirmou que os bilhões que a sua companhia propiciava de economia aos clientes, que pagavam menos por aquilo de que precisavam, eram bilhões de contribuições que o Walmart entregava para a sociedade, de uma forma indireta. Novamente — retirar do ambiente, mas retornar ao ambiente. Ele também compreendia que a chegada de uma loja em uma cidade representava uma melhoria na qualidade de vida daquela comunidade: "A verdade é que o Walmart tem sido uma força poderosa na melhoria do padrão de vida nas nossas áreas mais rurais, e os clientes sabem disso" (Walton, 2018, p. 212).

Recapitulando: na sociedade moderna, as empresas tornaram-se o núcleo central da provisão de bens e serviços. Insistimos, aqui não vai nenhuma posição em favor de determinado sistema econômico. Na Coréia do Norte, na China, países comunistas, existem empresas. Na União Soviética, durante sua existência, existiam empresas. As empresas foram a solução que a sociedade encontrou para atender às suas necessidades de bens e de serviços.

Por isso, não é de se espantar que as empresas tenham se tornado protagonistas na atualidade, sendo demandadas a contribuir em vários dos grandes temas que afligem a humanidade. Há uma crise climática? As empresas precisam participar da solução. Acontece uma guerra? As empresas são instadas a assumir uma posição e a participar, eventualmente, de sanções aplicadas a um Estado. A Organização das Nações Unidas propõe uma lista de Objetivos para o Desenvolvimento Sustentável? As empresas devem se empenhar para que eles sejam alcançados.

> **Henry Ford:**
>
> *Há algo de sagrado num grande negócio que provê o bem-estar de milhares de famílias* (Ford, 1954, p. 198).

Espraiadas pelo planeta e alcançando proporções gigantescas, as empresas tornaram-se um poder político, ainda que não desejem reivindicar esse papel. Uma comparação que se tornou bastante conhecida listou, lado a lado, os maiores produtos internos brutos de países e as maiores receitas de empresas. Entre os cem primeiros colocados, há mais empresas do que países. As empresas se tornaram grandes demais para ignorar as crises planetárias.

Fazendo um exercício mental: o que aconteceria se determinada empresa, ou empresas, desaparecesse(m)? A resposta pode ser um bom indicativo para se apostar na bolsa de valores. Se as empresas responsáveis pela geração e distribuição de energia elétrica simplesmente falissem todas ao mesmo tempo, com certeza o Estado, independentemente de ser capitalista, comunista ou socialista, tomaria providências para restabelecer o funcionamento dessas empresas. Porque energia elétrica tornou-se uma necessidade vital na sociedade moderna.

O mesmo pode ser dito da indústria alimentícia. Temos e sempre teremos necessidade de nos alimentar. Podemos resolver essa questão indo à feira na vizinhança. As feiras são ótimas: produtos frescos, mais baratos, contato direto entre o pequeno produtor e o consumidor. Entretanto, as feiras já não dão conta de atender às demandas complexas das sociedades de massa e dos grandes núcleos urbanos. Quem cumpre esse papel são as grandes empresas. Agora, se a resposta para a pergunta *o que aconteceria se a empresa X desaparecesse* for simplesmente: *nada!*, então essa empresa com certeza enfrentará dificuldades.

Evidentemente, essa concentração de poder não passou desapercebida, e há atualmente grandes discussões sobre como controlar o comportamento das empresas. Robert Dahl (Dahl, 1990), economista e teórico da democracia, foi um dos que defenderam que as empresas deveriam ser coletivamente possuídas e democraticamente geridas por todas as pessoas que nelas trabalham. Note que Dahl era liberal! Mas anteviu que atores tão poderosos e importantes como as empresas deveriam ter um controle democrático para que atuassem de modo a promover, tanto quanto possível, valores como a própria democracia, a honestidade, a eficiência, e o cultivo de qualidades humanas desejáveis.

Essa discussão perpassa o objetivo deste livro, então vamos falar de propósito, que, na verdade, é um conceito-síntese do que falamos até aqui. Propósito tem a ver com a razão da existência das empresas, que, como vimos, vai muito além de meramente gerar lucros para seus acionistas. Propósito vai passar também pela construção de outros elementos da identidade corporativa, como a missão, a visão e as declarações de valores. E o propósito não deixa de ser uma referência de controle da conduta organizacional, apontando, de forma não coerciva, os caminhos que podem, e os que não podem, ser trilhados.

Propósito ajuda as empresas a compreender quem são e qual é o seu papel no mundo atual, de uma forma positiva e protagonista. Propósito revela as condições em que a empresa vai interagir com o seu ambiente — aquilo que vai retirar dele e aquilo que vai entregar de volta. Sam Walton tinha uma visão bem prática sobre isso: ele dizia que cada dólar desperdiçado pelo Walmart era extraído diretamente da sociedade. Tirar sem devolver, para ele, era inconcebível.

Mas, antes de avançarmos, é importante entender as raízes do pensamento de que as empresas existem para gerar lucros para os acionistas, uma vez que essa percepção é ainda bastante presente e é responsável por grandes catástrofes em termos de mau comportamento organizacional.

E O DINHEIRO, AFINAL?

A Economia se organizou como ciência antes da Administração. Ao longo do século XIX, houve um grande avanço em termos de formalização matemática na Economia, o que abrangeu a escolha de algumas hipóteses metodológicas e o desenvolvimento de modelos, a partir de algumas premissas. Uma grande premissa adotada pela Ciência Econômica, e posteriormente por outras áreas, como a Ciência Política, é a do Homem Econômico. Esse ser humano, em especial, seria racional e maximizador. Ou seja, todos os seus comportamentos levariam em consideração um minucioso cálculo de custos e benefícios (racionalidade) e teriam como foco maximizar o resultado em termos daquilo que é de seu interesse pessoal. Evidentemente, nós, seres humanos, não somos assim, mas a ideia de um modelo é justamente simplificar a realidade e possibilitar a construção de teorias que expliquem o máximo possível. Como um mapa, o modelo não é igual à realidade, mas deve pelo menos ajudar na sua orientação e a que você consiga chegar aonde deseja.

Quase que naturalmente, a ideia do Homem Econômico foi transposta, pelos economistas, para as empresas. Até porque, para grande parte dos economistas, as empresas eram simples ficções legais, o que importava mesmo eram as pessoas dentro delas. E essas pessoas deveriam ser homens e mulheres econômicos, racionalistas e otimizadores. Desse ponto para a noção de que a empresa deveria simplesmente se preocupar em gerar lucro, ou ganhar dinheiro, foi um pulo.

Um famoso professor na Universidade de Chicago, no início do século XX, Frank Knight, afirmou que a forma típica de negócio na era moderna era a corporação, cujas características mais importantes eram a propriedade difusa e o controle concentrado (falaremos sobre isso mais tarde). Ainda segundo Knight, existe apenas uma finalidade para a atividade dos negócios, que é decidida antes mesmo que o negócio seja fundado: ganhar dinheiro.

Frank Knight foi professor de Milton Friedman, que acabou se tornando mais famoso do que seu preceptor e foi um dos ganhadores do Prêmio Nobel de Economia. Friedman veio a ser também professor na Universidade de Chicago e seu pensamento ganhou muita proeminência quando o *boom* da economia mundial no pós-Segunda Guerra Mundial acabou. Aquela fase de crescimento exuberante tinha sido inspirada, economicamente, pelo pensamento de John Maynard Keynes, que defendia o gasto público como fator de incentivo ao crescimento econômico. A escola de Chicago, com seus pupilos que ficaram famosos como *Chicago boys*, defendia austeridade e equilíbrio nas contas públicas.

> **Frank Knight:**
>
> *Os únicos problemas com os quais nós temos alguma preocupação são todos problemas de meios. Há apenas um fim, finalmente, para a atividade dos negócios, e este já está decidido antes mesmo que o negócio seja fundado; que é ganhar dinheiro* (Knight, 2014, p. 292).

Entre os muitos assuntos dos quais tratou, Friedman dedicou parte de seu tempo à questão das empresas. Na época, década de 1970, começava a ganhar força nos Estados Unidos o movimento que advogava que as empresas deveriam ter outras preocupações além dos lucros, o que mais tarde veio a ser o movimento de responsabilidade social corporativa. Mas Friedman não inovou nessa área — repetiu seu professor e afirmou simplesmente que o papel das empresas era ganhar dinheiro.

> **Milton Friedman:**
>
> *Há apenas uma única responsabilidade social dos negócios — usar os seus recursos e se engajar em atividades voltadas para aumentar os seus lucros, desde que permaneça dentro das regras do jogo, que são engajar-se na competição aberta e livre, sem fraude ou engano.*

Friedman defendeu seu ponto de vista em um artigo para o *New York Times*. Presunçosamente, ele próprio intitulou o artigo como "A doutrina Friedman: a responsabilidade social das empresas é aumentar os seus lucros" (Friedman, 1973). Nesse artigo, Friedman diz claramente que as empresas não tinham qualquer responsabilidade social para com o público ou para com a sociedade — a sua única e exclusiva responsabilidade era para com os seus acionistas. Por conta disso, sua posição também veio a ser conhecida como a Teoria do Acionista (*stockholder* ou *shareholder*).

Detalhando seu pensamento, Friedman explica que, para ele, em um sistema de livre-iniciativa e propriedade privada, a administração de uma empresa deveria atuar tão somente como empregada dos proprietários e em consonância com os desejos desses. O administrador atua como um agente dos donos e, nessa condição, sua responsabilidade primária era para com eles — era para eles e perante eles que o administrador prestava contas. Nesse contexto de pensamento, caso os administradores da empresa resolvessem gastar o dinheiro dela em causas sociais, na prática, estariam "dando esmolas com o dinheiro alheio".

Michael C. Jensen e William H. Meckling, que foram alunos de Milton Friedman, desenvolveram e formalizaram o pensamento de seu tutor, em um artigo que também se tornou um clássico da administração e inaugurou a chamada Teoria do Agente-principal (C.Jensen & Meckling, 1976). Eles assumiam a premissa de que as empresas eram simplesmente ficções legais (pessoas jurídicas não seriam pessoas, afinal), que funcionavam como um nexo para um conjunto de relacionamentos contratuais entre as pessoas. A consequência lógica dessa premissa é que perguntas como *qual deve ser a função objetiva da firma* não fazem sentido. Sua discussão não levaria a lugar nenhum. Se fosse realmente assim, este livro não deveria nem existir.

Como modelo teórico, a Teoria do Agente-principal ajuda a compreender muitas coisas e fornece um mapa a partir do qual administradores podem se guiar para atuar na realidade das empresas no dia a dia. Mas, como já dissemos, é uma simplificação drástica da realidade, como todo modelo. Assim como não existe o Homem Econômico imaginado pelos economistas, não existe essa empresa econômica concebida por Knight, Friedman, Jensen e Meckling e tantos outros economistas. E por isso pudemos continuar a escrever este livro (e vocês podem continuar a lê-lo).

Mas não é só na economia que a visão da supremacia do lucro é forte. Alfred Sloan, o lendário executivo da General Motors (GM), considerado um dos fundadores da Administração como ciência na prática, e, por coincidência, rival competitivo de Henry Ford naquelas idas primeiras três décadas do século XX, era um ferrenho defensor da noção de que o principal objetivo era o lucro.

> **Alfred Sloan:**
>
> *Presumimos que o primeiro objetivo ao se fazer um investimento de capital seja o estabelecimento de um negócio que irá pagar dividendos satisfatórios, preservar e aumentar o valor do seu capital. Portanto, declaramos que o principal objetivo da corporação era ganhar dinheiro e não apenas fazer carros* (Sloan, 2001, p. 41).

Sloan dizia que havia algo inquestionável: o retorno sobre o capital. Qualquer desvio dessa rota deveria ser corrigido. Ele fazia concessões, como aceitar que, em alguns momentos, dadas adversidades externas ou o nível da concorrência, havia a necessidade de gastar dinheiro para se manter no páreo, o que fazia com que a taxa de retorno ficasse abaixo do esperado. Mas seguia insistindo que a taxa de retorno deveria ser o principal juiz da atividade empresarial.

Trazendo outro exemplo mais recente. Carol Dweck narra um episódio envolvendo Albert Dunlap, executivo da Scott Paper que conseguiu reverter uma situação de prejuízo crônico. Em uma reunião, uma funcionária perguntou: "Agora que a empresa está se recuperando, podemos voltar a fazer doações?" Ele respondeu: "Se você quiser dar do seu bolso, é problema seu e eu a incentivo a fazê-lo. Mas esta empresa existe para ganhar dinheiro [...]. A resposta, em uma palavra, é não" (Dweck, 2017, p. 129).

> *As empresas precisam lucrar para viver. Mas não vivem para lucrar.*

O Business Roundtable, uma associação que representa grande parte das maiores empresas dos Estados Unidos, até 2019, insistia que o principal objetivo das empresas era a criação de valor para o acionista. Em decisão histórica, naquele ano, a associação emitiu um comunicado colocando a criação de valor para os clientes, entre outras metas, em pé de igualdade com a geração de dinheiro para o acionista.

Há outros fatores envolvidos nessa obsessão com os resultados financeiros. Por exemplo, as regras de divulgação dos resultados das empresas de capital aberto e as práticas contábeis aplicadas às corporações privilegiam os dados financeiros e exigem pouca ou nenhuma avaliação de aspectos como o valor do cliente.

Mas e o lucro? O lucro continua vital. Como a respiração é vital para o ser humano. Respiramos para viver. Mas não vivemos para respirar. As empresas precisam do lucro para viver. Mas não vivem para ter lucro. Podemos ficar um tempo variável sem oxigênio, mas, a partir de determinado ponto, virá a desorientação, a morte das células e, finalmente, a morte. As empresas também podem ficar períodos sem lucro, mas precisam encontrar o caminho das pedras para conseguir resultados positivos em tempo, antes que venham a desaparecer.

> **Henry Ford:**
>
> *Nenhuma espécie de mercadoria ou qualidade de serviço social pode remediar o erro econômico de vender com prejuízo. O lucro é essencial à vitalidade do negócio* (Ford, 1954, p. 242).

Essa visão complementar é importante para mostrar que não se tratam de duas visões antagônicas e excludentes: os que defendem o lucro (*shareholders*) e os que defendem a responsabilidade social (*stakeholders*). Na verdade, as duas visões se unificam a partir de cima: as empresas precisam de lucro para viver (defesa do ponto de vista do acionista), mas não vivem para ter lucro (defesa do ponto de vista da comunidade).

Como já argumentamos, as empresas cumprem uma função pública na sociedade atual: realizar a provisão dos bens e serviços necessários. No fim das contas, todo *shareholder* é também um *stakeholder*. Henry Ford, que já apresentamos como alguém que dizia que o lucro não era o objetivo principal, tinha clareza de que era um elemento vital.

Há um cuidado a ser tomado e que, curiosamente, dialoga com a Teoria do Agente-principal. Quando se considera que o lucro é uma condição da existência da empresa, mas não mais o seu objetivo essencial, ele pode passar a ser considerado apenas como mais um encargo. As ações, nessa perspectiva, seriam mais uma obrigação, assim como os impostos, os juros sobre a dívida etc. O corpo administrativo (agentes), diante desse novo quadro, pode vislumbrar o crescimento da empresa como o novo lucro: crescer por crescer passa a ser o objetivo principal, pois é por meio do crescimento que os agentes conseguem ampliar suas vantagens materiais e seu poder. Ou seja, o conflito agente-principal manifestando-se com uma nova roupagem.

Tanto quanto a obsessão pelo lucro, a obsessão pelo crescimento não é positiva e tem efeitos deletérios ao longo do tempo. O crescimento a qualquer preço implica em uma relação de desequilíbrio com o ambiente: a empresa retira dele muito mais do que devolve. É impossível ter empatia para com uma entidade que mantenha relações tão primitivas com o seu ambiente.

Novamente aqui sobressai o papel do propósito. Uma adequada compreensão de seu papel no mundo e na história propicia que as empresas fujam de atitudes predatórias, seja em busca do máximo de lucro, seja em busca do máximo de crescimento. Essa compreensão passa pela noção de que as empresas são protagonistas fundamentais na realidade atual: são, verdadeiramente, instituições, pois resolvem perenemente um problema complexo da humanidade — a necessidade de provisão adequada dos bens e serviços necessários. As empresas são agentes de transformação social, e devem operar em equilíbrio — ganhando valor a partir do que extraem do ambiente e devolvendo valor para os elementos do ambiente —, atendendo a todas as partes interessadas (*stakeholders*).

Propósito dialoga com o bem maior, com a finalidade última. Dinheiro é meio. Inclusive, sua função mais básica, reconhecida pela Economia, é a de meio de troca. Dinheiro também é usado como reserva de valor. Mas, mesmo nessa condição, o dinheiro é reservado para ser utilizado em alguma coisa — ou seja, um meio, e não um fim.

Vamos ver um exemplo que perpassa uma família de empreendedores nacionais.

Antônio (avô de Antonio Ermírio de Morais):

Nossa missão de empresário é, em primeiro lugar, desenvolver o país. Mas a meta social do Grupo Votorantim está sempre presente. O lucro é usado para criar novas tecnologias e novos empregos (Pastore, 2013, p. 141).

Desenvolver o país é claramente uma necessidade social. Um propósito.

> **José Ermírio (pai de Antonio Ermírio de Morais):**
>
> *Sempre baseei nossos ramos industriais nas matérias-primas nacionais, não somente por serem necessárias ao desenvolvimento do país, como também para o funcionamento das indústrias. Tendo em vista os principais setores da produção nacional, procurei colocar nosso Grupo dentro do que havia de melhor para a organização, ficando assim traçado nosso destino* (Pastore, 2013, p. 139).

Se parte do propósito é desenvolver o país, é natural que a empresa seja baseada em algo fundamental para o desenvolvimento nacional (matérias-primas nacionais). É interessante destacar também como José Ermírio conclui seu pensamento: "Ficando assim traçado nosso destino." Propósito é destino: tem como escapar dele?

> **Antonio Ermírio de Morais:**
>
> *A riqueza do Grupo Votorantim está nas suas fábricas e na capacidade de gerar empregos e impostos* (Pastore, 2013, p. 92).
>
> *Procuro induzir na nova geração que a riqueza externa não interessa. O que importa é a função social* (Pastore, 2013, p. 62).

Gerar empregos e pagar impostos são duas propostas que contribuem para o desenvolvimento do país. A riqueza externa não é tão importante. "O que importa é a função social." Conversa da boca para fora? Muito interessante ver como a noção de propósito passou de avô para filho e neto. Uma geração unida pela compreensão de um sentido. Deixamos o julgamento ao seu critério. Ressalvamos, contudo, que diversos observadores do Grupo Votorantim registram que fazia parte da filosofia daquela empresa a noção de que precisavam ajudar na melhoria das condições de educação, saúde e bem-estar da população. E pagarem impostos.

A PESSOA JURÍDICA

Os fantasmas existem para quem acredita em fantasmas. Pare para pensar sobre essa frase e perceberá que os contornos de seu significado vão além de uma simples tautologia. As pessoas jurídicas existem para quem acredita que elas existem. Pode não ser tão simples assim, mas essa é uma percepção importante para o começo de nossa conversa sobre *Empresas com Propósito*. Se têm propósito, existem. Mas, como? Entender pelo menos um pouco dessa resposta é a base da construção da personalidade das pessoas jurídicas — os atributos definidores de sua identidade e, consequentemente, de seu comportamento.

Como já mostramos no capítulo anterior, a visão exclusivamente econômica das empresas faz com que elas sejam percebidas como meras ficções. Fantasmas que não existem. Assim, não são capazes de produzir nada de relevante no mundo — apenas assustar criancinhas. A atribuição de uma responsabilidade social à empresa, ou mesmo de algum senso de propósito, perde o sentido, diante da sua compreensão como tão

> SHYLOCK — Oh, não, não, não! Quando digo que ele é um bom homem, quero fazer-vos compreender que como fiador é suficiente. Mas seus recursos são hipotéticos. Ele tem um galeão no caminho de Trípoli; outro, no das Índias. Ouvi falar, também, no Rialto, que tem um terceiro de rota para o México, um quarto, para a Inglaterra, bem como outras pacotilhas espalhadas por esse mundo. **Mas navios não passam de tábuas, e marinheiros, de homens.** Há ratos de terra e ratos de água, ladrões de terra e ladrões de água — quero dizer: piratas — como há os perigos dos ventos, das ondas e das rochas. **O homem, não obstante, é suficiente.** Três mil ducados; creio que posso aceitar a fiança dele.
> [Shakespeare, *O Mercador de Veneza* (Shakespeare, 2018).]

somente resultante de um processo de equilíbrio entre várias transações de natureza contratual, cujo único papel é minimizar os custos e gerar o máximo de lucros.

Mas é da natureza humana acreditar em fantasmas. Ou, mais seriamente, acreditar em coisas que são abstratas, invenções do próprio pensamento humano, como as empresas. Na Grécia antiga, já era comum o sentimento de entidades coletivas que existiam para além do natural. Entidades "sobrenaturais" — não foi à toa que começamos falando em fantasmas. O elemento essencial e vivo de cada comunidade se articulava em torno da forma de uma divindade. Através do deus que representava a comunidade, essa adquiria uma personalidade. Quando surgiram os *demos*, na época de Cleístenes, eles também logo adquiriram um culto, uma propriedade e um tesouro próprios, embora fossem unidades de caráter local e, de certo modo, construções artificiais. Lembramos esses casos gregos para registrar que é muito antiga a noção de que uma entidade abstrata pode ter uma existência bastante real para as pessoas. Afinal, não são os deuses esse tipo de entidade?

Em Roma, essa questão adquiriu um caráter mais pragmático. Havia o problema dos *direitos sem sujeito*, uma contradição em termos para o sistema normativo daquela época. Era o caso das heranças jacentes — enquanto não eram assumidas pelos herdeiros, eram um "direito sem sujeito". A solução foi compreender que a herança mantinha em si o espírito do *de cujus*. Olhe só, estamos falando de fantasmas novamente! A solução romana foi interessante por trazer o assunto para o plano no qual se assentaria definitivamente: o jurídico. Afinal, estamos falando em pessoas jurídicas.

Também em Roma, havia o caso de cidades que caíam sob o domínio do Império, os *municipia*, que perdiam sua autonomia política, mas mantinham sua capacidade privada. A partir dessa evolução, começaram a surgir entes que eram autônomos em termos de patrimônio — uma caixa comum, que não se confundiam com os seus membros. Começou-se a usar a expressão *corporação*, do latim *corpus*, que significava corpo ou corpo de pessoas. Já na época do Imperador Justiniano (527-565), o direito romano reconhecia várias entidades corporativas, com os nomes de *universitas*, *corpus* ou *collegium*. O que incluía o próprio Estado (*Populus Romanus*), as municipalidades e as associações privadas que patrocinavam cultos religiosos, grupos políticos, guildas de artesãos ou comerciantes.

Essas corporações comumente tinham os direitos de manter propriedades, de celebrar contratos, de processar e serem processadas e, de uma forma geral, de atuar legalmente por meio de representantes. O patrimônio próprio (*arcam habere*) tornou-se corpo próprio (*corpus habere*). Mas, nesse início, a capacidade jurídica era intrínseca, não significando o reconhecimento, por parte do Estado, de uma personalidade própria. As corporações nasciam, portanto, com corpo, mas sem alma.

Com o fim do Império Romano e a fragmentação vivenciada no feudalismo que se seguiu, ausente uma autoridade estatal centralizada, as mais variadas formas associativas se desenvolveram. Nessa época, as corporações começaram a ser chamadas, por alguns dos legisladores da Igreja Católica, de *persona*. *Persona collegii*, *persona universitatis*, *persona repraesentata* e *persona ficta* foram algumas das expressões cunhadas, refletindo o estado da compreensão teórica que se desenvolvia com relação à essência das corporações.

O Papa Inocêncio IV deu um grande alento a essas reflexões, aplicando-as à Igreja, que denominava de *corpus mysticum*, tendo daí também derivado o conceito de que o Papa e os cardeais seriam representantes da pessoa de Cristo e dos Apóstolos, por sucessão (*persona repraesentata*). Ou seja, uma comunidade, embora não seja um ser humano, pode ser vista como uma pessoa, ressalvado que não se trata de uma pessoa real, mas de uma pessoa por representação.

Quando o poder volta a se centralizar, ganha novamente importância o papel do Estado como quem podia conceder, atributivamente, o reconhecimento da condição de personalidade. A aprovação estatal era fundamental para a criação de um *collegium licitum*, com direitos corporativos, inclusive o de manter patrimônio próprio. Na Inglaterra, por exemplo, o monarca tinha a prerrogativa de criar uma corporação, uma pessoa fictícia, pela expedição de uma carta de incorporação (*charter of incorporation*). Esse método foi utilizado inicialmente para criar entes públicos e eclesiásticos, e posteriormente para criar corporações profissionais. Mas a legislação de fato só começou a dedicar atenção ao assunto a partir do século XVII, com as ordenações francesas.

No fim do século XVIII, começou-se a utilizar o termo empresa como sinônimo ao de corporação. O termo vem do latim, do verbo *in prehendo-endi-ensum* (com os significados de descobrir, ver, perceber, dar-se conta de, capturar). Particularmente, a expressão *in prehensa* traz em si a noção de ação, com o sentido de tomar, agarrar. O termo, associado à ação, na Alta Idade Média, era associado a pessoas (os empreendedores) que eram encarregadas de realizar tarefas importantes (como atos de guerra ou construção de catedrais).

É importante termos a consciência histórica da evolução desse conceito de pessoa jurídica porque assim percebemos que não se trata de uma simples ficção. Na origem mesmo da necessidade de se criar e aceitar a existência de entidades não físicas, puramente abstratas, estava o fato de que se reconhecia uma existência, ainda que intangível, que afetava o mundo e era por ele afetada. Não se tratava, portanto, de um ato meramente declaratório ou de um processo metonímico banal (no qual

A PESSOA JURÍDICA

tomavam-se as pessoas que faziam determinada ação coletivamente pela empresa, como simples substituição verbal).

Retomando a peça de Shakespeare com a qual abrimos este tópico, Antônio era um empreendedor. Os riscos que corria eram mais percebidos por seus amigos, Salarino e Salânio:

> SALARINO — Vosso espírito voga em pleno oceano, onde vossos galeões de altivas velas — como burgueses ricos e senhores das ondas, ou qual vista aparatosa distendida no mar — olham por cima da multidão de humildes traficantes que os saúdam, modestos, inclinando-se, quando perpassam com tecidas asas.

> SALÂNIO — Podeis crer-me, senhor: caso eu tivesse tanta carga no mar, a maior parte de minhas afeições navegaria com minhas esperanças. A toda hora folhinhas arrancara de erva, para ver de onde sopra o vento; debruçado nos mapas, sempre, procurara portos, embarcadouros, rotas, sendo certo que me deixara louco tudo quanto me fizesse apreensivo pela sorte do meu carregamento (Shakespeare, 2018).

Outro que sabia bem dos riscos assumidos por Antônio era seu antagonista, Shylock, cuja fala está no início deste capítulo. Os empreendimentos, as empresas de Antônio, eram *hipotéticas*. Navios ao mar, eram apenas conjuntos de tábuas e marinheiros, sujeitos *aos ratos de terra e aos ratos de água, aos perigos dos bentos, das ondas e das rochas*. Mas, para o judeu Shylock, bastava o homem. Porque, apesar da noção de corporação já ser estabelecida, os sócios continuavam responsáveis pessoalmente. A pessoa jurídica confundia-se com a pessoa física. Antônio era pessoalmente responsável e esteve a ponto de perder uma libra de carne por conta dessa responsabilidade.

A limitação da responsabilidade somente viria mais tarde, por ocasião da criação de grandes empresas, sujeitas a alto risco e sob a proteção do Estado — como a Companhia das Índias Orientais. Entre fins do século XVIII e o começo do século XX, foram elaboradas as teorias jurídicas que respaldaram e consolidaram a pessoa jurídica no arcabouço legal ocidental. O jurista alemão von Savigny é considerado como um dos importantes autores a darem essa contribuição, escrevendo em 1840. Ele a considerou como uma ficção jurídica (*ficto iuris*), criada para atender a alguns propósitos específicos e necessários da realidade contingente.

Com essa metáfora, a pessoa jurídica começou a ser compreendida como algo diferente do homem, um ente separado, ainda que fantasmagórico. Ao passo que o homem era um sujeito de direito por natureza, as pessoas jurídicas eram sujeitos de direito por meio da lei. Já o jurisconsulto italiano Scalfi falava na criação da pessoa jurídica como uma ficção do ordenamento jurídico, criada com objetivos muito específicos, e, na mesma medida, muito necessários.

Esse ser inanimado e fictício não poderia ser percebido pelos sentidos. Desprovida de capacidade de discernimento e, portanto, de consciência moral, a empresa não poderia ser considerada naturalmente um sujeito de direito, status que só conseguia como uma ficção, por meio do reconhecimento da autoridade estatal. Tal como a moeda, que tem sua validade estabelecida pelo Estado, a pessoa jurídica existe e deve ser reconhecida como existente, titular de direitos e obrigações, por conta de um *fiat* estatal.

Criadas por ato do Estado e tendo reconhecida a capacidade de serem entes de direitos e deveres, as pessoas jurídicas atuam na sociedade, com personalidade diferente das pessoas naturais. No seu agir, são representadas por seres humanos. Com a evolução da doutrina, as pessoas criadoras de uma pessoa jurídica passaram a ter com ela uma responsabilidade limitada, ou seja, geralmente circunscrita ao que investiram (alocaram como patrimônio social) na pessoa jurídica.

Com isso, as corporações passaram a desfrutar da possibilidade de externalizar suas perdas, socializando-as com o governo ou com o público em geral. As empresas se tornaram pessoas morais: comportam-se de determinada maneira, são responsáveis e têm personalidade. Podem ser julgadas.

O importante a se guardar dessa história é que a pessoa jurídica nasce da possibilidade de existência de um patrimônio não vinculado a

> **Walt Disney:**
>
> *Não sou mais Walt Disney. Walt Disney é uma coisa. Ele cresceu para ter um significado diferente que o de um só homem* (Gabler, 2016, p. 16)

uma pessoa humana. Por decorrência, a existência do patrimônio implicou na possibilidade de ação, ainda que sob representação judicial (*actorem vel syndicum*). Esse patrimônio tinha uma finalidade específica. São elementos importantes a existência de uma pessoa não humana titular de direitos e deveres, a não extensão completa da responsabilidade das pessoas humanas que a criaram para essa pessoa não humana e a possibilidade de ação com finalidades específicas. São elementos que até hoje marcam a característica da empresa moderna.

O resultado dessa análise é que a pessoa jurídica é uma construção da ciência jurídica. Kelsen, um dos teóricos do Direito, refletindo sobre o assunto, afirmou que "quando se diz que a ordem jurídica confere a uma corporação personalidade jurídica, isso significa que a ordem jurídica estatui deveres e direitos que têm por conteúdo a conduta de indivíduos que são órgãos e membros da corporação constituída por meio de um estatuto (Kelsen, *Teoria pura do Direito*, 1987, p. 40)".

Uma vez que acreditamos em fantasmas, eles passam a nos assombrar.

FANTASMAS CAMARADAS?

Uma história curiosa está na origem de mais um avanço das pessoas jurídicas na sua trajetória até ganharem existência própria. A *Southern Pacific Railroad Company*, empresa ferroviária estadunidense, de propriedade do barão Leland Stanford, era uma das mais poderosas companhias do século XIX. Em 1881, os legisladores da Califórnia resolveram impor uma taxa sobre a propriedade da empresa. A *Southern Pacific* alegou, em sua defesa, que a lei era um ato inconstitucional de discriminação contra a empresa, com base na 14ª Emenda à Constituição dos Estados Unidos da América.

A 14ª Emenda, em sua Seção 1, afirma que "todas as pessoas nascidas ou naturalizadas nos Estados Unidos, e sujeitas à sua jurisdição, são cidadãos dos Estados Unidos e do estado no qual residam. Nenhum estado deve fazer ou dar eficácia a qualquer lei que possa reduzir os privilégios ou imunidades dos cidadãos dos Estados Unidos; nem pode qualquer estado privar qualquer pessoa da vida, liberdade, ou propriedade, sem o devido processo legal, nem negar a qualquer pessoa sob sua jurisdição a igual proteção das leis". Ela foi adotada após a Guerra Civil nos Estados Unidos, para proteger os direitos dos escravos libertados.

A *Southern Pacific* reivindicou o direito de ser considerada também como uma *pessoa*. Portanto, não poderia ser discriminada com base na sua identidade corporativa, uma vez que as pessoas também não poderiam ser discriminadas com base na identidade racial. Um raciocínio no mínimo especioso.

Mas, naquela época, também tinha o seu Márcio Thomaz Bastos: Roscoe Conkling foi advogado da empresa. Ex-parlamentar, ele tinha sido indicado à Suprema Corte dos Estados Unidos, tendo desistido após sua confirmação pelo Senado daquele país (foi o último caso do gênero). O fato é que era reconhecido pela comunidade jurídica como alguém importante e pelos ministros da Suprema Corte quase como um par. Conkling argumentou que, em 1860, quando era congressista, tinha sido o responsável pela redação da 14ª Emenda. No momento da ação da *Southern Pacific*, ele era o único membro do Comitê ainda vivo. Ele disse que os membros do Comitê mudaram o texto da Emenda, trocando *cidadãos* por *pessoas*, justamente para poder abranger igualmente as empresas. Segundo ele, as leis referentes a *pessoas* tinham uma "aceitação longa e constante... sendo feitas para abranger pessoas artificiais tanto quanto pessoas naturais".

Ele tinha inclusive uma prova: um pedaço antigo de jornal, que afirmava ser uma versão prévia, não publicada, da Emenda (ainda como uma proposta). Ocorre que o pedaço de papel era verdadeiro, mas a história era falsa. Posteriormente, historiadores descobriram que não houve qualquer intenção dos membros do Comitê de tomar medidas para abranger também as corporações. A mudança alegada, de *cidadãos* para *pessoas,* nunca aconteceu no texto. Até onde se conseguiu levantar, os direitos das empresas nunca foram objeto de discussão no âmbito das deliberações concernentes à 14ª Emenda.

O fato é que ele venceu. No julgamento do caso (*Santa Clara County v. Southern Pacific R. Co.*, 118 U.S. 394, 1886), a Suprema Corte estabeleceu que "as disposições da Constituição e as leis da Califórnia, no que diz respeito à avaliação da tributação da propriedade de empresas ferroviárias que operam ferrovias em mais de um condado, violam a Décima Quarta Emenda da Constituição na medida em que exigem a avaliação de sua propriedade pelo seu valor monetário integral sem deduzir, como no caso das ferrovias operadas em um condado e de outras corporações e de pessoas físicas, o valor das hipotecas cobrindo a propriedade avaliada, impondo, assim, **encargos desiguais ao réu, e nessa medida negando-lhe a igual proteção das leis**". Firmou-se, assim, a jurisprudência de que as empresas são pessoas, segundo a intenção da Seção 1 da 14ª Emenda. As empresas tornaram-se, de fato, pessoas morais. Comportam-se. Têm personalidade. Objetivos. E um propósito. Por isso a concepção dos economistas não dá mais conta de explicá-las integralmente.

> **Ricardo Semler:**
>
> *A empresa passará a ter uma personalidade própria, completamente separada da dos seus acionistas* (Semler, *Virando a própria mesa: uma história de sucesso empresarial made in Brazil,* 2002, p. 34).

PESSOAS COM PROPÓSITO

Algumas tradições esotéricas afirmam que os fantasmas vagam como almas penadas em nosso plano, até o momento em que resolvem suas pendências, quando se veem finalmente livres para partir para outras dimensões. As empresas, por meio de seu propósito, alcançam materialidade e deixam o mundo da pura ficção para se tornarem entidades presentes na realidade, atuantes nela, verdadeiras pessoas, como estabelecido pela decisão da Suprema Corte dos Estados Unidos.

O propósito é a síntese de uma intencionalidade, de um fazer com um fim determinado, com a peculiaridade de que, embora o *fim* possa ser alcançado, o fazer é, pretensamente, *infinito*. O propósito reúne a missão (atuação da empresa no presente), a visão (aquilo que a empresa vislumbra fazer no futuro) e os valores (aquilo que se sedimentou durante o fazer passado da empresa). É o propósito que faz com que as empresas se assemelhem a nós, pessoas. Curiosamente, somos capazes de entender isso em um nível biológico. Pesquisas com neuroimagem revelaram que, quando nós contemplamos a moralidade de certas ações corporativas, são ativadas as mesmas redes neuronais de quando analisamos a moralidade de nossos colegas humanos (Sapolsky, 2021).

O propósito relaciona-se, portanto, a um equilíbrio entre passado e futuro, movimento e repouso, desequilíbrio e reequilíbrio. Por isso, o propósito é o guia para a empresa avançar entre a mudança e a preservação. Presente, passado e futuro se mesclam para definir a identidade e a personalidade de cada um — e assim definem a identidade e a personalidade da empresa. Chegamos à fórmula que moveu nossa pesquisa:

PROPÓSITO = MISSÃO + VISÃO + VALORES.

A missão é a coisa mais importante que a empresa tem que fazer. A visão é o seu sonho de futuro, misturando elementos de realidade e de utopia. Os valores delineiam aquilo que é importante para as empresas, ou o "como" vão fazer o que precisam fazer. O propósito é a soma dessas três perspectivas: o que devemos fazer, o que precisa mudar, e como vamos fazer.

As empresas nascem com um propósito. Um *fazer* específico. Em seus documentos constituintes (estatuto social), registram esse propósito. Os criadores de empresas são pessoas diferentes, pessoas que aceitam correr riscos, gostam de desafios. O economista John Maynard Keynes falou que os empresários tinham um *espírito animal* e estavam dispostos a seguir seus instintos.

No começo, o empresário não sabe o que faz. Essa frase não é um exagero. O empresário lança-se à incerteza. No início, nada sabem exatamente sobre a clientela. Não se pode dizer nem que saibam tudo sobre os seus próprios produtos ou serviços. Começam um *fazer* e se orientam por esse *fazer*. O *fazer* vai se acumulando, dia após dia, gerando experiência — a submissão ao teste. Philip Kotler, quando trata das chamadas eras do marketing, enxerga essa era como a era do foco no produto. O *fazer* é preponderante e buscar fazer bem feito é o primeiro imperativo do bom empresário. Uma figura como Henry Ford, como já vimos, encaixa-se bem nessa imagem.

Assim vão se firmando as empresas. Mesmo na atualidade, quando algumas empresas, antes de serem criadas, são lindamente projetadas em planos de negócios feitos para serem perfeitos, o jogo ainda é incerto. Como filhos: nós podemos planejar muito sobre o seu futuro, nós damos a eles o nosso DNA, o que, de certa forma, já é um condicionamento do comportamento futuro, mas nós não temos como garantir que serão bem-sucedidos ou que serão felizes. Na verdade, não podemos nem mesmo garantir que queiram ser bem-sucedidos ou que apreciem a felicidade.

Com o tempo, o empresário passa a conhecer seu produto e seu serviço. E também a clientela. Passa a operar com mais eficiência, ajustando suas compras e seus estoques, melhorando sua distribuição, refazendo imperfeições no produto. Ele entra em uma fase na qual *sabe o que faz*. Alcança reduções de custo, encontra soluções ótimas de logística, acomoda-se em um momento no qual o negócio parece andar por si próprio.

Mas aí vem o ambiente externo, o mercado, e produz novas surpresas, forçando o empresário a novos ciclos de adaptação no seu *fazer*. Com o tempo, sobrevivendo a tudo isso, o empresário amadurece e aprende a fazer o *que convém* em cada circunstância.

> *O empresário começa fazendo o que não sabe.*
>
> *Com o tempo, passa a fazer o que sabe.*
>
> *E, com a maturidade, faz o que convém.*

O fato é que o *fazer* é algo marcante da empresa, desde o primeiro momento. É o elemento definidor da sua personalidade jurídica. O que eu fabrico? Que serviço eu ofereço? As respostas a essas perguntas vão definir a identidade da empresa. Um ente, criado por pessoas, com a autorização do Estado, para realizar determinado *fazer*. Sua funcionalidade está na raiz de sua identidade. Essa é a empresa.

Esse *fazer* está na raiz do propósito. O objetivo das pessoas que se juntaram para criar a pessoa jurídica — empresa. O que elas queriam que esse ente fizesse. Por meio delas. Com elas. Para elas. O propósito inicial é o *fazer* da empresa.

Ao longo de sua existência, os empreendimentos agregam pessoas. As pessoas não se fundem com a empresa ao ponto de perderem sua individualidade. Mas, em suas mentes, desenvolvem-se alguns processos que são provocados pelo contexto, que não ocorreriam em outra circunstância, de modo que, em algum sentido, pelo menos, as pessoas modificam suas identidades quando se tornam parte da empresa. Elas passam a fazer parte da identidade empresarial. E serão elemento imprescindível do propósito.

O propósito é a essência. É o propósito que possibilita que as pessoas na empresa estabeleçam um relacionamento com o futuro. Sem propósito, o fazer da empresa se move em um horizonte sem tempo, que retira o seu sentido, transformando-o em pura resposta às exigências do cotidiano, não muito diferente da resposta rígida que todo animal dá aos estímulos originários do ambiente (reflexos). O propósito define a lógica da ação, pois cria modelos mentais de como interpretar e responder ao mundo ao redor. A clareza de propósito pode ser, por si só, o maior e mais importante ativo de uma empresa. Peter Drucker reconhece essa realidade e foi um dos pioneiros a insistir na redescoberta e na revalorização do propósito original.

De certa forma, o propósito é uma narrativa mítica, dispondo, tanto quanto o pensamento empírico-lógico-racional, de uma organização: torna-se o elemento integrador na vida da comunidade da empresa. Quando absorvem o propósito da empresa, os seus membros iluminam-se interiormente, conferindo vida e dinamicidade àquele elemento de formas tão diversas que despertam o potencial de inovação.

Parte basilar da ideologia da empresa, o propósito favorece a identificação com a organização, a interiorização de seus objetivos e de seus valores. Essa identificação direta com a empresa pode, inclusive, substituir o elemento de identificação pessoal com os chefes, característico das empresas administradas tradicionalmente. Reconhecendo o propósito, as pessoas podem amar a empresa tanto quanto amam seus respectivos locais de trabalho.

Gareth Morgan destacou esse papel do propósito como elemento articulador e integrador da coletividade na empresa, que faz com que essa seja vista como algo mais do que um lugar de trabalho no qual se reúnem indivíduos isolados. Ele afirma que o propósito permite que os trabalhadores alcancem "autorrespeito, através de servir dentro do sistema, mesmo que possa haver muitos aspectos dentro do sistema que acham aversivos" (Morgan, 1996, p. 118). Quando existe, percebe-se e se sente um propósito, a empresa acaba se tornando um campo de energia potencial que transcende a todos os que nela interagem: a empresa ganha de fato vida própria.

A existência do propósito facilita que surja a sensação de pertencimento nas pessoas: elas não se sentem mais simplesmente como um "recurso humano" ou um "fator de produção" (termos da economia, ainda muito empregados para se referir a pessoas nas organizações), remunerado com um salário em troca de sua força de trabalho — uma relação estritamente mercadológica. Quando sentem um propósito, as pessoas adotam para com a empresa uma relação moral e essa postura faz uma grande diferença em termos motivacionais.

Não é por menos que teóricos behavioristas se debruçaram sobre a questão do propósito. Skinner assumia o propósito como uma propriedade do comportamento em si (Skinner, 2003). A partir da compreensão do propósito, as pessoas conseguiam se referenciar em variáveis controladoras do comportamento, desenvolvendo capacidades de autocontrole, auto-orientação e automotivação. A consciência de um propósito altera as probabilidades comportamentais futuras, com importantes consequências para a vida das pessoas. Nos termos da teoria de Skinner, ainda, o propósito é um elemento importante no processo de condicionamento operante.

O propósito exerce um poderoso papel de instaurar previsibilidade. As pessoas conseguem olhar para o propósito e imaginar o que é necessário ser feito para que ele seja alcançado, usando essa imaginação para ajustar seu comportamento de acordo. O propósito instaura o reino dos fins e da vontade, para usarmos uma terminologia de Nietzsche, um reino mais agradável e suportável de se viver do que o reino do puro acaso. No reino dos fins, as coisas têm sentido, são compreensíveis, e isso tem um efeito tranquilizador. No reino do acaso, tudo muda o tempo todo e a incerteza é brutal.

É fácil para nós entendermos o propósito de uma empresa porque somos *seres com propósito*. Temos um fim em nós mesmos, uma dignidade intrínseca, irrevogável e inextinguível. Talvez o filósofo prussiano Kant tenha sido quem melhor percebeu isso. O propósito é a ação realizada em vista do efeito, uma regra prática para a conduta, produto do processo racional. O propósito está na base da determinação da vontade e é ele que vai atribuir às ações o seu valor moral.

Essa determinação geral da vontade dialoga intrinsecamente com o amor-próprio e com a busca da felicidade. Para nós, essa realidade é bastante intuitiva. Para a empresa, começa a ficar claro que ter um propósito facilita a sua busca por felicidade, compreendida não só como a busca exclusiva do lucro, ou do crescimento, mas como uma relação adequada e saudável com a comunidade que a alimenta e que é por ela alimentada. Em outras palavras, ter um propósito agrega uma dimensão moral ao comportamento das empresas, que é muito importante para que elas não degringolem em práticas predatórias, abusivas, irrefletidas e negligentes para com bem comum. Isso ficará mais claro quando

> *Habituamo-nos a acreditar em dois reinos, o reino dos fins e da vontade e o reino dos acasos; neste último tudo se passa sem sentido, nele tudo vai, fica e cai sem que ninguém pudesse dizer, por quê? Para quê? — temos medo desse poderoso reino da grande estupidez cósmica, pois aprendemos a conhecê-lo, o mais das vezes, quando ele cai sobre o outro mundo, o dos fins e propósitos, como um tijolo do telhado, e nos atinge mortalmente algum belo fim* (Nietzsche, 2005, p. 153).

falarmos sobre os efeitos mais perniciosos da ausência dessa moralidade nas empresas.

Em termos da perspectiva sistêmica, considerando a empresa e o seu ambiente, a existência do propósito propicia que a empresa consiga perceber o seu próprio estado e o estado de seu ambiente e compará-los com uma representação de um estado pretendido (aquilo que se quer, aonde se quer chegar). Assim, a empresa consegue calcular a diferença entre o estado almejado e o atual e escolher as ações que tomará para superar essa *gap* a partir do repertório de possibilidades disponíveis no ambiente.

A empresa, em analogia com a vida, busca a vida, quer superar o seu próprio limite, encontrar liberdade em relação ao determinismo de sua criação por um ato declaratório — a redação de seu contrato social. Propósito, missão, visão, valores e cultura são elementos nessa batalha de estabelecer identidade e alcançar autonomia.

Em diversas tradições espirituais, a alma humana geralmente é descrita como "o verdadeiro eu". No hindu, é o *atman*. Para os judeus, é o *neshama*. Para um conjunto de pessoas interagindo em uma empresa, é importante pensar que essa tem um "eu verdadeiro", uma alma, o elemento que mantém todos os *stakeholders* interligados.

Honrar o propósito é vivificar as almas de quem está na empresa.

A ORIGEM DO PROPÓSITO

O grande guru da Administração, Peter Drucker, costumava dizer que um propósito maior não se inventa, já existe. Como argumentamos na seção anterior, o propósito vai estar muito relacionado aos primórdios da empresa, e a resposta à pergunta feita por ele passa pela interrogação sobre o porquê de a empresa ter sido criada, em primeiro lugar.

Evidentemente, portanto, essa resposta passa invariavelmente pelo fundador ou pelos fundadores da empresa. Alfred Sloan, da GM, foi um dos primeiros a chamar a atenção para esse fato, de como os empresários, personalistas e carismáticos, acabavam por injetar suas personalidades, seu "gênio", como um fator subjetivo nas operações (Sloan, 2001).

Um bom lugar para encontrar isso na prática são as biografias de grandes empresários. Quem lê a biografia de Sam Walton, por exemplo, não tem dificuldades em imaginar aquele senhor, de hábitos interioranos, abrindo lojas e insistindo para que nelas se mantivesse a espontaneidade de certas festas e eventos comuns nas cidades interioranas dos Estados Unidos. Sua presença constante junto ao nível operacional, visitando freneticamente tantas lojas quanto possível; sua personalidade forte; bem como sua capacidade de articular um propósito de forma simples, direta e clara — ser o melhor varejista dos Estados Unidos — são elementos que contribuíram para que Sam Walton, de várias maneiras, seja um fator subjetivo presente no Walmart até hoje.

> **Akio Morita [sobre a Sony]:**
>
> *Eu e Ibuka já tínhamos discutido muito sobre o conceito que nortearia nossa companhia — construir uma empresa inteligente e capaz de fabricar produtos de alta tecnologia, de forma muito original.* (Morita, 1995, p. 60)

Há outros caminhos. Frederick Smith, fundador da Fedex, escreveu a ideia da empresa em um artigo acadêmico, em 1962, requisito para concluir uma disciplina de Economia na Universidade de Yale. Ganhou apenas um "C" e o comentário do professor de que só melhoraria a nota se a ideia fosse viável. Nove anos depois, Smith fundaria a empresa. Quando um banco se recusou a estender o prazo de pagamento de um empréstimo que seria crucial para definir a continuidade ou não das atividades da empresa, ele pegou os últimos 5 mil dólares do caixa da empresa, se dirigiu para Las Vegas, entrou em um cassino e começou a apostar. Teve sorte e saiu com 27 mil dólares, que foram suficientes para garantir a continuidade da empresa.

Do exemplo de Smith, podemos perceber, também, como algumas histórias envolvendo os fundadores acabam se tornando míticas. A empresa é iluminada pelo complexo simbolismo dessas histórias, na medida em que os símbolos vão se tornando transparentes e revelando a estrutura interna do pequeno mundo no âmbito da empresa, as relações internas e externas e, de certa forma, sua existência como um todo.

Quando o imaginário é forte, acaba transbordando. A Fedex inspirou o personagem de Tom Hanks, em *O Náufrago*. Durante todo o período de sua vida em uma ilha deserta, o personagem mantém o pacote que deveria entregar. E, ao final, após passar por uma série de provações e ser resgatado, finalmente consuma a entrega, deixando uma mensagem potente de que a Fedex não falha em realizar suas entregas. A força desse tipo de mensagem simbólica é impressionante. Assim como é impressionante o poder dos fundadores para criar mensagens desse tipo.

As histórias míticas são uteis para expressar valores, simplificar narrativas, potencializar símbolos e dar crédito aos que tiveram contribuições importantes no início da empresa. Essas histórias são mais do que palavras. Sua força vem do poder que têm de transmitir um sentido ou uma significação. E esse sentido é qualquer coisa transcendente, que não pode ser simplesmente explicada em termos verbais. Carl Gustav Jung reforçou a compreensão desse poder: "As ficções, ilusões e opiniões são certamente as coisas menos tangíveis e menos reais que podemos imaginar, e, no entanto, elas são psíquica e psicofisiologicamente as mais eficazes" (Jung, 2015, p. 151). Esses símbolos estabelecem uma relação entre significante e significado, permitindo que as pessoas consigam compreender, inclusive, situações informuláveis em termos verbais.

Estamos tratando aqui do substrato da cultura organizacional, nosso próximo tópico. As histórias míticas, que acabam compondo o propósito, ou ao menos ajudando a esclarecê-lo, funcionam como estabilizadores, permitindo que as pessoas consigam

> **Travis Kalanick:**
>
> *Vou literalmente virar esta mesa se alguém disser mais uma vez que está preocupado com a destruição da marca. (...) O luxo da Uber tem a ver com tempo e conveniência. Não tem nada a ver com o carro (Stone, 2017, p. 195)*

atuar em conjunto de forma ordenada e inteligível, no presente. Como uma regulação espontânea da atividade. Nessa compreensão, o fundador acaba assumindo o papel de um xamã, aquele que enxerga no escuro e consegue, mediante o recurso ao transcendente, iluminar e orientar as situações desafiantes no contexto social presente.

O propósito pode servir como um leme, um modo de colocar milhares de trabalhadores em sintonia, mesmo que em locais distantes e que não se conheçam pessoalmente. Conhecedores do propósito, todos são capazes de ajustar seu comportamento em relação a ele. Bem estabelecido, o propósito vira um juiz implacável, lançando suas sentenças sobre todos os membros da comunidade empresarial, expondo sua adequação ou não, se estão remando a favor ou contra.

A cena de Travis Kalanick, um dos fundadores da Uber, se irritando com seus companheiros por conta de não entenderem adequadamente qual era o propósito da empresa ajuda a ilustrar esse ponto. Ele mesmo, dotado de uma personalidade inquieta e combativa, imprimiu sua marca pessoal, seu fator subjetivo, ao propósito da Uber. Por conta de seu comportamento, a principal sala de reuniões na sede da empresa, que tinha paredes de vidro que podiam se tornar opacas durante conversas privadas, foi denominada como Sala de Guerra. O que também diz muito sobre o propósito e, por consequência, o tipo de atitude adotada pela empresa em suas relações e projetos.

É importante observar que Kalanick queria marcar um ponto. Deixar claro qual era o motivo primordial pelo qual a Uber vinha sendo bem-sucedida. Revelar o propósito, que já existia. Há nuances aqui e muitas vezes algumas pessoas podem confundir os termos propósito, missão e visão, achando que é tudo mais ou menos a mesma coisa. Esperamos que possamos ajudar a deixar essas coisas mais claras. O propósito tem um significado quase existencial, exprime a razão de ser da empresa. Nos termos mais amplos do que temos apresentado até aqui, o propósito corresponde, em muitos níveis, à necessidade social que a empresa vai atender.

Por isso Peter Drucker, com quem começamos este capítulo, insiste na importância de se conhecer o propósito. Sem ele, as pessoas na organização correm o risco de ficarem confusas. Cada um seguir a sua própria especialidade, deixando de lado a tarefa comum. Drucker também ressalta o fato de que o propósito contribui para a definição de quais são os resultados desejados. Sem noção do propósito, cada um define resultados à sua própria maneira e acaba impondo seus valores pessoais à empresa. Somente um propósito comum faz com que a empresa permaneça unida e produtiva.

Para finalizar este capítulo, trazemos um exemplo narrado por Jordan Peterson (Peterson, 2021), aplicado a uma pessoa. No caso, um agente funerário. Peterson estava curioso em saber como aquele senhor exercia seu trabalho, aparentemente tão penoso, sem se abater. O senhor respondeu que entendia a sua responsabilidade como fazer com que os momentos mais terríveis de seus clientes fossem os menos dolorosos possíveis. Era isso que fazia com que não desanimasse. Aquele senhor tinha um propósito pessoal, que imprimia à sua microempresa. Esse propósito vivificava a sua atuação.

PROPÓSITO E CULTURA

Propósito é um elemento definidor da cultura organizacional. A empresa está no ambiente, mas destaca-se desse, tornando-se uma aglomeração específica da "realidade" e do conhecimento, gerando um contexto social específico. Sempre que isso ocorre, nasce uma cultura específica. O *fazer* será *feito de um determinado jeito* que abrange o modo como o empresário original imaginou, mas também a contribuição de todos que se juntaram à empresa ao longo do tempo.

A empresa deixa de ser um simples aparato produtivo. É um ser vivente. Essa concepção é o mais forte e decisivo contraste com o conceito puramente organizativo ou burocrático de organização. Os funcionários são a empresa. Isso acontece a partir do momento que o propósito, os princípios e os valores da empresa penetram o ser das pessoas, para além do que elas fazem: as pessoas se tornam a empresa e a empresa passa a estar nas pessoas.

A cultura, por sua vez, é o substrato de tudo o que acontece na empresa. A atribuição de significados aos acontecimentos no ambiente corporativo é um processo social complexo, por meio do qual as pessoas vão dando sentido aos fatos de uma forma ativa, interagindo com seus colegas e negociando, concomitantemente, os conteúdos simbólicos envolvidos. O processo de construção de significado é um encontro criativo entre uma complexa e estruturada forma simbólica, de um lado, manifesta na cultura organizacional, e as pessoas, de outro lado, trazendo seus próprios recursos e pressuposições para os apoiar na atividade de interpretação da realidade.

O propósito paira sobre as pessoas, como um imenso constructo de representação simbólica, elevando-se sobre a realidade da vida cotidiana como uma presença gigantesca. Construído discursivamente, assim como a missão, a visão e os valores, ele é capaz de ser, em si, um símbolo altamente abstraído da experiência diária, mas também de fazer retornar esse símbolo como elemento real e objetivo na operação cotidiana. A cultura, na qual inserem-se o propósito, a missão, a visão e os valores, é a construção de um campo semântico, uma zona de significação, circunscrita ao mundo da empresa.

A melhor cultura empresarial é a que lembra a cada membro que o seu dever é servir à empresa. A contrapartida é a existência de um propósito, cujo dever, por sua vez, é motivar as pessoas a mobilizar todas as suas faculdades e a despertar toda sua potencialidade em prol da instituição. O comprometimento surge de um elo emocional e racional da pessoa com a empresa. Ele implica a aceitação do propósito, seu reconhecimento, e o desejo intenso de participar disso, bem como a concordância tácita em não dispersar esforços com outras atividades. É um comprometimento atitudinal: *eu desejo pertencer*. Da parte da empresa, é o compromisso de cuidar das almas das pessoas. Nesse contexto, os hereges são mais perigosos do que os ateus.

O propósito é uma vigência coletiva de verdade. Teoricamente, um propósito não tem que ser defendido, pois essa necessidade já significa sua falta de autenticidade. Quando o propósito é plenamente vigente, as pessoas usam dele, referem-se a ele, amparam-se nele, assim como se faz com a lei da gravidade. Como uma vigência coletiva, o propósito exerce uma influência tranquila sobre as almas, uma estrela-guia, sem imposturas, sem polêmicas ou agitações, quase como uma mágica.

As pessoas não se dão conta de que estão sob a influência do propósito. Por isso, o propósito é um poder social autêntico: anônimo, impessoal, independe da empresa. Assim, é um elemento importante na tessitura da cultura organizacional, a rede de significados sem a qual nenhuma empresa poderia existir. Dentro da cultura, a vida cotidiana se apresenta como uma realidade interpretada, tem seus sentidos subjetivamente apropriados, tornando o cotidiano uma experiência coerente.

A cultura é um sistema de significados, por meio do qual as pessoas e o grupo conseguem manter sua coesão (seus valores, sua identidade e sua interação com o mundo). É a ordem tácita de uma empresa: ela molda atitudes e comportamentos de amplo espectro e de forma duradoura. A cultura penetra em vários níveis e se aplica de forma muito ampla na empresa, manifestando-se em comportamentos coletivos, ambientes físicos, rituais grupais, símbolos visíveis, histórias e lendas. É a cultura que vai tornar possível a coexistência pacífica entre os interesses pessoais de cada um e os interesses da empresa — seu propósito.

Essa perspectiva estava presente, de forma bem incipiente, nos pais da administração clássica. Em uma passagem de Henri Fayol, por exemplo, encontramos que "administrar é prever, organizar, comandar, coordenar e controlar. Prever é perscrutar o futuro e traçar o programa de ação. Organizar é constituir o duplo organismo, material e **social**, da empresa. Comandar é dirigir o pessoal. Coordenar é ligar, unir e harmonizar todos os atos e todos os reforços. Controlar é velar para que tudo corra de acordo com as regras estabelecidas e as ordens dadas" (Fayol, 2010, p. 26)(grifo nosso). Conceber o organismo social da empresa é o processo de definir quem serão as pessoas, como elas se relacionarão e em torno de que se articularão. Uma das lacunas da administração clássica foi não ter dado à dimensão social sua devida relevância, perdendo o potencial do propósito como elemento facilitador de todas as tarefas definidas como de gestão: *prever, organizar, comandar, coordenar e controlar.*

Alfred Sloan foi um gênio organizacional. Sem ser acadêmico, lançou as bases práticas para muito do que viria a ser conceitualizado e estudado posteriormente pela Administração como ciência. Seu rival, Henry Ford, foi um revolucionário por focar um produto padronizado, barato e que atendesse ao maior número de pessoas possível. Sloan estava inicialmente preocupado em fazer a General Motors sobreviver. Depois, em desbancar a Ford. Para tanto, estava sempre desenhando e redesenhando a corporação, equilibrando concentração e desconcentração, coordenação e divisão de tarefas, funções primordiais da gestão. Sabendo-se disso, entende-se facilmente por que em seu livro de memórias ele vai registrando, a cada passo, as mudanças no organograma da GM.

E Sloan tinha clareza com relação a um desafio imenso para empresas grandes e, particularmente, como no caso da GM, que tinham resultado da fusão de diversas outras empresas: a capacidade de compreensão comum. No caso da GM, esse desafio era mais candente do que para a Ford. Nesta última, havia a presença constante do carismático fundador. E a empresa tinha um crescimento, pode-se dizer, orgânico. Para a GM, que surgiu meio como um Frankenstein, com várias empresas sendo adquiridas e reunidas debaixo do mesmo guarda-chuvas (o próprio Sloan chegou à GM quando sua empresa original foi comprada), era mais difícil.

> **Alfred Sloan:**
>
> *Numa grande empresa é necessário um meio para produzir o entendimento comum* (Sloan, 2001, p. 95)

Nessa tarefa, o propósito contribui bastante. Ele permeia a cultura, condicionando os desenvolvimentos possíveis e potenciais. Juntos, propósito e cultura constituem um sistema interpretativo que ajuda as pessoas na empresa a compartilhar suas visões de mundo e a compreender o conhecimento tácito que está no fundo das operações cotidianas, garantindo que, apesar da multiplicidade de pontos de vista e de locais de atuação, exista uma interconexão entre as ações.

O propósito cria um ponto de apoio imaginário para a vida prática das pessoas dentro das empresas. Ao mesmo tempo, cria um ponto de apoio prático à vida imaginária. É o propósito que vai alimentar aquele ser que cada um secreta no interior de si, a sua alma; bem como o ser que as pessoas secretam em seu exterior: suas personalidades. Da mesma forma que o propósito, a cultura não é inteiramente descritível em palavras, como testemunhou outro fundador carismático, Jeff Bezzos, da Amazon.

> **Jeff Bezzos:**
>
> *Você tem que escrever sua cultura corporativa no papel, mas, quando fizer isso, você a estará descobrindo, revelando — não criando* (Charan, 2020, p. 181)

Cada cultura cria um conjunto de imagens capazes de caracterizar o que acontece no seu cotidiano e como esses acontecimentos são processados pela empresa. Esse conjunto de imagens é verdadeiro unicamente para a empresa. Essa é uma das razões pelas quais é difícil, quiçá impossível, copiar uma cultura. Bem como avaliar comparativamente duas culturas. Não há como se dizer, por exemplo, que a cultura da Coca-Cola seja melhor do que a da Pepsi. São culturas diferentes, verdadeiras unicamente para elas. Apesar da atuação na mesma arena competitiva, as culturas de ambas se articulam a partir de propósitos diferentes, resultando em culturas diferentes.

Isso nos leva ao nosso próximo ponto. O conjunto propósito e cultura tem um forte potencial motivador. São inúmeras as histórias de pessoas que abandonaram empregos ou posições privilegiadas para ganhar menos, mas em empresas com propósitos proeminentes.

PROPÓSITO COMO MOTIVAÇÃO

Ortega y Gasset afirmava que "a vida humana, por sua própria natureza, tem que estar direcionada a algo, a uma empresa gloriosa ou humilde, a um destino ilustre ou trivial" (Gasset, 2016, p. 13). Uma condição incrustada na condição do humano. Se, por um lado, viver é algo que cada um faz por si e para si, por outro, a vida que não se dedica a um propósito *caminhará desvencilhada, sem tensão e sem forma*. Escrevendo no início do século XX, Ortega y Gasset alertava que "nesses anos, assistimos ao gigantesco espetáculo de inumeráveis vidas humanas que marcham perdidas pelo labirinto de si mesmas, por não terem a que se entregar" (Gasset, 2016, p. 13). As pessoas viviam uma crise de sentido e cremos que isso só fez piorar.

O séc. XXI é um tempo de contexto fragmentado e as pessoas precisam ser ativas para encontrar sentido. O trabalho é um fator importante da identidade pessoal e acontece ainda predominantemente nas empresas. Elas propiciam uma das poucas experiências que unem os seres humanos e os expõem ao mesmo conjunto de ideias-chave. As coletividades empresariais fortalecem a solidariedade e fornecem uma base predispositiva para o enfrentamento das adversidades ambientais, reduzindo o risco de destruição extrema do moral. Evidentemente, esse efeito será obstruído se as predisposições pessoais forem muito intensas e estiverem em conflito com as perspectivas propostas pelo propósito coletivo. Trata-se de um movimento tanto de identificação quanto de construção de identidade.

O propósito, como elemento da cultura, acaba funcionando como um sistema de defesa que auxilia as pessoas a criar a sensação de que são maiores e mais poderosas do que, na realidade, são. O mecanismo é parecido com o das religiões — o sentido de compartilhar um propósito ajuda as pessoas a acreditarem que fazem parte de algo que continuará para além dos limites de suas próprias vidas. Por isso, muitas pessoas vestem a camisa das empresas, a um ponto de se sacrificarem por elas. Gareth Morgan é um dos autores que destaca esse aspecto imponderável: "Não é de surpreender que as pessoas estejam tão prontas a defender as suas crenças básicas, mesmo que isso signifique ir para a guerra e confrontar-se com a realidade da morte. Ao fazerem isso, ajudam a preservar o mito da imortalidade enquanto estão vivos" (Morgan, 1996, p. 219).

A associação do propósito à moral não é por acaso. Harari (Harari, 2018) ressaltou que a moralidade tem profundas raízes evolutivas que precedem, inclusive, ao próprio surgimento do gênero humano. As tribos de caçadores-coletores da Idade da Pedra tinham códigos morais, que são elementos definidores de reciprocidade comportamental. A necessidade de um código moral, ou alguma coisa que estabilize os comportamentos esperados suficientemente para gerar previsibilidade e confiança, é mais intensa quando na presença de desconhecidos, como é o caso da situação inicial de uma empresa. A partir do ponto inicial, a incorporação do propósito se dá na vida diária, sem esforço e inconscientemente. Daí surgem as lealdades em massa, a adesão coletiva ao propósito.

As pessoas precisam de comunidades restritas, antes das comunidades amplas. Por isso o papel da família é essencial, e falharam miseravelmente todos os teóricos que propuseram o seu fim ou a sua substituição por outras institucionalidades. Imersas na sociedade industrial avançada, com sua competição pluralista entre subuniversos de significação de todas as espécies, as pessoas necessitam identificar-se com um esquema mais limitado, uma ordem mais estreita. Nesses grupos menores, encontram conforto psíquico e identificação. As empresas, com sua grande necessidade de tempo coletivamente vivenciado, são candidatas naturais a absorver esse papel.

Talvez por isso não funcionem como propósito questões relacionadas exclusivamente a trocas econômicas. Milton Friedman errou ao afirmar que o propósito das empresas era exclusivamente gerar lucro. O propósito deve refletir algo mais ambicioso. Deve permitir que as pessoas superem suas próprias decepções e transcendam o seu autocentramento, que as alienam do trabalho cooperativo. Funciona como um mecanismo múltiplo, heterogêneo, distribuído e autopoiético, constantemente operando para alinhar os interesses pessoais aos interesses corporativos, em um processo suave, autocriado. Bem diferente da fragmentação e padronização das tarefas e da manualização pretendidas como solução pela administração clássica.

A probabilidade de que pessoas reunidas aleatoriamente se identifiquem umas com as outras varia justamente com a intensidade das reivindicações compartilhadas. As declarações explícitas feitas pelos membros de uma coletividade, os funcionários de uma empresa, são um índice dos valores compartilhados. Compõem um *agregado reivindicatório*. O propósito consolida esse agregado reivindicatório como uma vigência coletiva. Valores que não têm vigência coletiva são impotentes como os tendões de um defunto. Quando as pessoas percebem falta de autenticidade e integridade no propósito, esse se torna apenas um ruído sem sentido. Talvez, pensando nisso, Peter Drucker costumava dizer que um propósito não se cria, se reconhece.

O propósito facilita que as pessoas enxerguem as empresas como coletividades, às quais elas pertencem. Não apenas um local de trabalho para reunir indivíduos isolados. A internalização do propósito permite que as pessoas consigam alcançar autorrespeito, pela sensação de pertencerem a um sistema. O propósito, nessa perspectiva, é um elemento fundamental do contrato psicológico que as pessoas celebram com as empresas.

As pessoas vão desenvolver suas expectativas com relação à empresa tomando por base o que acontece. Contratos psicológicos são criados com base no que as pessoas fazem, e não no que elas dizem que farão, ou, ainda, no que alguém diz que elas deveriam fazer. Por essa razão, conforme ressalta Davenport (Davenport, 2001), os contratos psicológicos são ainda mais presentes e reais para as pessoas do que as políticas formais. Eles representam a realidade, em oposição ao que alguém diz que a realidade deveria ser. Fica claro, nesse arranjo, que o propósito é a primeira cláusula de qualquer contrato psicológico. O propósito tem o condão de gerar uma devoção primária à empresa, produzindo potente energia criativa.

Esse fato começou a ficar evidente quando ganharam força os estudos sobre cultura organizacional, que realçaram como as normas não escritas, os valores e as crenças das pessoas que trabalhavam em uma empresa afetavam seu comportamento diário. Ao compartilharem significados, fragmentados ou integrados, as pessoas ampliam sua habilidade coletiva para lidar com os desafios cotidianos.

A cultura e o propósito definem fundamentalmente o ambiente dentro das empresas, no qual as pessoas vivem e interagem. E o ambiente é um fator que pode tanto limitar quanto ampliar nosso potencial de ação. Frederic Laloux (Laloux, 2017) gosta de apresentar uma analogia sobre isso: os pinguins, que são super desajeitados quando andam, são capazes de nadar mais de 6 mil quilômetros com o equivalente energético de um galão de petróleo (ou seja, na prática, fazem 2 mil quilômetros por litro).

No propósito, estão todas as empresas em potencial. Estar no propósito é estar aberto a todas as possibilidades, ter liberdade para traçar o caminho, ciente de que cada passo puxará o objetivo final para mais perto. Imbuídas do propósito, as pessoas não admitem nada que se possa opor a ele. A maioria das pessoas assemelha-se a folhas que caem e flutuam no vento, até finalmente caírem ao chão em algum local aleatório. Pessoas que incorporam um propósito são como os astros, que se mantêm em suas órbitas, imunes aos ventos siderais — sua lei e sua trajetória estão dentro de si próprias. A convicção do propósito prepara as empresas para lidar com o futuro incerto e tudo o que ele pode trazer consigo.

O senso de propósito ajuda pessoas normais, que se comportam de modo normal, a completar suas tarefas com sucesso. Realizar grandes coisas requer a mobilização de muita energia. A inspiração do propósito energiza as pessoas porque, mais do que ordená-las a fazer determinada coisa, atende às suas próprias necessidades de realização. Com isso, as pessoas desenvolvem e fortalecem o sentimento de pertencimento, sentem-se reconhecidas e melhoram sua autoestima. As pessoas percebem que são capazes de viver de acordo com seus mais nobres ideais. Todos esses sentimentos têm um impacto motivacional profundo.

Tudo isso difere muito da visão assumida e desenvolvida pelos primeiros teóricos da Administração, particularmente a tríade Frederick Taylor, Henry Fayol e Max Weber. Esses pensadores tinham uma visão do ser humano como hedonista e desinteressado do trabalho. Para eles, as pessoas queriam apenas assegurar o pagamento para poderem gastar como quisessem. Quanto menos esforço fizessem, melhor. Havia uma assimetria intransponível entre os interesses dos trabalhadores e os dos patrões, superada apenas com muita supervisão e controle (que exigia uma hierarquia ampla e rígida, por sua vez) e punições ou ameaças de punições. Foi só com o

> **Jorge Paulo Lemann:**
>
> *Quando todos os outros estavam gastando seu tempo administrando o dinheiro, investimos nosso tempo na empresa. Desenvolvê-la seria a melhor forma de gerar riqueza a longo prazo. Administrar dinheiro, por si, nunca cria algo grande e duradouro, mas desenvolver algo grande pode levar a resultados substanciais (Correa, Sonho grande, 2013, p. 11)*

surgimento da chamada escola de Recursos Humanos, na década de 1930, que começaram a surgir visões diferentes quanto ao papel da motivação das pessoas no seu desempenho.

De certa forma, economistas como Knight, Milton Friedman e seus discípulos compartilham do pensamento de que interesses de trabalhadores e de patrões não coincidem. Não é por menos que tenham desenvolvido a teoria do Agente-principal, com seu foco no modo como os lucros são reduzidos por conta de ações indevidas dos trabalhadores. Afinal, os gerentes não proprietários são também trabalhadores, ainda que de alto nível. A teoria do Agente-principal conduz a políticas de mais controle e mais supervisão. Na sua visão mais amena, propõe remunerações mais elevadas, pressupondo o ganho de dinheiro como único motivador relevante das pessoas.

Vale lembrar a admoestação um tanto quanto lúgubre de outro economista, também liberal, mas ainda suficientemente sensível para conseguir captar as sutilezas do comportamento e da motivação humana.

> *Se o grosso da humanidade sempre tiver que permanecer na situação atual, escravos para trabalhar naquilo em que não têm nenhum interesse engajado, e portanto não sentem nenhum interesse — afanando-se desde cedo até bem adentro da noite simplesmente para ganharem o sustento, e com todas as deficiências intelectuais e morais que isso implica, sem recursos de espírito ou de sentimentos, privados de instrução, por não poderem ser mais bem instruídos do que são alimentados, egoístas, porque todos seus pensamentos provêm de si mesmos, destituídos de interesse ou sentimentos como cidadãos e membros da sociedade, e com um sentimento de injustiça bulindo em sua mente, tanto pelo que não têm como pelo que os outros têm, não sei o que poderia haver que pudesse fazer qualquer pessoa dotada de razão preocupar-se com os destinos da humanidade* (Mill, 1996, p. 425).

Stuart Mill percebeu claramente que o pagamento em pecúnia não era suficiente para assegurar o engajamento das pessoas. Vender a força de trabalho em troca de pagamento monetário tornou-se uma necessidade para muitos: praticamente a única forma de assegurar recursos para garantir a própria sobrevivência e a de seus familiares. Isso não significa que seja capaz de motivar as pessoas. Mill vai além e aponta para o fato de que essa situação levará, inclusive, a uma inserção empobrecida dessas pessoas na sociedade, e não no sentido econômico, mas daquilo que podem contribuir para com a comunidade — movidas apenas por uma forte sensação de injustiça e pelo pensamento egoísta, essas pessoas não teriam razão para *preocupar-se com os destinos da humanidade.*

Quando o propósito é descoberto, na verdade, as pessoas encontram a função pública que as empresas cumprem. Com isso, são capazes de perceber que seu engajamento na empresa traz uma contribuição para a sociedade e, por tabela, para elas mesmas. Aqui reside um grande poder motivador do propósito.

> **Henry Ford:**
>
> *Resolvi, caso não encontrasse recursos para um negócio suscetível de ser conduzido com esta mira do **bem geral**, renunciar de vez aos negócios* (Ford, 1954, p. 41), grifo nosso.

QUANDO O PROPÓSITO FALTA: O RISCO DAS EMPRESAS SE TORNAREM PSICOPATAS

Quando nascemos, somos cuidados no seio de uma família. Depois somos socializados em um ambiente cultural. Nesse longo processo de educação, sobretudo na infância e na adolescência, são construídos sentimentos e valores que vão determinar nosso comportamento. Às vezes, esse processo falha e temos problemas. Nos casos mais graves, surgem os psicopatas.

E as empresas? Como pessoas artificiais, as empresas nascem no vazio. O risco de se transformarem em pessoas jurídicas psicopatas é grande. Como já vimos, Milton Friedman, em linha com o pensamento tradicional da Economia, afirmou que *as empresas são simplesmente uma construção legal artificial.* Se esse é o entendimento, de fato, não faz sentido pensar em ações morais ou imorais por parte das empresas. Esse tipo de juízo de valor somente seria possível para as pessoas dentro das empresas, não para as empresas em si.

Não é por acaso também que Friedman foi um dos antagonistas às noções nascentes de responsabilidade social corporativa — para ele, a finalidade exclusiva das empresas era gerar lucro: "Há apenas uma única responsabilidade social da empresa — usar seus recursos e se engajar em atividades concebidas para aumentar os seus lucros, desde que se mantenha dentro das regras do jogo" (Friedman, 1973).

O próprio homem, segundo a concepção dos economistas liberais, é o *Homo oeconomicus*, autointeressado e maximizador. A empresa então, por extensão, deveria ser autointeressada e maximizadora de resultados. Entidades que agem exclusivamente em função de si e com finalidades maximizadoras, sejam homens e mulheres, ou empresas, tendem a desenvolver comportamento psicótico.

Embora não experimentem empatia, os psicopatas são bons em fingir que a têm. Mesmo sem possuir o sentimento real, podem se comportar de modo altruístico, só que, um exame mais próximo revela que esperam ganhar alguma coisa com isso. Esse também é um comportamento de empresas, maquiando suas verdadeiras intenções ou o resultado de comportamentos desastrosos com programas de responsabilidade social recheados de boas intenções. Na verdade, muitas das ações supostamente altruístas das empresas podem ser vistas como motivadas pelo desejo de cultivar uma imagem positiva junto a clientes.

Robert Hare, um psiquiatra, faz um diagnóstico clínico das empresas, levantando os sintomas que podem qualificá-las como psicopatas em potencial.[1] Os psicopatas são superficiais em seus relacionamentos, ou apresentam apenas uma imagem superficial de si próprios e ninguém chega a conhecê-los realmente. As empresas apresentam uma imagem de fachada, trabalhada pelos profissionais de Relações Públicas, mas não permitem que pessoas externas venham a conhecer a verdadeira natureza da empresa. Muitos filmes exploram essa dualidade. Sempre em detrimento da empresa, diga-se, por sinal — não vemos filmes por aí em que as pessoas acham que uma empresa é *maligna* por dentro para descobrirem depois que é a mais angelical das criaturas. Justamente o contrário, sempre.

---

[1] As descrições que se seguem, comparando sintomas psicóticos a práticas empresariais, são inspiradas em Robert Hare, particularmente em vídeo disponível na internet — "The pshychopathic corporation – a clinical diagnosis". Disponível em: https://youtu.be/lmUXp_zE14E. Acesso em: 12 abr. 2019.

Os psicopatas têm um poderoso senso de *self*, são personalidades grandiosas, sentem-se o centro do universo. As empresas, por definição, adotam essa postura. Meus produtos são os melhores, minhas práticas são as melhores, a empresa é o centro do mundo. Psicopatas são grandes manipuladores. Como parte de seu comportamento predatório, usam a manipulação para colocar suas presas no local que desejam. As empresas adotam táticas manipulatórias o tempo todo, buscando enganar, ou, no mínimo, iludir, os concorrentes, a imprensa, a opinião pública, enfim, a sociedade em geral.

Psicopatas não têm empatia, a capacidade de colocar-se no lugar do outro, sentir as emoções do outro. Os psicopatas são tipicamente inteligentes, desinibidos e autoconfiantes, mas não têm os sentimentos de empatia, culpa e remorso. Essa ausência tem efeitos dramáticos sobre seu comportamento, muitas vezes produzindo comportamentos antissociais. Faz sentido afirmar que uma empresa tem interesses, objetivos e valores. Não faz tanto sentido afirmar que tem pensamentos, sentimentos ou que se importa com alguém, inclusive com si mesma. As empresas, por definição, não têm empatia. São autocentradas, temem seus concorrentes e temem o público em geral.

E a empatia, na verdade, é um grande antídoto contra a psicopatia, pois, se sou capaz de imaginar o sentimento do outro, não provoco deliberadamente o seu mal. Esse princípio é gerador da regra de ouro — *faça aos outros o que deseja que eles façam a você mesmo* — presente, em muitas variações, em praticamente todos os sistemas religiosos do mundo. Rapoport (Rapoport, 1980), refletindo sobre as grandes empresas, afirma que elas não são *gostáveis*. Para ele, como uma unidade vivente, uma pessoa, as empresas são extremamente primitivas. Grande parte de seu comportamento é explicado em termos de um ou dois princípios motivadores — sobreviver e crescer. Para ele, portanto, seria possível empatizar com uma pessoa que mantém relações tão primitivas com o seu ambiente. Não empatizamos com elas, e elas não empatizam com ninguém.

Uma forte característica dos psicopatas é não assumir a responsabilidade por seus atos. A culpa é sempre de um outro. Muitas empresas praticam isso quase como rotina. Na verdade, grande parte do trabalho de profissionais de Relações Públicas se resume a isso. Uma contrapartida dessa caraterística é o fato de que os psicopatas não demonstram sentir remorsos quando são pegos. Afinal, a culpa não é deles! Empresas também assumem muitas vezes esse tipo de comportamento.

A Vale é uma joia, não pode ser penalizada pelo que aconteceu, afirmou o presidente da Vale após o rompimento de uma barragem que provocou a morte de quase trezentas pessoas. O fato é que psicopatas são irresponsáveis, não levam em consideração os efeitos de seu comportamento sobre as outras pessoas. Não se preocupam em colocar os outros em risco. Muitas empresas, partindo da perspectiva autocentrada, só se preocupam com os interesses e os objetivos da própria empresa, sacrificando todo o resto.

Psicopatas são impulsivos, mas calculistas. Respeitam a existência de controles externos — não agem na frente da polícia, por exemplo. As empresas também agem por impulso e, na ausência de controles externos, fazem o que querem. O impulsivo não cultiva objetivos de longo prazo, é imediatista. As empresas também, apesar de até listarem objetivos de longo prazo, são, na maior parte das vezes, imediatistas, trocando objetivos de longo prazo pela lucratividade no trimestre, bem ao gosto de seus acionistas.

Qual a solução? Propomos como contribuição fundamental para resolver a questão o estabelecimento de um propósito e a sua manutenção como elemento ativo de referência nas mentalidades de todos os que trabalham na empresa. O propósito, conforme definido aqui, como uma conjunção de missão, visão e valores, supre, para a empresa, essa pessoa artificial, o papel da família. A missão vai mantê-la focada no que precisa e deve fazer para sobreviver. A visão vai cuidar para que tenha uma preocupação com o futuro, o que, por si só, agrega elementos de autopreservação. Os valores vão tutelar sua conduta, orientando-a para comportamentos socialmente responsáveis, e aceitáveis, e evitando o seu desvio para a psicopatia. Preocupando-se com o futuro e adotando ação orientada por valores, a empresa desenvolve, enfim, um senso de empatia.

PARTE II

PARTE II

QUEM SÃO

EMPRESAS
BRASILEIRAS
COMO MISSIONÁRIAS

1.1 ASPECTOS CONCEITUAIS

A missão é uma declaração única que representa a identidade da organização, esclarecendo, de forma ampla, o seu *fazer* no presente. A coisa mais importante que a empresa tem que fazer, relacionada, evidentemente, à sua função social. Expressa a razão de ser da organização e determina o seu negócio. Por isso, a missão é o primeiro elemento de identidade da empresa — quando perguntam sobre nossa identidade, respondemos com base no que vivemos ou sentimos — ou *somos* — no presente.

A missão é o elemento que permitirá à empresa se organizar em torno do seu *fazer*, sem perder flexibilidade, intensidade e potencial inovador. Também é um elemento de independência da empresa em relação aos sócios-fundadores, pois, uma vez definida a missão, a empresa poderá continuar o seu *fazer*, sem depender da relação providencial com o seu dono ou qualquer outro tipo de revelação transcendente. A missão traz uma perspectiva de maturidade para a companhia

> **Sobre o estúdio Walt Disney:**
>
> *Na verdade, o estúdio Disney não operava de maneira alguma como uma instituição comercial, na qual os produtos e os lucros predominavam. Em meados dos anos 1930, o estúdio Disney operava como um culto, com uma figura messiânica inspirando um grupo de devotados e, às vezes, fanáticos acólitos. No estúdio da Hyperion, os empregados não estavam apenas fazendo desenhos para divertir ou entreter o público. Eram discípulos em uma missão.* (Gabler, 2016, p. 244)

As declarações de missão (DM) são manifestações discursivas, autodeclarativas, quanto à identidade das organizações, com reflexos, desejados ou esperados, sobre seus fazeres. De fato, conforme Peter Drucker (Drucker, Management tasks, responsibilities and practices, 1973), uma DM, ao tentar responder *qual é o nosso negócio?*, relembra à empresa as suas origens. As DMs têm efeitos claros sobre o desempenho das empresas. A missão é um elemento que condiciona fortemente a orientação dos esforços para um determinado fim e, talvez por isso, sejam tão potentes. Uma DM estabelece quem a empresa é e o que ela faz.

Maquiavel, grande pensador político e realista, aconselhava: "Não se deve jamais arriscar toda nossa fortuna com apenas uma parte das nossas forças" e "expor tudo o que temos sem empregar todas as forças disponíveis é uma imprudência extrema" (Maquiavel, 1979, p. 89). As empresas, todos os dias, arriscam toda sua fortuna no mercado. Todos os dias colocam em jogo a sua sobrevivência. Que o façam então com todas as suas energias. Gestão é também um processo de organização das energias. E o propósito tem um papel fundamental nisso.

As missões produzem determinação para as empresas. Sem uma missão como elemento de coesão atitudinal e comportamental, os funcionários ficam perdidos, vão se dedicar a seguir suas próprias especialidades e se distanciarão do objetivo comum da empresa. Essa é a tendência natural, que as pessoas interpretem resultados em termos de suas próprias especialidades e tentem, portanto, impor seus valores à instituição. O papel de uma missão bem focalizada e amplamente internalizada por todos dentro da empresa é manter a coesão e liberar as energias produtivas.

Essa noção já era intuída pelos primeiros teóricos da administração clássica. Henri Fayol escreveu: "Sabendo o que pode e o que quer, a empresa empreende marcha firme: aborda os negócios correntes com segurança e está preparada para dirigir todas as suas forças contra as surpresas e os acidentes de qualquer natureza que se possam apresentar" (Fayol, 2010, p. 73). Percebe-se o elemento do *fazer*, tanto ao propor que a empresa saiba o que quer fazer, como o que pode fazer, e o elemento da flexibilidade, com a capacidade de adaptação das empresas a mudanças nas circunstâncias.

A DM contribui fortemente para a produção de uma mentalidade coletiva e o compartilhamento de pressupostos. Na ausência de um elemento com esse poder, a tradução da estratégia para as pessoas é muito difícil e muitas vezes pode parecer uma comunicação tresloucada. É como se a alta direção da empresa tentasse descobrir, a partir do movimento individual de cada membro da empresa, qual seria seu próximo movimento e depois resumisse tudo dizendo: o plano de minha equipe é avançar 45% em vendas, mover 20% na produção, contratar 15% a mais de funcionários e reduzir em 40% os gastos com treinamento. Pode-se até entender que a alta direção pretendia apresentar um plano para a empresa, mas, na realidade, anuncia-se apenas um resumo insensato de planos agregados. Isso não faz você lembrar alguma coisa?

Uma DM traz uma clareza de propósito que se agrega ao patrimônio intangível da organização, ao criar entre todos os colaboradores um elo emocional, tornando possível a coexistência mais harmoniosa entre os interesses da empresa e os das pessoas que nela trabalham. A DM é um componente ideológico das culturas corporativas, constituindo-se como instrumento de uso externo e interno, reforçadora e reforçada por práticas concretas. Assim, as DMs favorecem a identificação com a organização, a interiorização de seus objetivos e de seus valores.

Um grande impulso para a prática de elaborar declarações de missão veio de um artigo seminal de Theodore Levitt chamado "A miopia

> **Henry Ford:**
>
> *Indústria não é dinheiro; baseia-se em ideias, trabalho, organização, elementos que não se exprimem por dividendos, e sim por utilidade, qualidade e eficiência dos produtos, coisas que o dinheiro não cria, mas que criam dinheiro* (Ford, 1954, p. 363)

em marketing" (Levitt, 2017). O ponto central do artigo era que as empresas deveriam, no processo de conceberem suas DMs, ter como referência uma ampla orientação da indústria, ou a que necessidades genéricas subjacentes ela atendia. Na opinião de Levitt, por exemplo, empresas ferroviárias deveriam ver a si mesmas como no negócio de transportes: "As ferrovias estão com problemas não porque essas funções tenham sido preenchidas por outros meios (carros, caminhões, aviões e até telefones), mas porque as próprias ferrovias permitiram que outros se apropriassem de seus clientes. Elas se sentiam pertencentes ao negócio de ferrovias, não ao de transportes" (Levitt, 2017, p. 149). Para Levitt, a definição restrita de um setor ou produto resultava em um envelhecimento prematuro. A indústria deveria pensar sobre o cliente e suas necessidades.

Apesar de prover um *insight* interessante e mobilizador para as empresas, a proposta de Levitt resultou em alguns casos de DMs extremamente ambiciosas, ambíguas ou *non sense*, o que reduziu sua utilidade. Ao redefinir a estratégia em termos de perspectiva, em vez de posicionamento, Levitt, na verdade, contribuiu para reduzir sua amplitude, com a capacidade interna das empresas perdendo valor e as oportunidades de mercado sendo ressaltadas. Outras críticas apontam que, com a visão de Levitt, as DMs passaram a ampliar segmentos de mercado estreitos além do que seria prudente, recaindo na *miopia da miopia de marketing.*[1]

---

[1] Sobre miopia da miopia de marketing, recomendamos Mintzberg, Henry — *Safári de Estratégia: Um roteiro pela selva do planejamento estratégico.* Porto Alegre: Bookman, 2000.

Outro papel importante das DMs é promover uma ligação entre estratégia e cultura. As estratégias oferecem uma lógica formal para que os colaboradores compreendam as metas da empresa e possam se orientar em torno delas. Já a cultura expressa essas metas por meio de valores e crenças compartilhadas. É a cultura que molda a ordem social tácita nas organizações, definindo atitudes e comportamentos perenes. Para que a cultura seja forte, os valores são importantes e as DMs contribuem para a geração de culturas aspiracionais que vão sinalizar para os colaboradores quais são os princípios de alto nível que guiam as iniciativas empresariais.

Para que possam cumprir esses papéis, as DMs devem ser apreendidas pelos colaboradores, que precisam impulsionar o processo, permitindo que o propósito passe a permear a cultura e moldar o comportamento, mesmo quando os gestores não estão presentes para supervisionar as pessoas. Dessa forma, os valores expressos pelas declarações serão efetivamente os critérios que os colaboradores utilizarão para tomar as decisões relevantes. Ressalte-se que essa é a premissa idealizada com relação à técnica de redação e uso de uma DM, constituindo-se quase que como uma "utopia" da gestão estratégica.

Nos termos dos institucionalistas Berger e Luckmann (1985), as DMs são elementos da construção social da realidade dentro das organizações. Nessas, segundo esses autores, "a socialização secundária exige a aquisição de vocabulários específicos de funções, o que significa em primeiro lugar a interiorização de campos semânticos que estruturam interpretações e condutas de rotina em uma área institucional" (Berger & Luckmann, 1985,

> **Alfred Sloan:**
>
> *A General Motors é uma organização de engenharia. Nossa operação é cortar metal e adicionar valor a ele* (Sloan, 2001, p. 208)

p. 185). Nesses termos, as DMs são "campos semânticos" a serem "interiorizados".

A atribuição de significados aos acontecimentos no ambiente corporativo é um processo social complexo, no qual as pessoas dão sentido aos fatos de uma forma ativa e interagem com outros, negociando os conteúdos simbólicos envolvidos. O processo de construção de significado é um encontro criativo entre uma complexa e estruturada forma simbólica, de um lado, e as pessoas, de outro, que trazem seus próprios recursos e pressuposições para os apoiar na atividade de interpretação da realidade.

O pensamento de Ford nos ajuda a retomar a discussão sobre para que são criadas as empresas e compreendê-la no âmbito da identidade corporativa. A DM deveria articular as ideias, o trabalho e a organização colocados em prática por uma determinada indústria, fazendo com que tudo isso tenha sentido para as pessoas que estão dentro dela, mas também para quem está fora dela. Ou seja, a DM é mais um elemento na relação entre empresa e ambiente. Uma DM não cria dividendos, mas, sim, utilidade, qualidade e eficiência (aponta para um propósito a ser alcançado), o que acaba gerando dinheiro.

De caráter discursivo, as DMs nos lembram de que *todo discurso gera poder*, o que pode ser descrito como sendo os efeitos do discurso no âmbito de uma determinada trama de relações sociais (organizações). São *efeitos na trama e efeitos que geram a trama* (Netto, 2003). Esse caráter discursivo possibilita a construção de símbolos altamente abstraídos da experiência diária, bem como a capacidade de fazer esses símbolos retornarem e se fazerem presentes

> **Jack Welch:**
>
> *Uma boa declaração de missão e um bom conjunto de valores são tão reais que a solidez é quase palpável. A missão deixa perfeitamente claro para onde você quer ir, e os valores descrevem os comportamentos que o levarão até lá* (Welch, 2020, p. 24)

como elementos objetivamente reais na vida cotidiana. Ou seja, exatamente o que se espera das DMs, que construam campos semânticos ou zonas de significação linguisticamente circunscritas, fornecendo sentidos integradores que abranjam a empresa como um todo, oferecendo um contexto para compreensão da experiência e para superação do conhecimento social fragmentado do indivíduo. Essa dimensão nos faz pensar que, ainda que sejam formuladas como platitudes, as DMs podem contribuir para a empresa, pois representam um espírito geral, um ideal, que por si só contribui para a moral dos colaboradores.

As DMs como expressões de uma coletividade permanecem, portanto, em um equilíbrio dialético entre passado e futuro, movimento e repouso, desequilíbrio e reequilíbrio, mudança e preservação da forma tradicional. Elas vigoram nas consciências dos colaboradores e é dessa forma que engendram comportamentos, desde que exista a convicção na sua legitimidade. Essa será maior ou menor a depender da sua construção participativa ou de sua imposição pela alta administração.

Tudo isso pode parecer um tanto quanto abstrato, mas é algo que ganha realidade concreta dentro das empresas, para quem está nelas. Um dos mais destacados executivos do século XX, Jack Welch, que promoveu uma revolução gerencial em uma das mais antigas empresas do mundo, a *General Electric* (GE), ressalta que a missão é tão real que chega a ser quase palpável.

A missão possibilita que a empresa como um todo esteja dentro de cada um e que todos se sintam representados na empresa como um todo, construindo um sentido compartilhado que, por si, produz coerência. Esse nível de comprometimento com um esforço coletivo sempre engaja a dedicação das pessoas — o ser humano é suscetível a superar desafios gigantescos. Por esse ângulo, podemos compreender as DMs como um credo, na linha de que sintetizam expectativas em relação às quais há um envolvimento emocional considerável. A missão, como parte do propósito, é a ideia que permanece, aquilo que a empresa realmente é, para além das múltiplas mudanças.

A internalização da missão faz com que ela passe a permear a cultura organizacional. Isso é extremamente importante, porque *a cultura come a estratégia no café da manhã*, como dito por Peter Drucker. Se a estratégia não se fundamenta na cultura, é fracasso certo. A DM disponibiliza um campo de sentido para as pessoas, facilitando para que os líderes consigam mobilizar as suas equipes rumo à direção correta. Ocorre então algo que muito se busca nas organizações: o alinhamento — a interligação entre objetivos corporativos, pessoais, grupais e departamentais.

ASPECTOS TÉCNICOS

A elaboração de uma DM dialoga com o campo da gestão estratégica, particularmente com os conceitos de estratégia como design.[2] Entender a estratégia como design é afirmar a sua formulação como um processo de concepção, que busca atingir uma adequação entre as capacidades internas das empresas e as suas possibilidades externas.

O passo inicial da formulação da estratégia, para a escola de design, é a analítica das perspectivas externa (ameaças e oportunidades) e interna (forças e fraquezas), da qual derivam-se fatores-chave de sucesso (diante das perspectivas externas) e competências distintivas (diante das perspectivas internas). A partir dessa analítica, produz-se a criação da estratégia. Graças ao seu

---

[2] Para quem tiver interesse em mais elementos teóricos sobre esse aspecto, recomendamos (Day & Reibstein, 1999); (Mintzberg, Ahlstrand & Lampel, 2000); (Zaccarelli, 2000); (Porter M. E., *Estratégia competitiva*, 1986); (Porter M., 1989); (Porter M. E., *Competição: estratégias competitivas essenciais*, 1999); (Ansoff & McDonnell, 1993).

> **Jack Welch:**
>
> *Definir a missão é uma incumbência do alto escalão. Uma missão não pode ser delegada a alguém que não as pessoas responsáveis por ela em última instância* (Welch, 2020, p. 26)

> **Jack Welch:**
>
> *No fim das contas, declarações de missão eficazes são as que equilibram o possível e o impossível. Dão às pessoas a noção clara dos rumos em direção à lucratividade e a inspiração para elas sentirem que fazem parte de algo grande e importante* (Welch, 2020, p. 25)

uso por diversas consultorias, sua intuitividade e sua facilidade de aplicação, esse tipo de análise se tornou recorrente no ambiente empresarial e o acrônimo em inglês da técnica (SWOT), tornou-se amplamente disseminado. Por essa razão, mesmo processos diferenciados de formulação estratégica, que utilizam outras metodologias, passaram a incorporar análises do tipo SWOT em seus momentos iniciais.

Na prática, as DMs passaram a ser concebidas no momento em que se conclui a analítica das perspectivas externa e interna, constituindo-se de um processo deliberado de pensamento consciente, com a ação fluindo da razão. As DMs devem ser simples e resultar de um processo individualizado, uma vez que vão refletir a situação específica da empresa. Esse processo deve, acima de tudo, ser um ato criativo, *para construir sobre a competência distintiva.*

É imprescindível que a alta gestão participe desde o princípio no processo de formulação da DM. Pois o alto escalão será o grande responsável pela manutenção da missão e pela sua observância em todos os níveis da empresa.

Diferentemente das declarações de visão, que trataremos mais tarde, as DM são mais direcionadas para o presente e para o fazer específico da empresa. Entretanto, não devem deixar de agregar um elemento de utopia, aquilo que vai despertar o desejo dos colaboradores, prover inspiração e favorecer a sensação de pertencimento.

Com a formulação da DM, torna-se possível a derivação da estratégia a ser seguida pela empresa. Portanto, o processo é deliberado, não emergente. A DM surge como um conceito global do negócio, usualmente oriunda dos escalões superiores da empresa ou formulada com a participação deles. Além disso, as DMs permitem que as pessoas avaliem aquilo que fazem, podendo decidir com segurança sobre o que deve ser abandonado, por não se ajustar mais às finalidades e à missão da empresa, aquilo que não gera mais satisfação aos consumidores, ou seja, foge da função pública desempenhada pela companhia e deixa de ser uma contribuição significativa.

As origens da escola de design remontam à década de 1960, com os trabalhos seminais de Selznick (Selznick, 1957) e Chandler (Chandler, 1962). Ela ganhou repercussão a partir de sua adoção pela Harvard Business School, a partir de 1965, que a incluiu em seu livro-texto básico. Em seguida, a obra de Peter Drucker, do início da década de 1970, trouxe outra dimensão, ao recuperar a noção de que as empresas deviam se repensar e responder à questão: *Qual é o nosso negócio?* Para Peter Drucker, essa pergunta era idêntica à esta: *Qual é a nossa missão?*

A DM seria aquilo que distinguiria a empresa de outras empresas similares. Apesar de não mencionar esse fato, a afirmação de Peter Drucker sinaliza que um propósito maior não se inventa, já existe. Na verdade, Drucker começa sua digressão sobre o assunto afirmando ser necessário recuperar o sentido original, presente na criação da empresa, e que às vezes fica esquecido. Aquele que muitas vezes foi impresso no DNA da empresa por seu fundador, a perpetuação dos genes (ou memes) que o fundador doou ao empreendimento quando lhe deu início.

Do mesmo modo que só temos um código genético e que esse é exclusivo para cada ser humano, só deve existir uma missão. Não faz sentido pensar em diferentes missões. Isso não significa que a empresa não possa atuar em diversos setores, mas a missão deve permanecer única e é ela que vai articular o sentido das diversas atuações diferentes.

Também não é recomendável que a DM seja genérica demais ("ser pai", "viver por viver"). Para que possam fazer sentido para as pessoas, devem dialogar com a realidade que elas vivem. Como Jack Welch colocou, as DMs acabam adquirindo concretude, são quase palpáveis, mas isso só acontece se, em primeiro lugar, as DMs de fato expressem a razão de ser da empresa. A concretude vem da realidade para a DM e flui da DM para a realidade, em um processo que se realimenta. É assim, inclusive, que as DMs vão ser instrumento importante para unificar os pontos de vista de todos os colaboradores.

A validade de uma DM é inversamente proporcional à quantidade de palavras que contém. Declarações "nobres" não garantem consistência. Talvez por essa razão, DMs formuladas às pressas e exclusivamente com o apoio de consultorias, sem genuína participação dos colaboradores, terminem por ser platitudes, sem efeito prático. O risco dessa possibilidade ampliou-se quando as DMs se tornaram uma febre no meio empresarial, na década de 1980.[3]

Aproveitando, vamos fazer um exercício. Tente ligar a DM, na coluna da esquerda, à empresa, na coluna da direita.

---

[3] Sobre a grande disseminação da prática de elaborar declarações de missão, recomendamos (Williams, 2008).

(1)	Transformar recursos naturais em prosperidade e desenvolvimento sustentável.[4]	**Bunge**
(2)	Criar valores diferenciados.	**JBS**
(3)	Melhorar a vida, contribuindo para o aumento sustentável da oferta de alimentos e bioenergia, aprimorando a cadeia global de alimentos e do agronegócio.	**Vale**
(4)	Sermos os melhores naquilo que nos propusermos a fazer, com foco absoluto em nossas atividades, garantindo os melhores produtos e serviços aos clientes, solidez aos fornecedores, rentabilidade aos acionistas e a oportunidade de um futuro melhor a todos os colaboradores.	**Cargill**
(5)	Ajudar as pessoas a viver de forma mais saudável.	**GM**
(6)	Ser uma empresa competitiva, inovadora e ousada que visa sempre o bem-estar comum.	**Amil**
(7)	Conquistamos os clientes para sempre.	**Magazine Luiza**

---

[4]   Resultado: (1) Vale; (2) Cargill; (3) Bunge; (4) JBS; (5) Amil; (6) Magazine Luiza; (7) GM.

Foi fácil? Quantos acertos? É importante destacar aqui que estamos tratando de grandes empresas. Seria de se esperar um pouco mais de cuidado e acurácia no momento da definição das declarações de missão. Idealmente, deveria haver um índice de acerto de 100% para um exercício como esse. Por tudo o que temos apresentado até aqui, pela necessidade de a missão refletir o caráter único, incopiável, intransferível, de sua natureza.

A literatura internacional sobre a elaboração de declarações de missão convergiu para a apresentação de nove componentes que deveriam estar presentes em uma boa DM:

1. Quem são os clientes.

2. Quem são os funcionários e como a empresa os enxerga e os trata.

3. Quais são os produtos ou serviços.

4. Quais são os mercados.

5. Qual é a tecnologia.

6. Como a empresa se define (autoconceito).

7. Qual é a imagem pública desejada.

8. Qual é a filosofia.

9. Quais são as estratégias para o crescimento e a sobrevivência.

São muitas perguntas para serem respondidas em uma declaração, que deve ser, idealmente, curta, a ponto de ser facilmente guardada por todos. Dizem que a qualidade de uma declaração de missão é inversamente proporcional à quantidade de palavras nela presente. Uma tentativa de simplificação foi feita por Philip Kotler (2000), que sintetizou como características essenciais de uma boa DM a presença das metas, das principais políticas e valores e dos escopos competitivos mais relevantes nos quais a empresa opera.

EMPRESAS COM PROPÓSITO

Quem são os clientes? Vejamos algumas possibilidades.

- Eletronorte: *atuar nos mercados de energia de forma integrada, rentável e sustentável.* Entende-se aqui que os clientes da Eletronorte estão nos mercados de energia.

- CPFL Paulista: *prover soluções energéticas sustentáveis, com excelência e competitividade, atuando de forma integrada à comunidade.* O cliente é a comunidade?

- Nidera Sementes: *nossa missão é ser a melhor empresa de sementes de soja do mercado, entendendo cada necessidade regional e desenvolvendo produtos e serviços que agregam valor para nossos clientes.* Quem são esses clientes?

A ampla maioria das DMs trazem afirmações genéricas ou não afirmam nada com relação a clientes (ver Apêndice 1). Então, presume-se que qualquer pessoa possa ser um cliente. A amplitude, nesse caso, não é, necessariamente, benéfica.

Quem são os funcionários?

- Ford: *somos uma família global e diversificada, com um legado histórico do qual nos orgulhamos e estamos verdadeiramente comprometidos em oferecer produtos e serviços excepcionais, que melhorem a vida das pessoas.* Os funcionários da Ford são vistos como membros da família.

- Minerva Foods: *fornecer globalmente alimentos de qualidade, com responsabilidade socioeconômica e ambiental. A Minerva atuará a partir de um alto nível de eficiência operacional, promovendo a equipe e valorizando seus colaboradores, cultivando respeito e confiança nas pessoas.* Aqui a empresa afirma explicitamente que seus colaboradores serão valorizados, bem como o trabalho em equipe.

- Rede D'Or São Luiz: *prestar atendimento médico-hospitalar de alta eficácia, com equipes qualificadas e motivadas, respeitando a ética e o indivíduo em seu contexto social.*

De uma forma sucinta, a DM da Rede D'Or consegue indicar que seus colaboradores são qualificados e motivados e que devem atuar com ética.

Quais são os produtos ou serviços?

- M. Dias Branco: *oferecer alimentos de qualidade, inovadores, saudáveis, saborosos e com preços competitivos, proporcionando o bem-estar e a felicidade das pessoas.* A DM consegue apresentar um substantivo (alimentos) e diversos adjetivos (de qualidade, inovadores, saudáveis, saborosos). Acrescenta, ainda, um posicionamento de mercado (preços competitivos) e a dimensão da função pública do fornecimento (proporcionando o bem-estar e a felicidade das pessoas).

- Paranapanema: *garantir a produção de cobre e suas ligas, com sustentabilidade e valor percebido por colaboradores, acionistas, clientes e fornecedores.* A DM da Paranapanema é bem focada na questão do produto — cobre e suas ligas, deixando bem claro o que a empresa faz.

- Unimed Rio: *oferecer serviços de atenção à saúde que promovam o bem estar e a melhoria na qualidade de vida.* A Unimed também consegue destacar, de forma sintética, o principal objeto de sua atuação — a oferta de serviços de atenção à saúde.

Quais são os mercados?

- Fibria: *desenvolver o negócio florestal renovável como fonte sustentável da vida.* A DM da Fibria, ao mesmo tempo em que sinaliza para o mercado (negócio florestal renovável), guarda um grau de ambiguidade que propicia latitude para a ação da empresa em diversas frentes.

- Celpa: *distribuir energia com qualidade, responsabilidade social e ambiental para assegurar o desenvolvimento do Pará.* Mesmo quem não é conhecedor do setor e seu funcionamento é capaz de resumir a Celpa como "empresa de energia do Pará". Dada a sua peculiaridade, a definição de mercado da empresa passou pela questão geográfica.

- Copasa MG: *contribuir para a universalização dos serviços de saneamento, em parceria com o poder concedente, gerando valor para clientes, acionistas, colaboradores e sociedade, de forma sustentável.* Fica claro o mercado: serviços de saneamento.

Qual é a tecnologia?

- Energisa MT: *o Grupo Energisa existe para transformar energia em conforto, em desenvolvimento e em novas possibilidades com sustentabilidade, oferecendo soluções energéticas inovadoras aos clientes, agregando valor aos acionistas e oportunidade aos seus colaboradores.* A empresa se compromete com tecnologias inovadoras.

- MRS: *oferecer transporte de carga com foco na ferrovia, priorizando fluxos que gerem escala e relações de longo prazo, a preços competitivos e com previsibilidade, para agregar valor crescente ao negócio.* Aqui a tecnologia (ferrovia) confunde-se parcialmente com o mercado da empresa.

- Belagrícola: *trabalhar para o crescimento da atividade agrícola por meio da assistência e da capacitação de nossos clientes, equipando-os com informações estratégicas e soluções de base tecnológica que maximizem a produtividade.* Combinada com a definição de mercado (atividade agrícola), a proposta de tecnologia (soluções de base tecnológica que maximizem a produtividade) ganha relevância.

Como a empresa se define? (Autoconceito.)

- Rodoil: *sermos os melhores naquilo que nos propusermos a fazer, com foco absoluto em nossas atividades, garantindo os melhores produtos e serviços aos clientes, solidez aos fornecedores, rentabilidade aos acionistas e a possibilidade de um futuro melhor a todos os nossos colaboradores.* Um elemento mais comumente presente em declarações de visão, a Rodoil se enxerga como a melhor naquilo que se propuser a fazer.

- Johnson & Johnson: *ser uma companhia de saúde, higiene e beleza que cresce acima do mercado através de superior satisfação do consumidor e dos clientes.* No caso, a empresa assume-se quase que como contrapartida aos mercados em que atua.

- Pepsico: *como uma das maiores empresas de alimentos e bebidas do mundo, a nossa missão é oferecer aos consumidores alimentos e bebidas deliciosas, a preços acessíveis, que sejam convenientes ou mesmo complementares às refeições, com opções que vão desde um café da manhã nutritivo a lanches e bebidas saudáveis ou indulgentes e guloseimas para a noite. Estamos empenhados em investir em nossas pessoas, em nossa empresa e nas comunidades onde atuamos para ajudar a posicionar a companhia para um crescimento sustentável de longo prazo.* A DM da Pepsico talvez seja o melhor exemplo de uma afirmação autoconceitual — em que se pese a necessidade que tiveram de escrever um texto bastante extenso.

Qual é a imagem pública desejada?

- Lojas Cem: *conquistar e manter clientes satisfeitos, oferecendo produtos e serviços de qualidade superior, a preços justos.* Que a empresa seja percebida como ofertante de produtos e serviços de qualidade superior e de preços justos (o que afasta, por exemplo, uma percepção de preços baixos. Aqui fica evidente que a Lojas Cem não pretende ser o Walmart, nem ter seu modelo como referência).

- Supermercado Mundial: *ser uma empresa de responsabilidade social, com ética, aperfeiçoando todos os processos e buscando possuir o menor "custo de comercialização", transferindo ao consumidor todos os benefícios alcançados, garantindo assim a sua preferência e o crescimento constante da empresa.* Já o Supermercado Mundial quer ser visto como uma empresa que se preocupa com a responsabilidade social e que atua com ética, além de buscar o menor preço.

- Laticínios Bela Vista: *estar presente na vida das pessoas, oferecendo produtos e serviços que as tornem mais saudáveis e felizes, agregando valor à empresa, parceiros, colaboradores e acionistas, com sustentabilidade.* Uma empresa vista como presente no cotidiano, com produtos consumidos no dia a dia e que contribuam para a boa saúde das pessoas.

Qual é a filosofia?

- Castrolanda: *gerar valor ao cooperado, mantendo o desenvolvimento sustentável da cooperativa.* Como poderia ser de se esperar para uma cooperativa, a filosofia da Castrolanda pode ser resumida em "gerar valor ao cooperado".

- Metrô São Paulo: *oferecer transporte público com qualidade e cordialidade, através de uma rede que está cada vez mais perto para levar as pessoas cada vez mais longe.* Atuar com qualidade e cordialidade e prover conveniência, indo cada vez mais longe para que as pessoas possam estar cada vez mais perto. A DM do Metrô São Paulo consegue expressar sua filosofia, bem como seu mercado e sua forma de atuação, de um modo singelo e sintético.

- Móveis Gazin: *oferecer sempre o melhor em produtos e serviços, com atendimento diferenciado.* Buscar oferecer sempre o melhor em produtos e serviços e ser diferenciado pode parecer algo simples de se afirmar, porém é algo bastante complexo de se realizar. Há um custo em ser o melhor, tanto quanto em conseguir diferenciar o atendimento. A filosofia, contudo, fica clara.

Quais são as estratégias para crescimento e sobrevivência?

- Energia Sustentável do Brasil: *gerar e comercializar energia com rentabilidade, confiabilidade e responsabilidade socioambiental, que maximizem a criação de valor para os acionistas, clientes, empregados e sociedade em geral.* Conseguir realizar o arroz com feijão — manter rentabilidade, confiabilidade, criando valor continuamente para todas as partes interessadas, além de restringir a atuação às diretrizes da responsabilidade socioambiental, é um caminho seguro para a sobrevivência de uma empresa.

- 3M: *crescer ajudando nossos clientes a vencer.* O crescimento da empresa está conectado de forma profunda ao sucesso dos clientes, ou, em outras palavras, ao fiel cumprimento do propósito e da função pública da empresa.

- Supermercado Líder: *estar presente na vida da população Paraense, oferecendo lojas modernas e agradáveis, com variedade de produtos e serviços de qualidade a preços acessíveis, para as pessoas viverem melhor.* A empresa deve crescer de forma orgânica, simplesmente se fazendo presente na vida das pessoas e sendo capaz de disponibilizar produtos e serviços variados, a preços acessíveis e oferecidos em lojas agradáveis.

É interessante observar que cada uma dessas declarações responde a alguns dos aspectos apontados pela literatura internacional, mas não responde a todos. Trata-se de tarefa muito difícil, inclusive quando se leva em consideração o imperativo de escrever declarações breves, que possam ser facilmente memorizadas por todos os colaboradores. A própria escolha de qual deve ser a principal questão a ser respondida pela declaração já diz muito sobre a empresa.

Ainda segundo os estudos internacionais, independentemente de responder ou não às nove questões apresentadas anteriormente, é importante que as DMs cumpram com as seguintes finalidades:

- Afirmação da liderança.

- Comunicação dos objetivos e das metas da empresa aos seus colaboradores.

- Ser um instrumento de relações públicas.

- Fundamentar racionalmente a alocação de recursos.

- Servir como diretriz para as decisões estratégicas.

- Ser fator motivacional e inspirador.

Espera-se que DMs escritas consigam assegurar que todos os funcionários compreendam a razão de existência da empresa. A partir dessa compreensão, que as pessoas sejam capazes de utilizá-la, na prática, como diretriz para a tomada de decisão com relação à priorização na alocação de recursos. O mecanismo entre missão e decisões estratégicas é direto. Com base também na DM, todos os departamentos, setores, colaboradores e atividades dentro da empresa devem ser capazes de adotar um sentido comum de propósito.

Para chegarmos a um retrato de quem são as 500 maiores empresas brasileiras, em termos de como elas se expressam por meio de suas declarações de missão, realizamos uma pesquisa qualitativa, combinando procedimentos de análise de conteúdo e análise de discurso, seguindo procedimentos referenciados na literatura sobre gestão internacional. Usamos o Guia Exame de Melhores e Maiores 2017 para identificar as 500 maiores empresas do país.

A análise de conteúdo foi utilizada como primeira aproximação aos textos, servindo tanto para uma descrição do conjunto total de declarações de missão (*corpus*), com alguns elementos quantitativos, quanto para a construção das categorias de análise.

Utilizamos duas técnicas de análise de conteúdo. A primeira foi a análise descritiva do *corpus*, que consiste em sua apreensão em termos quantitativos. A segunda foi a análise categorial, que consiste na classificação dos temas a partir de categorias analíticas, uma espécie de mapeamento taxionômico do *corpus*, com o objetivo de estabelecer a carga avaliativa das unidades de significação tomadas em conta.

A partir da relação, consultamos os sites das empresas, buscando informações sobre a DM na página inicial e em até duas subpáginas (no máximo dois cliques a partir da página inicial, utilizando os engenhos de pesquisa dos próprios sites). No nível do tratamento descritivo, foi aplicada uma classificação relacionada ao referencial apontado por Kotler (Kotler, 2000) quanto aos elementos indispensáveis a uma DM (metas, políticas/valores, escopos competitivos).

1.3 A MISSÃO DAS 500

Existe uma missão que consiga expressar a missão coletiva das 500 maiores empresas brasileiras? Claro que não, dado que cada missão é ligada a um DNA empresarial único. Mas, apenas a título de demonstrar como converge o pensamento missionário do empresariado nacional, formulamos uma DM genérica, com base nos termos que mais se repetem entre todas as DMs levantadas pela pesquisa:

Como esperado, podemos encontrar nessa DM genérica metas ("gerar valor", "oferecer produtos e serviços de qualidade excelente") e políticas/valores ("que representem soluções ótimas para os clientes", "respeitando as pessoas", "respeitando as premissas do desenvolvimento sustentável"). Não encontramos aqui menção aos escopos competitivos — não faria sentido pensarmos nisso em se tratando de uma DM construída a partir da agregação de múltiplas outras.

Encontramos 297 declarações de missão, o que representa **59,4%** do total. As declarações foram compostas por 7.366 palavras, o que significa uma quantidade média de 24,8 palavras por declaração. Dentre as DMs que encontramos, 261 declarações são iniciadas com verbos (87,8%), percentual explicável pela natureza específica das declarações de missão — expressar o que as empresas fazem.

Em termos de quantidade, consideramos os resultados ambíguos. Embora o percentual de quase 60% seja expressivo, diante do fato de que a estratégia como design é tratada pela literatura há mais de seis décadas e de ter havido, sobretudo na década de 1980, uma "febre" de redação de declarações de missão, poderíamos esperar uma quantidade ainda maior. Também é importante lembrarmos que estamos tratando das 500 maiores empresas nacionais, fator que também gera uma expectativa de maior presença de DM.

> Gerar valor, oferecendo produtos e serviços de qualidade excelente, que representem soluções ótimas para os clientes, respeitando as pessoas e as premissas do desenvolvimento sustentável.

Espera-se que as DMs sejam mantidas simples e facilmente compreensíveis pelo corpo de colaboradores das empresas, razão pela qual estipula-se que a quantidade de palavras em uma declaração seja inversamente proporcional à sua qualidade. Na literatura internacional, os achados revelam declarações de missão variando em tamanho, conteúdo, formato e especificidade, o que também constatamos em nossa pesquisa. As recomendações de concisão, entretanto, na literatura internacional, significam DMs com até cem palavras. O número que encontramos, no âmbito brasileiro, que foi de cerca de 25 palavras, é bastante inferior.

O fato da ampla maioria das DMs ser iniciada por verbo demonstra que, conforme previsto por Peter Drucker, as DMs refletem um *fazer* específico, aquilo que distingue a empresa em relação às outras.

A concisão relaciona-se com a proposta de que as DMs eliminem a confusão entre colaboradores de uma empresa.

A aplicação do referencial de Philip Kotler (Kotler, 2000) quanto aos elementos indispensáveis a uma declaração de missão (metas, políticas/valores, escopos competitivos) está contemplada no Quadro 1.

Quanto à compatibilidade entre as DMs das empresas brasileiras e o modelo descrito por Kotler, constatamos que **71,7%** atendem aos três requisitos colocados. Esse grande percentual pode ser explicado pela forma como são construídas as DMs. Normalmente, há um processo reflexivo, seja interno, seja com a contribuição de consultorias externas, ao longo do qual provavelmente os participantes buscam ou têm contato com a literatura específica do assunto, gerando esse alto nível de conformidade.

▼ **QUADRO 1** Composição das declarações quanto ao referencial de Kotler

Elementos	Quantidade	%
Metas, Políticas/Valores, Escopos Competitivos	213	71,7
Metas, Políticas/Valores	35	11,8
Metas, Escopos Competitivos	34	11,4
Metas	13	4,5
Políticas/Valores, Escopos Competitivos	0	0
Políticas/Valores	1	0,3
Escopos Competitivos	0	0
Nenhum dos Elementos Presentes	1	0,3
	297	100

Fonte: Elaborado pelos autores.

Que algumas empresas explicitem suas metas e políticas/valores sem se preocupar com a explicitação dos escopos competitivos (11,8%) pode se relacionar tanto à tentativa de se evitar a miopia de marketing, como a uma ideia de que a empresa seja suficientemente reconhecida quanto à sua área de atuação para dispensar o escopo competitivo.

A quantidade de empresas que explicitam metas e escopos competitivos, mas sem delinear suas políticas/valores (11,4%), pode estar relacionada ao fato de que correntemente tornou-se usual que as companhias tenham também uma declaração de valores à parte, bem como uma declaração de visão.

Chama a atenção a presença de uma declaração de missão que não permite a identificação de nenhum dos elementos: "Gerar valor às pessoas." Quando combinada ao nome da empresa, essa declaração pode até ser compreendida como a expressão de uma meta, contudo, tratada isoladamente, é muito genérica, o que motivou sua classificação como ausentes as três dimensões. Há que se refletir sobre o potencial inspirador de uma declaração com esse nível de generalidade.

Apresentamos, a seguir, alguns exemplos de nosso processo classificatório:

A. Presentes as três dimensões:

> *Distribuir, industrializar e comercializar* [METAS] *derivados de petróleo e seus correlatos* [ESCOPOS COMPETITIVOS] *com competitividade, rentabilidade e responsabilidades social e ambiental* [POLÍTICAS/VALORES].

> *Atuar nos mercados de energia* [METAS] [ESCOPO COMPETITIVO] *de forma integrada, rentável e sustentável* [POLÍTICAS/VALORES].

B. Presentes as dimensões "metas" e "políticas/valores":

> *Ser uma empresa competitiva* [METAS] *inovadora e ousada que visa sempre o bem-estar comum* [POLÍTICAS/VALORES].

Conquistar os consumidores por meio de marcas e produtos diferenciados e de alto valor percebido, [METAS] *criando valor para acionistas, empregados, fornecedores e clientes, e atuar com responsabilidades social e ambiental* [POLÍTICAS/VALORES].

C. Presentes as dimensões "metas" e "escopos competitivos":

Ser líder inquestionável [METAS] *no setor de aço* [ESCOPO COMPETITIVO].

Gerar valor com a integração de serviços para exploração e produção [META] *no segmento de óleo e gás* [ESCOPO COMPETITIVO].

D. Presente somente a dimensão "metas":

Criar demanda e conquistar confiança todos os dias.

Nossa missão é ajudar os clientes a eliminar as barreiras entre as ideias e os resultados.

Com base nas DMs que pesquisamos, criamos oito categorias (quatro pares dicotômicos) para fazer uma classificação delas. A seguir, listamos as categorias.

I. Categorias Concreta e Abstrata

Concreta: possibilita a identificação clara da atividade desempenhada pela empresa, em termos diretos e físicos — 64% das DMs foram concretas.

Abstrata: faz menção à atividade desempenhada pela empresa em termos metafóricos e abstratos — 36% das DMs foram abstratas.

A preferência por DMs concretas pode estar relacionada ao objetivo de se ter uma declaração de missão — que é justamente clarear a razão de ser da empresa ou um *fazer* específico desta. Contudo, o percentual de empresas que adotam DMs com termos abstratos é significativo, o que revela o desejo de utilizar as declarações para criar coesão em torno de um propósito que transcenda o dia a dia, bem como os elementos da dimensão operacional.

II. Categorias Descritiva e Aspiracional

Descritiva: descreve, de forma sintética, as diversas áreas de atuação da empresa — 35% das DMs foram descritivas.

Aspiracional: sinaliza quais são as áreas de desejo da empresa, em termos metafóricos e abstratos — 65% das DMs foram aspiracionais.

Curiosamente, embora prefiram declarações concretas, as empresas optaram mais por declarações aspiracionais do que descritivas (um resultado mais lógico seria declarações concretas e descritivas). Esse resultado pode estar relacionado à previsão feita por Philip Kotler de que "as melhores declarações de missão são aquelas guiadas por uma visão, uma espécie de 'sonho impossível', que fornece à empresa direcionamento para os dez a vinte anos seguintes" (Kotler, 2000, p. 87). As empresas preferem dar um ar de *visão* às missões, fazendo preponderar a importância do futuro em detrimento do presente. Pode ser um resultado interessante, à primeira vista, mas *sem presente não há futuro*.

III. Categorias Externa e Interna

Externa: demonstra foco no ambiente (sociedade, clientes etc.) — 59% das DMs focaram o externo.

Interna: demonstra foco interno (aspectos da própria empresa, competências distintivas etc.) — 41% das DMs focaram o interno.

As empresas escolheram mais focar as declarações no ambiente, o que encontra amparo também no fato de que, entre os termos mais frequentes, temos encontrado aspectos relacionados ao externo: clientes, sustentabilidade, desenvolvimento, valor, pessoas, soluções, vida, sociedade. A teoria sobre declarações de missão insiste na importância de um foco externo, sobretudo na perspectiva do cliente, como forma de gerar impactos positivos na performance da empresa, por meio da melhoria dos índices de satisfação dos clientes. Ainda assim, um grande número de empresas (41%) optou por um foco interno, o que pode ser relacionado à importância dada às competências essenciais e à teoria da firma baseada em recursos.

IV. Categorias Defensiva e Agressiva

Defensiva: revela postura conservadora ou defensiva em termos de posicionamento de mercado — 81% das DMs foram defensivas.

Agressiva: revela postura expansionista ou agressiva em termos de posicionamento de mercado — 19% das DMs foram agressivas.

Já no tocante às dimensões defensiva/agressiva, a maioria das declarações opta por evitar tons belicosos, adotando uma perspectiva de "cidadania corporativa" (defensiva, nos termos da pesquisa — 81%). Esse resultado pode refletir uma prudência tanto institucional quanto jurídica, por parte das empresas, na linha de evitar provocar eventuais "adversários".

Voluntária ou involuntariamente, as empresas emitem sinais, percebidos pelos competidores como indicadores dos próximos passos no jogo competitivo.

Os sinais fornecem e transmitem informações essenciais em interações competitivas, por isso as empresas precisam saber emiti-los e decodificá-los com precisão. Talvez essa preocupação esteja demasiadamente presente entre as empresas nacionais.

A seguir, apresentamos alguns exemplos de nossas classificações:

▼ **QUADRO 2** Classificações — Exemplos

Categoria	Exemplo
Concreta	*Desenvolver, produzir e comercializar carros e serviços que as pessoas preferem comprar e têm orgulho de possuir, garantindo a criação de valor e a sustentabilidade do negócio.*
Concreta	*Atuar com excelência empresarial e responsabilidade socioambiental no setor de energia elétrica, contribuindo para o desenvolvimento da sociedade.*
Concreta	*Prestar serviços de saneamento, contribuindo para a melhoria da qualidade de vida e do meio ambiente.*
Abstrata	*Conquistamos os clientes para sempre.*
Abstrata	*Aproximar pessoas com segurança e inteligência.*
Abstrata	*Nossa missão é promover o bem-estar bem.*
Descritiva	*Distribuir, industrializar e comercializar derivados de petróleo e seus correlatos com competitividade, rentabilidade e responsabilidades social e ambiental.*
Descritiva	*Conectar pessoas, instituições e negócios por meio de soluções postais e logísticas acessíveis, confiáveis e competitivas.*
Descritiva	*A ISA CTEEP tem como missão operar, manter e expandir sistemas de transmissão de energia elétrica com excelência na prestação de serviços, baseada no desenvolvimento do capital humano e na capacidade de inovação, para criar valor para nossos acionistas e demais stakeholders e contribuir para o desenvolvimento sustentável do negócio.*

Categoria	Exemplo
Aspiracional	*Criar valores diferenciados.*
Aspiracional	*Ajudar as pessoas a viver de forma mais saudável.*
Aspiracional	*Ajudamos o mundo a produzir os alimentos de que precisa.*
Externa	*Fazer parte do dia a dia das pessoas nos postos de serviços, fortalecer a parceria com nossos revendedores e valorizar as características de cada região em que estamos presentes.*
Externa	*Alimentar o mundo e proteger o planeta de forma responsável.*
Externa	*Prover soluções energéticas sustentáveis, com excelência e competitividade, atuando de forma integrada à comunidade.*
Interna	*Sermos os melhores naquilo que nos propusermos a fazer, com foco absoluto em nossas atividades, garantindo os melhores produtos e serviços aos clientes, solidez aos fornecedores, rentabilidade aos acionistas e a oportunidade de um futuro melhor a todos os colaboradores.*
Interna	*Gerar renda aos cooperados com desenvolvimento sustentável do agronegócio.*
Interna	*A Copersucar tem como propósito gerar valor por meio da integração vertical da cadeia dos negócios de açúcar e etanol.*
Defensiva	*Prover energia e soluções para o desenvolvimento com sustentabilidade.*
Defensiva	*Contribuir para o bem-estar da sociedade gerando e transmitindo energia.*
Defensiva	*Acreditamos que a existência da nossa empresa deve ajudar a tornar o meio ambiente e a sociedade melhores.*
Agressiva	*Ser líder inquestionável no setor de aço.*
Agressiva	*Conquistamos os clientes para sempre.*
Agressiva	*Crescer ajudando nossos clientes a vencer.*

Fonte: Elaborado pelos autores.

Considerando as categorias aplicadas, elaboramos um modelo bidimensional combinando as perspectivas agressiva/defensiva e externa/interna, de modo a obter uma visão mais qualitativa do posicionamento das empresas. Essa combinação, portanto, resulta em quatro quadrantes, conforme segue:

- **Cidadela** (defensiva/interna): empresas que assumem um posicionamento defensivo e mais focado no ambiente interno. Uma posição forte, pois implica segurança e capacidade de sobrevivência. A vulnerabilidade das cidadelas é a possibilidade de serem sitiadas por longos períodos e acabarem perecendo. A adoção deliberada dessa estratégia, na ausência de um certo iminente, denota grande confiança em si própria.

- **Embaixada** (defensiva/externa): empresas que assumem um posicionamento defensivo, porém são mais focadas no ambiente externo. Uma posição de quem não pode, ou não tem condições, de confiar exclusivamente em seus próprios recursos para se defender. Estabelecendo embaixadas (parcerias estratégicas), essas empresas buscam assegurar suas posições, mas com abertura ao diálogo com outras empresas, órgãos reguladores etc.

- **Forte** (agressiva/interna): empresas com postura agressiva, mas focadas no ambiente interno. Exercem sua agressividade a partir de um ponto de força solidamente construído, o forte. Confiam tanto em seus recursos próprios que partem para o ataque competitivo, buscando resguardar, contudo, suas posições.

- **Front** (agressiva/externa): empresas com postura agressiva e foco no ambiente externo. O front é movediço — hoje está em um lugar, amanhã pode estar em outro. Essas empresas buscam a competição como razão de sua existência e colocarão tudo o que têm e são nessa batalha permanente. Não podem se dar ao luxo de construir um forte, pois a luta pode mudar de lugar a qualquer momento. E não podem contar com seus próprios recursos, pois precisam muito da flexibilidade e da capacidade de mudança.

Esses resultados podem ser interpretados de várias formas e desde já convidam a explorações ulteriores. Em uma primeira visão, podemos compreender que as empresas enxergam o ambiente competitivo como altamente hostil, o que justificaria a postura extremamente conservadora e defensiva. Há também o elemento de cidadania organizacional, o *politicamente correto* instaurado no discurso empresarial, ao menos. Somadas, as *cidadelas* e as *embaixadas* representam 81% do universo pesquisado.

Uma leve diferença para o enfoque externo. De fato, tomado o discurso sobre gestão vigente, esse percentual deveria ser maior. Parcerias, empresas em rede, políticas de *supply chain management*,[5] tudo nos leva a esperar um percentual maior de empresas focadas no exterior, ainda que em posturas defensivas. A própria literatura teórica sobre declarações de missão enfatiza que as empresas deveriam colocar o foco no externo.

Ao buscar se valer de recursos externos (abrir embaixadas), as empresas podem ter acesso a um suprimento inesgotável de novas energias. Quando se voltam para dentro e confiam exclusivamente em seus próprios recursos (construir cidadelas), as empresas correm o risco de enfrentar a realidade de que esses recursos não são suficientes. Uma analogia interessante vinda da história: dizem que um ateniense se vangloriava dos muros de Atenas a um espartano. O convidado de Esparta, quando perguntado sobre o valor dos muros, respondeu sarcasticamente: "Seriam, se a população fosse só de mulheres." Esparta não tinha muralhas. Sem ter o anteparo para se proteger, seus homens tinham que estar permanentemente bem treinados e preparados para a guerra. Só poderiam confiar em si mesmos, no caso de um ataque.

---

[5] Cadeia de fornecimento.

O xadrez registra a história de um duelo famoso, entre Kasparov e Karpov. O primeiro se notabilizou pela postura agressiva, privilegiando o ataque. O segundo, antagonista perfeito, valorizava a defesa. Com o passar do tempo, a postura de Kasparov prevaleceu e ele se tornou a grande referência. Será a postura defensiva adequada para as empresas? Apenas 19% apresentam, pelo menos no nível do discurso, uma postura agressiva.

Entre essas a maior parte entende que a competição exige uma entrega de corpo e alma, não permitindo a construção sequer de um ponto de apoio, como um forte. Movem-se no front, combatendo as batalhas de cada dia, todos os dias. Matam um leão para sobreviver. A minoria entende que deve focar o ambiente interno, ainda que posicionados para a batalha. Essas permitem a construção de fortalezas, a partir das quais saem para suas cruzadas expansionistas.

Redigir uma declaração de missão é uma técnica. A finalidade das declarações é fornecer um senso presente de propósito, compartilhado por todos os colaboradores das empresas. Amplamente difundida na década de 1980, tornou-se prática corrente no meio empresarial.

APLICAÇÃO: QUEM SÃO OS MAIORES HOSPITAIS BRASILEIROS?

Para mostrar de modo bem claro como a missão expressa um fazer, mas um fazer específico, elaboramos uma seleção das declarações de missão dos hospitais que figuraram na lista das maiores empresas brasileiras.

Rede D'Or São Luiz

Prestar atendimento médico-hospitalar de alta eficácia, com equipes qualificadas e motivadas, respeitando a ética e o indivíduo em seu contexto social.

Hospital São Paulo

Prestar assistência à saúde da população com qualidade, visando seu bem estar e oferecendo condições ótimas para ensino e pesquisa.

Hospital Albert Einstein

Oferecer excelência de qualidade no âmbito da saúde, da geração do conhecimento e da responsabilidade social, como forma de evidenciar a contribuição da comunidade judaica à brasileira.

Hospital Sírio-Libanês

Ser uma instituição de saúde excelente na medicina e no cuidado, calorosa e solidária na essência.

Hospital Santa Marcelina

Oferecer assistência, ensino e pesquisa em saúde, com excelência, à luz dos valores éticos, humanitários e cristãos.

Hospital N. S. Conceição

Oferecer atenção integral à saúde, pela excelência no ensino e pesquisa, eficiência da gestão, comprometimento com a transparência, segurança organizacional e responsabilidade social.

Beneficência Portuguesa S. Paulo

Valorizar a vida. Vida é tudo para nós. Admirável e multifacetada, olhamos para ela como um conjunto interconectado de funções orgânicas, como um modo de existir no mundo. É tanto individual, portanto finita, quanto coletiva e contínua. Está sempre em movimento e transformação. Vida evolui. Acreditamos que ela precisa ser permanentemente investigada, compreendida, acompanhada, respeitada, celebrada. De muitas diferentes formas, com conhecimento e sensibilidade, com tecnologia e combinando especialidades, trabalhamos todos os dias para valorizar a vida humana.

HCPA

Ser um referencial público em saúde, prestando assistência de excelência, gerando conhecimento, formando e agregando pessoas de alta qualificação.

Prestar atendimento médico-hospitalar; prestar assistência à saúde da população; oferecer excelência de qualidade no âmbito da saúde; ser uma instituição de saúde; oferecer assistência, ensino e pesquisa em saúde; oferecer atenção integral à saúde; valorizar a vida, vida é tudo para nós; ser um referencial público em saúde: todas essas frases indicam um fazer. Se fôssemos ler as declarações de missão dos hospitais sem a colocação de seus nomes, ainda assim seríamos capazes de saber que eram de hospitais. Hospitais têm uma função pública. Isso é claro.

Os complementos vão dizer sobre o modo como as coisas são feitas por aquele hospital específico. Se repetirmos o exercício de ler as declarações sem os nomes, talvez já não seja tão fácil identificar qual é qual hospital na lista. Mas, se conseguirmos fazer isso, esse é um sinal de que a missão da entidade repercutiu para o público externo. Conseguem ser o que dizem ser e atuar de modo que isso seja perceptível mesmo para quem não está trabalhando no hospital. Mostram-se únicas. Têm uma missão.

PARTE III

PARTE III

O QUE SONHAM

EMPRESAS BRASILEIRAS COMO VISIONÁRIAS

ASPECTOS CONCEITUAIS

Visão é um senso compartilhado de propósito, direção e oportunidade. Componente do elemento identitário das empresas, o mapeamento das visões ajuda a traçar um perfil do imaginário do empresariado nacional. Com as declarações de missão cumprindo o papel de expressar a razão de ser e o diferencial de cada empresa e, portanto, serem fortemente orientadas pelo presente, passaram a ser redigidas declarações de visão (DV), mais orientadas para o futuro.

No livro *Feitas para durar*, James Collins e Jerry Porras enfatizam que empresas de sucesso e duradouras têm clareza de propósito, o que facilita sua adaptação a um mundo em constante mudança. Para esses autores, a visão fornece uma orientação sobre o que deve ser essencialmente preservado e qual deve ser o futuro almejado.

Um propósito claro requer dois elementos principais: ideologia central e futuro vislumbrado. A ideologia central é definidora do que a empresa é e da razão de sua existência, e deve estar presente na declaração de missão. O futuro vislumbrado é aquilo que a empresa aspira se tornar, realizar ou criar, algo que vai demandar mudança e progresso. O papel principal de uma declaração de visão é guiar e inspirar, motivo pelo qual deve-se evitar expressá-las em termos de ganhos exclusivamente financeiros. Para os autores de *Feitas para durar*, a busca exclusiva do lucro não é suficiente para inspirar as pessoas e oferece pouco valor-guia para os colaboradores.

Como um ideal, as declarações de visão devem representar ou refletir os valores compartilhados aos quais a empresa deveria aspirar, sendo, portanto, elemento crucial em processos de mudança e só por isso são parte relevante do processo de gestão. A visão tem o condão de alinhar as várias prioridades e objetivos, guiando as pessoas e as lembrando sobre o que é realmente importante. Também tem um caráter inspirador, motivando as pessoas a alcançarem resultados que transcendem as prioridades do cotidiano. A visão liberta a imaginação das pessoas com relação a um futuro possível e é por isso que deve ser o ponto inicial de qualquer processo de mudança organizacional. As declarações de visão funcionam como um mapa para as empresas, enquanto atravessam períodos intensos de mudança. São utópicas, não no sentido de sua impraticabilidade nem no de sua perfeição, mas no de induzir mudanças fundamentais em relação ao estado atual da empresa.

As declarações de visão já foram pesquisadas em termos de seu efeito sobre o desempenho empresarial, tendo sido confirmadas diferenças significativas de performance entre empresas com boas declarações de visão e empresas que não possuem

> **Goethe:**
>
> *Qualquer coisa que você possa fazer, ou sonhe que possa fazer, comece a fazê-la agora. A ousadia tem em si genialidade, força e magia*
> (Goethe, 2013)

uma DV. Sobretudo para as novas gerações, a visão é importante. Lipton (Lipton, 1996) estudou o assunto e constatou que ter uma declaração de visão motiva os mais jovens e facilita seu recrutamento. As pessoas mais novas desejam empresas que lhes apresentem o quadro geral (aquilo que a empresa valoriza e defende), pois isso facilita que compreendam como podem se encaixar.

Uma boa declaração de visão deve permitir que as pessoas consigam vislumbrar de fato o futuro, não apenas pensem nele de forma abstrata. Embora possa assemelhar-se a um sonho, a DV dispõe de uma organização fundada na solidez do real, estando tanto integrada quanto atuando como elemento integrador no seio da comunidade de colaboradores de uma empresa. Tomando as declarações de visão como base, as pessoas em uma empresa podem estabelecer um verdadeiro relacionamento com o futuro. A ausência dessa perspectiva faz com que o agir se transforme em um fazer sem sentido, uma pura resposta às exigências do cotidiano, não diferente da resposta instintiva e rígida que os animais dão aos estímulos que recebem do ambiente.

> Um dos valores propostos por Jorge Paulo Lemann para o Banco Garantia: *Um sonho grande, desafiador, comum e essencial ajuda todos a trabalharem na mesma direção* (Correa, Sonho grande, 2013, p. 67)

A visão, juntamente com a missão e os valores, compõe o significado da existência da empresa. A fixação do sentido dos acontecimentos no ambiente corporativo é um processo social complexo, no qual as pessoas atribuem significados aos fatos de forma ativa e interagem com outras pessoas, em processos de negociação dos conteúdos simbólicos envolvidos. Assim, o processo de construção de significado transforma-se em um encontro criativo entre uma complexa e estruturada forma simbólica, de um lado, e os colaboradores, de outro, que trazem seus próprios recursos e pressuposições para os apoiar na atividade de interpretação da realidade.

É interessante observar as conexões que as DVs promovem entre estratégia e cultura. A estratégia fornece uma lógica formal para a atuação da empresa, orientando as pessoas em torno de metas. Já a cultura expressa metas por meio de valores e crenças, guiando a atividade a partir de premissas e normas compartilhadas pelo grupo. Diz o ditado proverbial, recuperado por Peter Drucker, que a cultura devora a estratégia no café da manhã, o que significa dizer, em outros termos, que a lógica formal cederia diante do emaranhado simbólico constituído pela cultura.

Uma DV, conforme argumentado, surge usualmente em momentos de concepção de estratégias. Contudo, uma DV, para ser eficaz e bem formulada, deve beber diretamente em elementos da cultura das organizações. Pois a cultura é a ordem social tácita de uma organização, moldando atitudes e comportamentos de amplo espectro e de forma duradoura. Não faz sentido conceber uma imagem de futuro que não encontre respaldo na cultura, ou seja, nos comportamentos, valores e pressupostos compartilhados. A cultura penetra em vários níveis e se aplica de forma muito ampla na organização, por vezes confundindo-se com ela própria. Novos colaboradores apreendem a cultura por meio do processo de socialização, o qual requer a aquisição de vocabulários específicos de funções.

A DV é um importante instrumento de ajuste das condutas, que, em última instância, são adaptação dos meios aos fins. Por isso é necessariamente orientada para o futuro. Para que possam se comportar de acordo, as pessoas, dentro das empresas, agem à luz do conhecimento válido sobre o que acontecerá em dada situação, ponderando, igualmente, o resultado da não ação. O futuro vislumbrado na visão atua como juiz do presente vivenciado no cotidiano das plantas industriais e dos escritórios. A inação levará inevitavelmente a nenhuma mudança no estado geral das coisas. Ação sem visão é passatempo. Visão sem ação é sonho. Quando se junta ação com visão, transforma-se o mundo.

O dia a dia se impõe de forma massacrante sobre todos. Precisamos dar conta do que acontece no imediato — no tempo e no espaço, aquilo que estamos vivendo aqui e agora. Diante das pressões desse cotidiano, uma de nossas reações é automatizar o máximo possível de processos, inclusive de pensamento. Com isso, cria-se uma tendência forte a que o pensamento retorne à sua trilha habitual, mesmo quando essa já se tornou inadequada.

Hábitos têm um papel de poupar energia do cérebro, que é o nosso órgão que mais a consome. Isso tem um lado bom, é claro, mas também traz um grande risco, que é o da ação sem pensar, da rotina inquestionável, da falta de crítica às operações cotidianas. Um hábito que permanece após já não ser mais necessário é uma forma de prisão. A existência de uma declaração de visão ajuda àqueles que desejam se levantar e testemunhar contra as forças do hábito.

Pessoas criativas e inovadoras precisam de patrocínio, de apoio para superar as resistências e conseguir implementar suas ideias. É preciso muita força de vontade, mas também orientação, para conseguir transcender o trabalho cotidiano e encontrar tempo e oportunidade para conceber e elaborar o novo, passando a encará-lo como uma possibilidade real e não somente um simples sonho. O economista e estudioso dos processos de inovação, Joseph Schumpeter, lembra que é necessária liberdade mental para que as pessoas consigam realizar inovações: "Essa liberdade mental pressupõe um grande excedente de força sobre a demanda cotidiana e é algo peculiar e raro por natureza" (Schumpeter, 1996, p. 93). As declarações de visão são combustível para que essas pessoas consigam realizar esses feitos.

ASPECTOS TÉCNICOS

A DV propicia a formação de um elo tanto emocional quanto intelectual do indivíduo com a organização, gerando engajamento. Esse comprometimento dos colaboradores advém da aceitação das metas e diretrizes da organização, do desejo intenso de participar e da concordância tácita em rejeitar outras possibilidades de investimento da energia. Esse elo é uma fonte de energia criativa.

É importante que a DV seja facilmente traduzível em comportamentos estratégicos exequíveis e realistas. Elas dão a direção e somente assim é possível superar as múltiplas, e muitas vezes contraditórias, exigências do cotidiano. Sobretudo em um ambiente de negócios cada vez mais competitivo e dinâmico.

A literatura acadêmica disponível sinaliza que uma DV, para cumprir o que dela se espera, deve apresentar sete características, apresentadas a seguir.

1. Concisão — definida pela quantidade de palavras (considera-se adequada uma declaração de visão contendo entre 5 e 35 palavras).

2. Clareza — definida como não uso de jargão ou terminologia técnica e direcionamento claro a um objetivo primordial, que possa ser compreendido de pronto, sem discussão.

3. Orientação para o futuro — foco no longo prazo, com descrição do que o estado final desejado pela empresa será no futuro.

4. Estabilidade — declaração de visão não muda em resposta a tendências de curto prazo, mudanças na tecnologia ou de mercado, apesar de ser flexível o suficiente para adaptações.

5. Desafio — apresenta um objetivo com alto grau de dificuldade para ser atingido, porém possível de ser realizado, motivando as pessoas a aumentarem sua autoestima ao passo em que se esforçam a fim de contribuir para a visão da empresa.

6. Abstração — o nível de abstração relaciona-se à capacidade de fornecer uma imagem do futuro desejado pela empresa, porém sinalizando a dimensão do inatingível. Porém, o desafio é conseguir uma declaração que não seja extremamente abstrata, a ponto de não ser capaz de guiar a ação cotidiana. Também pode ser compreendido como o nível em que a declaração de visão é inspiracional — consegue motivar os colaboradores com base no propósito do trabalho, resultados do trabalho e prioridades transcendentes. A classificação nesse quesito teve como referência esse potencial inspiracional.

7. Desejabilidade — embora possa se confundir com a dimensão da abstração, sobretudo quando se considera a questão do potencial inspiracional, a desejabilidade revela a medida em que a declaração é redigida de uma forma a despertar o desejo do colaborador. A desejabilidade relaciona-se à capacidade da declaração de visão em enfatizar valores fundamentais, a identidade coletiva, o caráter único da

ASPECTOS TÉCNICOS

organização, o valor dos empregados e a eficácia. A classificação nesse caso, para se diferenciar do item abstração, enfocou o estilo de redação da declaração, o quanto ela se revela "apetitosa" na perspectiva de um colaborador.

A essas características positivas (presença desejável), acrescentamos uma característica negativa (ausência desejável), a qual chamamos de "platitude". Ao conceberem DVs, muitas empresas usam linguagens abstratas e piegas. A classificação na categoria platitude seguiu o critério de considerar DVs redigidas de modo tão genérico que poderiam ser aplicadas a qualquer empresa.

A diferença entre uma visão razoável e uma não razoável está justamente na diferença entre declarações muito genéricas, formuladas por consultorias externas, com baixa ou nenhuma participação dos colaboradores e aquelas que são construídas a partir da consideração das condições que efetivamente determinarão o resultado que se pretende, o que inclui uma avaliação dos riscos existentes e dos recursos potenciais.

Os procedimentos metodológicos foram similares aos utilizados para tratar as declarações de missão. Da mesma forma que quando analisamos as declarações de missão, também convidamos você a ligar as declarações de visão do lado esquerdo às empresas do lado direito.

(1)	Crescer com rentabilidade.[1]	**Multigrain**
(2)	Ser uma empresa responsável, competitiva, inovadora e reconhecida nacional e internacionalmente por oferecer produtos e serviços de alta qualidade.	**Casa da Moeda**
(3)	Ser referência de modelo político, organizacional, de sustentabilidade e de responsabilidade socioambiental.	**Laticínios Bela Vista**
(4)	Ser a referência nos mercados onde atuamos, nos posicionando sempre como uma das empresas mais rentáveis do setor.	**Frisia**
(5)	Ser referência no agronegócio com sustentabilidade.	**Usina Coruripe**
(6)	Ser competitiva e reconhecida por agregar segurança com tecnologia de ponta em seus produtos e serviços.	**Cocamar**
(7)	Atingir excelência operacional oferecendo produtos e serviços de qualidade para nossa cadeia de valor: produtores e parceiros de logística nacionais e clientes finais globais.	**Unimed SP**

[1] Resultado: (1) Cocamar; (2) Laticínios Bela Vista; (3) Unimed SP; (4) Usina Coruripe; (5) Frisia; (6) Casa da Moeda; (7) Multigrain.

2.3 A VISÃO DAS 500

Foram encontradas 253 DVs, o que representa 50,6% do total. Esse é o *corpus*. As declarações foram compostas por 5.560 palavras, o que significa uma quantidade média de 21,97 palavras por declaração, com amplitude de 3 (três) palavras a 123 (cento e vinte e três) palavras. Do mesmo modo que nas declarações de missão, embora o percentual seja expressivo, poder-se-ia esperar resultados ainda maiores, dada a ampla disseminação da literatura de gestão sobre o assunto.

Na literatura internacional, os achados revelam DVs variando em tamanho, conteúdo, formato e especificidade, fato igualmente constatado para as empresas brasileiras. Os valores que encontramos para as empresas brasileiras (Média: 21,97; Desvio-padrão 15,14; Amplitude 3-123) demonstram semelhanças com os estudos internacionais, com o elevado desvio-padrão sinalizando para a grande heterogeneidade existente no *corpus*.

Quanto à compatibilidade entre as DVs e as características apontadas pela literatura, considera-se o percentual baixo (29,64% do *corpus* e 15% do universo). Essa realidade, contudo, também está presente em estudos internacionais que ressaltam, sobretudo, a presença de DVs com linguagem genérica (platitudes). O exercício que propusemos no fim da seção passada comprova isso.

O termo de maior ocorrência é "ser" (162 ocorrências), o que se relaciona diretamente ao papel identitário das DVs. Tanto quanto as declarações de missão, mais focadas no presente, as DV fazem parte do que a empresa imagina poder vir a ser. Trata-se de um estágio diferente do atual, uma vez que é projetado ao futuro e colocado como objeto de desejo. Esse resultado era esperado, uma vez que, conforme achado na literatura, os aspectos transformacionais e utópicos das DVs têm realce.

Na maior parte das ocorrências (67), o termo ser vem associado ao adjetivo "melhor": ser a melhor. Também se trata de um resultado esperado, diante da expectativa de que as DVs sinalizem para uma meta transcendente, um objetivo quase inatingível, porém não impossível. A segunda vertente mais presente é "ser referência" e "ser reconhecida" (juntas somam 56 ocorrências), o que sinaliza para uma expectativa de admiração por parte do público externo ou de concorrentes. "Ser a melhor" envia uma mensagem aos colaboradores de que o alcance da visão dependerá exclusivamente deles mesmos. Ser "referência" ou "reconhecida" envia a mensagem de que o alcance da DV será medido pelo público externo, embutindo na mensagem uma heteronormatividade (que pode contribuir para reforçar o aspecto de "desafio" das DVs).

Fazendo um exercício semelhante ao que fizemos para as declarações de missão, chegamos a uma declaração de visão genérica para as 500 maiores empresas brasileiras.

> *Ser referência e ser reconhecida como a melhor empresa, com produtos e serviços de qualidade para seus clientes.*

As empresas nacionais querem ser admiradas, mas com motivos — pela qualidade de seus produtos e serviços.

Utilizando os critérios de classificação identificados pela literatura, encontramos 75 empresas que atenderam aos 8 critérios apontados, o que representa 29,64% do *corpus* e 15% do universo. A Tabela 1 apresenta o percentual de atendimento/não atendimento por critério.

▼ **TABELA 1** Ausência/Presença de Critérios de Classificação — DV

Critério	SIM	%	NÃO	%
Concisão	213	84,2	40	15,8
Clareza	230	91	23	9
Orientação para o futuro	206	81,4	47	18,6
Estabilidade	232	92	21	8
Desafio	197	77,9	56	22,1
Abstração	195	77	57	23
Desejabilidade	123	48,6	129	51,4
Platitude	183	72,3	70	27,7

Fonte: Elaborada pelos autores. Percentuais calculados com relação ao *corpus*, e valores arredondados na primeira casa.

As empresas perceberam que a qualidade das declarações é inversamente proporcional à quantidade de palavras. Como as pessoas poderiam absorver textos imensos? Mesmo discursos famosos ficam marcados e são lembrados por pequenos pedaços específicos: "Eu tenho um sonho" (Martin Luther King); "Não perguntem o que seu país pode fazer por vocês, perguntem o que vocês podem fazer pelo seu país" (John Kennedy). A ampla maioria das declarações de visão foi escrita de forma concisa (84,2%) e em linguagem clara (91%).

As declarações de visão, como esperado, são majoritariamente orientadas para o futuro (81,4%) e colocam esse futuro esperado em termos desafiantes para os membros da empresa (77,9%). Porém, conseguir que isso seja expresso de forma a despertar o desejo das pessoas é mais uma arte do que uma técnica, fator que pode ser constatado no equilíbrio entre declarações que cumprem esse critério e declarações que não o cumprem: 51,4% não cumprem, ante 48,6% que cumprem. Um ponto negativo: quase um terço das declarações se configuram como platitudes, expressas em termos genéricos, incapazes de permitir identificação e, portanto, de funcionar como elemento motivador das pessoas.

A seguir apresentamos exemplos de cada classificação que fizemos.

A. Concisão.

a.1. Classificadas como atendendo ao critério:

> *Uma empresa integrada de energia com foco em óleo e gás que evolui com a sociedade, gera alto valor e tem capacidade técnica única.* [Entre 5 e 35 palavras.]

> *Estar entre os principais players do mercado e ser referência de excelência em produtos e serviços automobilísticos.* [Entre 5 e 35 palavras.]

> *Ser referência mundial na prestação de serviços de saneamento, de forma sustentável, competitiva e inovadora, com foco no cliente.* [Entre 5 e 35 palavras.]

a.2. Classificadas como não atendendo ao critério:

> *No ano de 2020, a ISA terá multiplicado por três os seus lucros por meio da captura de oportunidades de crescimento mais rentáveis nos negócios atualmente existentes na América Latina, do aumento da sua eficiência operacional e da otimização do seu portfólio de negócios.* [Mais de 35 palavras.]

> *Alimentar o mundo.* [Menos de 5 palavras.]

> *Estar entre as três maiores empresas globais de energia limpa e entre as dez maiores do mundo em*

energia elétrica com rentabilidade comparada às melhores do setor e sendo reconhecida por todos os seus públicos de interesse. [Mais de 35 palavras.]

B. Clareza.

b.1. Classificadas como atendendo ao critério:

Ser a produtora de aço mais admirada do mundo — a referência global no setor. [Linguagem adequada e direta.]

Ser reconhecida como a empresa que reinventou a relação do consumidor com os postos de serviços. [Linguagem adequada e direta.]

Ser a melhor empresa do setor elétrico, reconhecida pela rentabilidade, eficácia na gestão e qualidade dos serviços. [Linguagem adequada e direta.]

b.2. Classificadas como não atendendo ao critério:

No ano de 2020, a ISA terá multiplicado por três os seus lucros por meio da captura de oportunidades de crescimento mais rentáveis nos negócios atualmente existentes na América Latina, do aumento da sua eficiência operacional e da otimização do seu portfólio de negócios. [Prolixa. Uso de jargão.]

Consolidar a floresta plantada como produtora de valor econômico. Gerar lucro admirado, associado à conservação ambiental, inclusão social e melhoria da qualidade de vida. [Linguagem confusa.]

Ter presença nacional e ser reconhecida como a marca que é referência da mulher em vestuário e moda. Estar entre os três maiores players e ampliar de forma agressiva nosso market share. [Uso de jargão.]

C. Orientação para o futuro.

c.1. Classificadas como atendendo ao critério:

Ser a empresa de recursos naturais global número um em criação de valor de longo prazo, com excelência, paixão pelas pessoas e pelo planeta. [Cita explicitamente o longo prazo como referência.]

Ser a melhor empresa do setor elétrico, reconhecida pela rentabilidade, eficácia na gestão e qualidade dos serviços. [Remete ao estado futuro desejado.]

Ser a empresa líder mundial na avaliação do consumidor em produtos e serviços automotivos. [Remete ao estado futuro desejado.]

c.2. Classificadas como não atendendo ao critério:

Abrir caminhos para seguir transformando possibilidades em realidade e, desse modo, criar valor aos clientes, empregados, sociedade, acionistas e sócios. [Foco no presente.]

No ano de 2020 a ISA terá multiplicado por três os seus lucros por meio da captura de oportunidades de crescimento mais rentáveis nos negócios atualmente existentes na América Latina, do aumento da sua eficiência operacional e da otimização do seu portfólio de negócios. [Cita data próxima.]

Encantar a todos é a nossa realização. [Atividade contínua, sem foco no futuro.]

D. Estabilidade.

d.1. Classificadas como atendendo ao critério:

Ser a referência no mercado de distribuição, inovando e agregando valor aos negócios com atuação segura e responsabilidade socioambiental, fortalecendo a marca Petrobras. [Adaptável a diversas situações.]

Ser reconhecido pelos nossos clientes e acionistas como principal parceiro de soluções inovadoras de energia de forma segura, sustentável, confiável e acessível. [Adaptável a diversas situações.]

Com a Visão de sermos o melhor supermercado do Nordeste, por meio de uma equipe engajada e trabalhando todos os dias para oferecer uma excelente experiência de compra para os clientes. [Adaptável a diversas situações.]

d.2. Classificadas como não atendendo ao critério:

Consolidar-se, nesta década, como o maior grupo do setor elétrico nacional em valor de mercado, com presença em gás, líder mundial em sustentabilidade, admirado pelo cliente e reconhecido pela solidez e performance. [Referência à data específica implica necessidade de revisão.]

A Energisa será até 2020 uma das melhores e mais respeitadas empresas de energia elétrica no Brasil, atuando em distribuição, transmissão, geração, comercialização e serviços, reconhecida pela qualidade do serviço aos seus clientes, eficiência nas operações e rentabilidade aos acionistas. [Referência à data específica implica necessidade de revisão.]

Ser a empresa número 1 do Brasil como excelente lugar para se trabalhar e estar entre as 200 maiores empresas do país até 2019. [Referência à data específica implica necessidade de revisão.]

E. Desafio.

e.1. Classificadas como atendendo ao critério:

Ser líder global em alimentação. [Adequadamente motivadora.]

Ser a primeira escolha do cliente nos produtos e serviços oferecidos. [Adequadamente motivadora.]

Ser a melhor opção de desenvolvimento aos cooperados, realização profissional aos funcionários, produtos aos clientes e negócios aos parceiros. [Adequadamente motivadora.]

e.2. Classificadas como não atendendo ao critério:

Ser empresarialmente eficiente e sustentável. [Remete a práticas operacionais comuns, baixo potencial motivador.]

Garantir aos nossos clientes o conforto e a confiança de contar com um parceiro próximo que compreende suas necessidades e oferece as melhores soluções para obter um resultado superior. [Baixo potencial motivador.]

Juntos podemos muito mais. [Baixo potencial motivador.]

F. Abstração.

f.1. Classificadas como atendendo ao critério:

Ser a produtora de aço mais admirada do mundo — a referência global no setor. [Bom potencial inspiracional.]

Ser a melhor companhia aérea para viajar, trabalhar e investir. [Bom potencial inspiracional.]

Ser a empresa líder mundial na avaliação do consumidor em produtos e serviços automotivos. [Bom potencial inspiracional.]

f.2. Classificadas como não atendendo ao critério:

Uma empresa integrada de energia com foco em óleo e gás que evolui com a sociedade, gera alto valor e tem capacidade técnica única. [Baixo potencial inspiracional.]

Ser empresarialmente eficiente e sustentável. [Baixo potencial inspiracional.]

Cumprir a sua função pública com rentabilidade, eficiência e reconhecimento da sociedade, com abrangência de atuação nacional e internacional. [Baixo potencial inspiracional.]

G. Desejabilidade.

g.1. Classificadas como atendendo ao critério:

Ser referência mundial na prestação de serviços de saneamento, de forma sustentável, competitiva e inovadora, com foco no cliente. [Adequadamente "apetitosa".]

Nosso sonho é sermos reconhecidos e queridos por oferecer aos nossos clientes a melhor qualidade de vida todos os dias. [Adequadamente "apetitosa".]

As melhores marcas e produtos para o consumidor, em todos os lares ao redor do mundo. [Adequadamente "apetitosa".]

g.2. Classificadas como não atendendo ao critério:

Alimento é vida. Energia é vida. O mundo vai precisar de muito mais alimento e energia, e os recursos naturais são cada vez mais escassos. [Baixo potencial motivacional.]

O nosso sonho é unir as pessoas por um mundo melhor. [Baixo potencial motivacional.]

Ser empresarialmente eficiente e sustentável. [Baixo potencial motivacional.]

H. Platitude.

h.1. Classificadas como atendendo ao critério (não seriam platitudes):

Ser admirada como a melhor operadora de planos de saúde do Brasil. [Cita o setor em questão.]

A Jhonson & Jhonson do Brasil promoverá o bem--estar de cada pessoa, fazendo parte de sua vida, pelo menos uma vez por dia, desde sua infância até a maturidade. [Cita a própria empresa.]

Tecnologia 3M impulsionando cada empresa. Produtos 3M melhorando cada lar. Inovações 3M facilitando a vida de cada pessoa. [Cita a própria empresa.]

h.2. Classificadas como não atendendo ao critério (seriam platitudes):

Inspirar o mundo, criar o futuro. [Linguagem genérica.]

Queremos ser o ambiente onde todos se encontram. E encontram informação, diversão e cultura, instrumentos essenciais para uma sociedade que busca a felicidade de todos e de cada um. [Linguagem genérica.]

Ser referência nos negócios em que atua gerando valor de forma sustentável. [Linguagem genérica.]

A redação de DVs é um dos instrumentos da gestão estratégica, usualmente adotada ao final de processos analíticos do tipo SWOT. Tem como objetivo oferecer aos colaboradores *insights* com relação à ideologia central da empresa e ao futuro vislumbrado pela mesma.

2.4 APLICAÇÃO: O QUE SONHAM OS MAIORES HOSPITAIS BRASILEIROS?

REDE D'OR SÃO LUIZ

Ser referência em gestão hospitalar e na prestação de serviços médicos, com base nos mais elevados padrões técnicos.

HOSPITAL SÃO PAULO

O Hospital São Paulo é o Hospital Universitário da Escola Paulista de Medicina da Universidade Federal de São Paulo (EPM-UNIFESP) e tem por objetivo desenvolver, em nível de excelência, a assistência à saúde, com ênfase nas atividades de ensino, pesquisa e extensão.

HOSPITAL ALBERT EINSTEIN

Ser líder e inovador na assistência médico-hospitalar, referência na gestão do conhecimento e reconhecido pelo comprometimento com a responsabilidade social.

Hospital Sírio-Libanês

Convivendo e compartilhando, contribuímos para uma sociedade mais justa e fraterna.

Hospital Santa Marcelina

Uma instituição que se torne modelo de gestão em saúde através da integração dos processos de informação, humanização e competência técnico-administrativa.

Hospital N. S. Conceição

Ser uma instituição reconhecida nacionalmente por acolher e cuidar com qualidade e segurança.

HCPA

Transformar a realidade com inovação em saúde.

É interessante notar que há visões bem diferentes. A visão é um sonho: combina elementos puramente ficcionais, com dados de realidade, para compor um quadro do que se quer ser (ou seja, o que é preciso mudar naquele ser definido pela missão). A declaração de visão tem um papel terapêutico, por assim dizer, já que estamos apresentando aqui as visões dos maiores hospitais brasileiros.

PARTE IV

PARTE IV

O QUE VALORIZAM

EMPRESAS BRASILEIRAS COMO COMUNIDADES COMPARTILHADAS

ASPECTOS CONCEITUAIS

Declarações explícitas de valores são expressões discursivas, autodeclarativas, quanto à identidade das organizações, com reflexos, desejados ou esperados, sobre os seus fazeres. Pesquisas sobre valores corporativos ganharam fôlego a partir do seu reconhecimento como base para compreensão das prioridades e crenças fundamentais das organizações, ou seja, como um elemento crítico para se analisar as formas como as organizações lidam com a necessidade de coesão e coerência em seu funcionamento. São um elemento de autocontenção.

Muitos CEOs afirmam taxativamente a importância dos valores para as empresas que dirigiam. Valores são determinantes de praticamente todos os tipos de comportamento social, inclusive estratégico, para o qual os valores são prescritores fundamentais. Por essa razão, valores corporativos já foram pesquisados com vários enfoques.

O dia a dia na empresa é repleto de fatos fragmentados, ocorrências de todo tipo. Para que esses fatos adquiram um mínimo de sentido, é importante que tenham como referência um contexto. Esse é dado pelos costumes cotidianos, nos quais os fatos acontecem. Os costumes são os marcadores pelos quais as pessoas conseguem reconhecer a si mesmas e os seus valores no cotidiano de sua vida no trabalho.

Quando o funcionário ingressa na empresa, já há um ideário coletivo. Valores podem ter extrema generalidade e abstração, em contraste com os manuais operacionais, cujo conteúdo é sempre mais concreto e preciso. São uma tradução discursiva dos fundadores ou donos e, posteriormente, do próprio grupo ao longo do tempo, representando um ideal transcendente em relação à realidade. Ou seja, os valores não são pensados ou expressados como pontos de referência para um determinado agir específico, de forma rígida e absoluta. Antes são polissêmicos e requerem a compreensão da riqueza dos seus significados, funcionando como uma consciência coletiva, mas particularizada.

Valores são elementos identitários das corporações, pois contribuem para sua personalidade, cultura e clima organizacional, afetando seu funcionamento e seu relacionamento *interna* e *externa corporis*. A Pepsi Cola é diferente da Coca-Cola, embora sejam empresas que atuam no mesmo setor e com produtos similares. Os valores são normas de conteúdo axiológico, cujo sentido é dado em confronto com os contextos. Valores são realidade social e definem um espaço social, criando conexões de significados. Adaptando-se aos valores, as pessoas denotam uma estilização de si próprias alterdirigida, o tipo de subjetividade que responde à lógica da cultura organizacional das empresas.

> **Atribuído a Albert Einstein:**
>
> *Nem tudo que conta é contável, nem tudo que é contável conta.*

Os valores vão permear a consciência das pessoas antes mesmo de elas absorverem as normas explícitas (lendo um manual, por exemplo). A vigência dos valores se baseia na convicção de sua legitimidade — o tanto que foram úteis no passado, separando o joio do trigo, comportamentos aceitáveis de inaceitáveis, preferíveis de indesejáveis. Os valores qualificam certas condutas como positivas ou negativas, e fazer um juízo de valor é tomar uma decisão quanto a isso. Kelsen (Kelsen, *Teoria pura do direito*, 1987, p. 18), um grande pensador do Direito, ressalta que os juízos de valor estabelecem se uma conduta real corresponde a uma norma considerada válida e, nesse sentido, é boa, isso é, valiosa, ou contraria tal norma e, nesse sentido, é má, isso é, desvaliosa. Quando os valores penetram de fato nas consciências, inevitavelmente atuarão como instâncias para a conduta, às quais se pode recorrer. Essa é a verdadeira substância do valor.

De um ponto de vista institucionalista, assumindo as organizações como sistemas sociais, tem-se que os objetivos e procedimentos tendem a alcançar um status impregnado de valor. A partir desse *insight*, o papel dos valores organizacionais na estruturação da organização passou a ser estudado mais amplamente. Segundo a perspectiva institucionalista, as chances de sobrevivência de uma organização aumentam muito com demonstrações de conformidade entre o ambiente institucional e os valores (congruência). Ainda segundo essa linha de pesquisa, o grande público avalia as empresas pelo grau em que as características estruturais e procedurais estão alinhadas com os valores institucionais preconizados. Ou seja, a população em geral, e os reguladores, em particular, seriam sensíveis à hipocrisia institucional.

Os valores vão promover um sistema interpretativo que permite a tradução dos fatos que acontecem na empresa, indicando apenas as circunstâncias nas quais uma atuação, uma disposição psicológica ou um caráter são efetivamente designados como bons, isso é, como eticamente valiosos. Ou seja, os valores desempenham um papel semelhante ao do esquema, em termos da psicologia cognitiva. Esse é o mecanismo de transmissão que faz com que os valores qualifiquem certas condutas como positivas ou negativas, e é nesse sentido que se fala em realizar

> **Jack Welch:**
>
> *Toda vez que demitimos um gerente de alto desempenho com a justificativa de que não encarnava os nossos valores — e isso era dito publicamente —, a companhia reagiu incrivelmente bem (Welch, 2020, p. 30)*

juízos de valor. Dessa forma, valores são indutores de condutas.

Embutida na pesquisa dos valores, como elemento organizacional, está uma concepção orgânica da empresa. Essa concepção é o mais forte e decisivo contraste com o conceito puramente organizativo ou burocrático de empresa. Os funcionários não fazem uma empresa, eles são a empresa. Só à medida que a instituição, mediante seus princípios e valores, penetra o ser das pessoas, para além do que elas fazem, tornam-se a corporação, que passa a estar nas pessoas. Os valores são um dos instrumentos que propiciam esse processo de interpenetrabilidade.

Os valores são uma tecnologia de governo das condutas, e essa é a sua principal ligação com o campo do comportamento organizacional. Como todo poder de conduzir, os valores caracterizam-se pela necessidade de orientar a conduta de terceiros para metas ou lugares pré-definidos, que, em princípio, devem ser o melhor para a empresa. O objetivo dos valores não é dominar ou submeter pela força, mas sim orientar para determinada finalística, em tese, o bem da empresa. Por não exercerem papel de dominação impositiva, mas induzirem adesão voluntária, os valores podem ser definidos como um *softpower* no ambiente organizacional.

Quando os valores são de fato assumidos e vivenciados pelos funcionários, acabam inevitavelmente atuando como instâncias para a conduta, as quais se pode recorrer. Essa é a verdadeira substância do valor. A cultura e os valores organizacionais constituem o contexto moral no qual os pensamentos individuais dos funcionários se desenvolvem e

EMPRESAS COM PROPÓSITO

tecem suas pequenas variações (valores podem se alterar ao longo do tempo). Eles condicionam sem determinar a ação das pessoas, ao proporcionar-lhes um sistema de significação que permite a manutenção de sua coesão psicocomportamental (diálogo de seus valores pessoais com os valores do grupo como elemento definidor de sua relação com o mundo).

A existência de valores, fator ainda mais acentuado diante da existência de uma DV, reduz o leque de comportamentos disponíveis e, consequentemente, aumenta a previsibilidade. Sua importância no processo de gestão de pessoas torna-se evidente. Ao reduzir a variedade de escolhas a serem feitas pelo funcionário, consegue-se afunilar os resultados comportamentais, sem, explicitamente, sacrificar a liberdade de ação. O elemento que caracteriza toda a organização é o controle que dentro dela se exerce, e esse controle assume formas e características diversas, de acordo com a relação que existe entre as modalidades de articulação da autoridade da organização e a expectativa dos que nela participam. Na sua perspectiva, os valores são compreendidos como um tipo de controle normativo-discursivo.

Um valor é um acontecimento desejado, tem uma característica de meta comportamental. Que X valoriza Y significa que X age de modo a ocasionar a consumação de Y. No âmbito empresarial, dado o caráter intersubjetivo dos valores (valores compartilhados), a conduta das pessoas que participam ativamente na formação e na distribuição do valor é essencial para a sua possessão (usufruto). Valores são manifestações sobre o que deve ou não deve ser, o que é desejável ou indesejável na esfera das ações humanas. Classificam, na prática, o refutável e o admissível a respeito do que acontece.

A probabilidade de que as comunidades de funcionários da empresa venham a se identificar umas com as outras varia com o número e a intensidade das reivindicações compartilhadas, o que justifica a avaliação quantitativa dos valores por empresa, feitas por BJP e também na presente pesquisa. Portanto, valores são expectativas em relação às quais há um envolvimento emocional considerável das pessoas.

Os valores também dialogam com as teorias de cultura organizacional, podendo ser qualificados como um dos artefatos culturais. A continuidade propiciada pelos valores compartilhados ajuda as pessoas a se compreenderem como parte de um todo que transcende os limites de sua subjetividade. Assim, os valores auxiliam a criar a ilusão de que somos maiores e mais poderosos do que na realidade somos.

Qualquer grupo, para funcionar bem, precisa de relacionamentos de confiança e reciprocidade, com as pessoas podendo enxergar em seus colegas aliados potenciais, desejando ajudar e merecendo ajuda quando for necessária. Encontramo-nos aqui no campo do capital social e, uma vez que os valores contribuem para a definição do contexto dos relacionamentos, podemos colocá-los como parte do capital social. Grojean et al. (2004) ressalta que os valores facilitam interações eficientes entre os indivíduos, favorecendo, por consequência, a sobrevivência e a prosperidade da empresa. Eles criam um senso de pertença com os sentimentos derivados de segurança e dignidade, que contribuem para dar sentido à vida. A vigência dos valores se baseia na convicção de sua legitimidade, mais do que em pretensa propaganda axiológica, o que motiva uma série de pesquisas sobre a adesão das pessoas aos valores organizacionais e a congruência entre os valores pessoais e os valores organizacionais.

Uma vez que, a priori, os valores são estabelecidos de um ponto de vista externo às pessoas, são também aceitos a partir de uma perspectiva impessoal, aplicando-se não somente ao ponto de vista do sujeito, mas também a todos de uma forma geral

> **Henry Ford:**
>
> *Cingi-me ao seguinte princípio: quando um dos meus carros se desarranja sei que a culpa é minha* (Ford, 1954, p. 61)

— os valores sinalizam como a pessoa deve se comportar porque, na verdade, dizem como todos dentro da empresa devem se comportar. Assim, os valores expressam a vontade objetiva, são padrões de conduta ética e moral que devem guiar o comportamento dos membros da organização, dando o tom ético de uma organização.

Do ponto de vista da gestão empresarial, o que a alta administração pode esperar com a concepção de uma declaração de valores é disponibilizar um conjunto de juízos normativos, dotados de conteúdo motivacional, a partir de um ponto de vista impessoal. O tema central é facilitar o raciocínio prático do funcionário no processo de justificação da sua ação, uma vez que esse tenha expandido sua consciência pela adoção do ponto de vista objetivo. Aqui reside uma relação da pesquisa sobre valores com o campo da ética, pois o pensamento ético é o processo de levar a objetividade a influenciar a vontade. A questão central para o funcionário, em sua razão prática, deixa de ser *o que farei?* para ser *o que devo fazer?*. Ainda nessa vertente da relação entre os estudos sobre valores e o campo da ética, vale lembrar Habermas (Habermas, 2003), que postula que os valores necessitam expressar preferências tidas como dignas de serem desejadas em determinada coletividade, podendo ser adquiridas ou realizadas por meio de um agir direcionado a um fim.

Sentimento de dono é um valor muito presente nas declarações. Trata-se, efetivamente, de uma posição abstrata sentir-se como dono sem, na realidade, o ser. A expressão de Ford, quando diz que se sentia pessoalmente responsável por cada carro que apresentasse problemas, revela um pouco desse poder. Valores são também ideais, acabam tendo uma força prática grande, atuando como princípios regulativos, permanecendo como pano de fundo da perfeição de determinadas ações. No plano individual, o valor acaba virando a referência absoluta dentro de cada um, com a qual a pessoa se compara, se julga, e busca se aperfeiçoar quando o julgamento a mostra em defasagem. O valor tem um quê de utópico, aquele não lugar que é inalcançável, mas que nos motiva a sempre tentar alcançá-lo.

Os valores se sedimentam com o tempo e passam a fazer parte do repertório de sentido das pessoas. Cada um vai desenvolvendo não apenas as concepções de si próprios dentro da empresa, e da vida que pretendem levar em geral, mas também aquilo que é atrativo e que é repulsivo, e como reagir de acordo diante de cada situação. Em termos funcionais, os valores resolvem problemas de coordenação da ação.

> **Jack Welch:**
>
> *Uma boa declaração de missão e um bom conjunto de valores são tão reais que a solidez é quase palpável. A missão deixa perfeitamente claro para onde você quer ir, e os valores descrevem os comportamentos que o levarão até lá* (Welch, 2020, p. 24)

Ainda que os valores sejam abstratos, adquirem uma concretude, uma realidade importante no fazer diário. Eles dão uma medida indispensável, pois apontam para o que é considerado perfeito e esse ideal passa a ser usado para avaliar o grau de adequação do comportamento real. Quando há concordância em relação ao valor, reduz-se a complexidade do mundo, e as pessoas conseguem atuar mais facilmente no seu ambiente funcional.

Os valores são as lentes com as quais a cultura vai interpretar os acontecimentos. Quando necessário, as pessoas podem recorrer aos valores para descrever e regular um interesse comum. Junto com as normas, as práticas, as tecnologias e outros mecanismos psicológicos, os valores trabalham juntos para eliminar ou regular o interesse próprio, propiciando que surja o trabalho cooperativo.

A ação humana nunca é totalmente utilitária. Essa é uma das razões pelas quais os valores são indispensáveis. Eles vão ajudar a compreender o conjunto do comportamento. Valores criam uma solidariedade transcendental entre os funcionários da empresa, criando entre eles uniformidade de conduta. Transcendental porque não pode ser inteiramente reduzido a descrições ou explicações causais.

Valores explicam o comportamento porque operam de modo autorreferente e atuam em dois níveis interconectados. No primeiro plano, vinculam a vontade das pessoas e a orientam de uma determinada maneira. Em um segundo plano, vão ser as referências adotadas se houver necessidade de tomada de decisão em casos de conflito.

No plano coletivo, os valores acabam se tornando princípios pelos quais a empresa deve pautar sua atuação. Por exemplo, em 2018, centenas de funcionários do Google exigiram que a empresa abandonasse planos de desenvolver um mecanismo de busca que permitisse sufocar a dissidência na China. Em carta à alta administração daquela empresa, os funcionários afirmaram que tinham aceitado o emprego no Google tendo em mente os valores da empresa, e que entendiam que a empresa estava disposta a colocar valores acima de lucros.

A Vale também enfrentou muito criticismo após os desastres de Mariana e Brumadinho. Em sua declaração de valores, a empresa coloca "a vida em primeiro lugar", "valorizar quem faz a nossa empresa", "cuidar do nosso planeta" e "agir de forma correta". Particularmente no caso de Brumadinho, em que houve muitas vítimas entre os próprios funcionários da empresa, que almoçavam em um refeitório construído no caminho provável dos detritos, em caso de rompimento da barragem, esses valores foram duramente questionados. Houve quem dissesse que "no caso da empresa, figurar como dedicada ao meio ambiente era mais uma estratégia mercadológica que uma preocupação real com a natureza ou a segurança das populações das cidades onde atua" (Feldmann, 2019). Quando não há consonância entre o comportamento declarado como desejável e as ações, cria-se um sentimento de repugnância moral.

> **Vale**
>
> *A vida em primeiro lugar. Valorizar quem faz a nossa empresa. Cuidar do nosso planeta. Agir de forma correta. Crescer e evoluir juntos. Fazer acontecer.*

> **Ricardo Semler:**
>
> *Só vale a pena tentar se a chance de segui-la no cotidiano é de pelo menos uns 80%* (Semler, *Virando a própria mesa: uma história de sucesso empresarial made in Brazil*, 2002, p. 96)

Peter Drucker, o consagrado guru corporativo, associou, apropriadamente, a questão da ética aos valores e ao seu papel como juiz do comportamento: "Este é o teste do espelho. A ética exige que você se pergunte: 'Que tipo de pessoa quer ver no espelho pela manhã?' O que é comportamento ético numa organização ou situação também o é em outra. Mas a ética é somente parte de um sistema de valores — particularmente do sistema de valores de uma organização. Trabalhar numa organização cujo sistema de valores é inaceitável ou incompatível com seus próprios valores leva ao desempenho zero e à frustração" (Drucker, *Gestão pessoal*, 2017). Drucker chama a atenção para o bom desempenho. Para que as pessoas sejam produtivas em uma organização, seus valores precisam ser compatíveis com os da organização. Não necessariamente idênticos, mas suficientemente compatíveis para que possam coexistir.

Ingrediente fundamental da cultura, os valores mantêm a empresa coesa, ajudando as pessoas a tomar decisões corretas sem a necessidade de consultar grossos manuais e portarias. São um leme, colocando em sintonia milhares de funcionários. Permitem que as pessoas estabeleçam prioridades e sejam capazes de julgar se um pedido é válido ou não; se um cliente deve ser considerado mais importante do que outro; se a ideia de um novo produto merece receber atenção ou não.

Ricardo Semler, executivo brasileiro que alcançou uma história de sucesso e a compartilhou no livro *Virando a própria mesa*, falou em declaração de princípios com um sentido muito próximo ao que estamos dando aqui aos valores. Ele ressalta que só vale a pena ter uma declaração dessa natureza se houver uma forte predisposição a segui-la de fato. Isso pode significar abrir mão de um grande contrato, quando cumprir com suas cláusulas de algum modo represente violar um dos valores. Viver à altura de seus princípios é um grande desafio, sempre.

Semler também apresentou um *checklist* para verificar se devemos ou não adotar um valor:

Ricardo Semler:

Perguntas a serem feitas antes de se adotar um valor:

1. Exercemos esse princípio na prática?
2. Se não exercemos, podemos assumir o compromisso de fazê-lo com o tempo?
3. Isso é um ideal, ou é factível no dia a dia?
4. Se envolver uma questão crucial, ou muito dinheiro, vamos poder cumprir esse princípio?

(Semler, *Virando a própria mesa: uma história de sucesso empresarial*, 2002, p. 97).

A história de Jesus Cristo, conforme registrada nos Evangelhos, mostra sua constante impaciência e denúncia constante da hipocrisia dos escribas e fariseus, lideranças religiosas daquele tempo na região de Israel. O termo, em sua origem grega, remete aos atores, àqueles que se colocavam debaixo (*hypo-*) de um papel. Os escribas e os fariseus pregavam uma aplicação rígida e inflexível da lei Mosaica, para os outros, ao mesmo tempo que praticavam comportamentos não condizentes. O bom e velho *façam o que eu falo, não façam o que eu faço.*

A incompatibilidade entre comportamento declarado e comportamento executado é insustentável ao longo do tempo. Uma queixa frequente em relação a lideranças é justamente a hipocrisia — criar regras para serem cumpridas pelos outros. Em inglês, existe a expressão *walk the talk*, algo como "aja de acordo com o que diz", para distinguir líderes íntegros, que despertam a fidelidade das pessoas por sua integridade.

Em termos corporativos não é diferente. Empresas que não praticam o que colocam como valores, acabam tendo problemas.

ASPECTOS TÉCNICOS

Especificamente com relação aos valores, buscamos, como referência para a nossa pesquisa, uma consulta semelhante, realizada por pesquisadores norte-americanos em empresas daquele país e da Grã-Bretanha (Bourne, Jenkins, & Parry, 2017).

As declarações de valores devem funcionar como uma base para a atividade organizacional. Um ponto positivo dessa abordagem é que se pode assumir como valores organizacionais aquilo que as empresas dizem que são seus valores organizacionais, evitando-se pesquisas etnográficas complexas para uma averiguação de quais seriam, de fato, os valores da empresa. Segundo (Bourne, Jenkins, & Parry, 2017, p. 2), "os valores assumidos têm um papel significativo ao representar a intenção da organização de operar de determinada forma e de encorajar comportamentos particulares por parte dos membros da organização".

A pesquisa com declarações de valores pode implicar em um tipo de enviesamento, uma vez que as declarações podem receber certa censura, tanto no sentido do que devem incluir, quanto no do que devem excluir, podendo ser, portanto, uma representação incompleta dos valores organizacionais. Porém, um contraponto à essa dificuldade é o fato de que as declarações de valores, inclusive na sua possível parcialidade, não deixam de ser um importante fenômeno organizacional, pois o que é incluído e omitido pode ser uma indicação da forma na qual a alta administração deseja que a sua organização tanto opere quanto seja vista operando.

Também no caso dos valores, foram utilizadas técnicas de análise de conteúdo e análise de discurso. A análise de conteúdo foi utilizada como primeira aproximação aos textos, servindo para uma primeira descrição do *corpus* e para comparações iniciais com BJP. Os autores recorreram ao Guia Exame de Melhores e Maiores 2017 para identificar as 500 maiores empresas do país, que constituem o universo de pesquisa. Bourne, Jenkins e Parry (2017) utilizaram a lista da Fortune 500 para as empresas norte-americanas e Financial Times Stock Exchange (FTSE List) para as britânicas, trabalhando, portanto, com um *corpus* de 3.112 valores em 554 organizações. A presente pesquisa trabalhou com 1.760 valores, em 311 organizações.

A partir da relação, os autores consultaram os sites das empresas, buscando informações sobre a declaração de valores na página inicial e em até duas subpáginas (no máximo dois cliques a partir da página inicial, utilizando os engenhos de pesquisa dos próprios sites). Caso não encontrassem uma declaração de valores nesse nível, a consideraram como não existente. Também não foram consideradas declarações de valores em língua estrangeira, dada a metodologia escolhida (análise de discurso em língua portuguesa).

Seguindo procedimento de Bourne, Jenkins e Parry (2017), foram separadas declarações de valores descritivas e sintéticas, com apresentação de uma lista de marcadores, formados por uma palavra única, ou palavra composta por duas ou três palavras. As declarações menos precisas e em formato fraseológico requereriam um esforço adicional de interpretação, além de prejudicar a consistência do nível de análise. Também seguindo recomendação desses autores, foram consideradas palavras compostas quando o sentido é claro e o termo é reconhecido pela literatura (ex.: responsabilidade social). Em outros casos, particularmente com o emprego do conectivo "e", foram considerados valores separados (ex.: honestidade e integridade foram computados como dois valores).

3.3 OS VALORES DAS 500

Foram encontradas 311 declarações de valores, o que representa 62,2% do total. Esse é o *corpus*. BJP trabalharam com 700 empresas, tendo encontrado declarações de valores em 554 delas, o que representa 79,14%. Entre as empresas norte-americanas, o percentual foi de 80% e entre as britânicas foi de 74%.

As DVs brasileiras apresentaram 1.760 valores, o que significa uma média de 5,82 valores por organização. A moda foi 5. Bourne, Jenkins e Parry (2017) encontraram uma média geral de 5,6 valores por organização (uma média pouco abaixo de 5 para as britânicas e pouco abaixo de 6 para as norte-americanas).

Considerando apenas a repetição simples, podemos chegar a uma declaração de valores genérica para as 500 maiores empresas brasileiras.

Ética é a postura correta, a pedra de toque que diferencia o bem e o mal, aquilo que é adequado e que não é. O padrão a partir do qual se formam os juízos de valores. Aplicado a empresas, o valor da ética sinaliza para um tipo de comportamento em conformidade com as regras e que busque o bem da comunidade. Pessoas demonstram que as empresas se preocupam com o ser humano em sua dignidade inerente e, portanto, merecedor de todo cuidado e respeito. Aliás, respeito é o terceiro valor, que indica um comportamento reverencial para com o outro, um reconhecimento, bem como, também, uma postura de seguir as regras.

Cliente é aquele que deve ter sempre razão, já dizia o ditado popular, condensando a sabedoria de que sem os clientes as empresas não têm finalidade. Foco no cliente é a capacidade de compreender as suas necessidades, melhor até do que eles próprios, e ser capaz de atendê-las. Inovação é a atitude de buscar sempre o novo, seja em produtos, seja em processos. Responsabilidade indica que as empresas estão dispostas a prestar contas pelas consequências do que fazem.

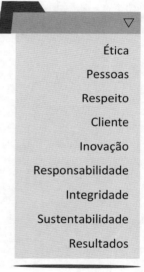

Ética
Pessoas
Respeito
Cliente
Inovação
Responsabilidade
Integridade
Sustentabilidade
Resultados

Integridade revela o desejo de atuarem de modo transparente e inequívoco, praticando o que pregam como valores. Sustentabilidade relaciona-se à possibilidade de continuar fazendo o que fazem ao longo do tempo. E resultados referem-se tanto aos efeitos das ações da empresa sobre o mundo quanto aos lucros esperados pela atividade.

Sintetizando, as empresas brasileiras, pelos valores que explicitam ter, desejam agir em prol do bem geral; preocupando-se em primeiro lugar com a dignidade do ser humano, sejam seus clientes ou seus colaboradores; reconhecendo sua importância e seu valor; buscando renovar suas formas de atuação bem como oferecer novidades para a sociedade; atuando dentro das regras e respondendo por aquilo que fazem, inclusive quando diante de consequências negativas; praticando o que pregam; cuidando para que possam continuar operando ao longo do tempo; e buscando impactos positivos tanto para a comunidade quanto para si próprias, na forma do lucro. Enfim, um verdadeiro programa "político-moral", que, caso seguido por todas as empresas, de fato resultaria em um ambiente mais saudável para todos.

O Quadro 3 apresenta uma comparação entre os valores encontrados pela presente pesquisa e a de Bourne, Jenkins e Parry (2017):

▼ QUADRO 3 — Valores Assumidos — Empresas Brasileiras e Empresas Internacionais

VALORES ENCONTRADOS SOMENTE NA PESQUISA BRASILEIRA (124)	VALORES ENCONTRADOS EM AMBAS AS PESQUISAS* (67)	VALORES ENCONTRADOS SOMENTE NA PESQUISA NORTE-AMERICANA (14)
Adaptabilidade; alegria; alta-performance; altruísmo; amor; atitude crítica; austeridade; autenticidade; autodesenvolvimento; autonomia; baixo custo; brasilidade; capricho; cidadania; coerência; companheirismo; compartilhamento; competência; competitividade; compromisso; conhecimento; consistência; controle; convicção; cooperação; credibilidade; criação de valor; cuidado; cumplicidade; curiosidade; custo competitivo; dedicação; desempenho; desenvolvimento; desenvolvimento socioeconômico; desprendimento; determinação; diálogo; dignidade; dinamismo; disciplina; disponibilidade; disposição para mudanças; dividir o sucesso; educação; eficácia; empatia; energia; equilíbrio; espiritualidade; estética; faz bem fazer o bem; fazer acontecer; fazer bem feito; fidelidade; flexibilidade; fortaleza; franqueza; futuro; garra; gente; gestão compartilhada; harmonia; hospitalidade; humanidade; idoneidade; igualdade; imagem; inconformismo construtivo; iniciativa; integração; integralidade; inteligência; intensidade; interdependência; justiça social; liberdade; liberdade de expressão; longevidade; lucratividade; mente aberta; meritocracia; modernidade; **não discriminação**; objetividade; orientação ao mercado; ousadia; paranoia produtiva; pense grande; perpetuidade; perseverança; personalidade; pioneirismo; preocupação; preservação da vida; proatividade; produtividade; regra de ouro; reinvestimento; relacionamento; rentabilidade; reputação; resolutividade; resultados; retribuição; riqueza; segurança no trabalho; sem limites; sempre em movimento; senso de urgência; sinergia; solidariedade; solidez; superação; talento; técnica; time de águias; tradição; união; valorização; verdade; vida; visão; zelo.	Abertura; *accountability*; agilidade; ambição; aprendizagem; atitude; atitude otimista; atuação global; clientes; colaboração; compaixão; comprometimento; comunicação; comunidade; confiabilidade; confiança; coragem; crença; crescimento; criatividade; desafio; desenvolvimento das pessoas; diligência; diversão; diversidade; eficiência; empreendedorismo; entusiasmo; equidade; ética; excelência; fazemos diferente; democracia; honestidade; humildade; inclusão; inovação; integridade; justiça; lealdade; liderança; meio ambiente; melhoria contínua; orgulho; paixão; parceria; pessoas; profissionalismo; qualidade; qualidade de vida; rapidez; realização; reconhecimento; respeito; responsabilidade; responsabilidade social; responsividade; saúde; segurança; senso de dono; servir; simplicidade; sustentabilidade; tecnologia; trabalho em equipe; transparência; vitória.	*Compliance*; *stakeholders*; valor do dinheiro; efetividade; prudência; *expertise*; esperança; pragmatismo; resiliência; independência; apoio aos outros; *empowerment*; tenacidade; individualidade.

* Respeitada a tradução literal. Fonte: Elaborado pelos autores.

Os resultados quantitativos são ambíguos. Trata-se de um percentual expressivo (62,2%), porém, diante do fato de ser assunto explorado pela literatura há mais de três décadas, poderia se esperar uma quantidade ainda maior. Ademais, o universo abrange as 500 maiores empresas nacionais, o que também gera uma expectativa de maior presença de declarações de valores. Esse fato também se evidencia quando comparado com os resultados internacionais — 79,14% das empresas apresentavam uma declaração de valores.

As declarações de valores brasileiras apresentaram 1.760 valores, o que significa uma média de 5,82 por organização. A moda foi 5. Bourne, Jenkins e Parry (2017) encontraram um total de 3.112 valores, com média geral de 5,6 valores por organização (uma média pouco abaixo de 5 para as britânicas e pouco abaixo de 6 para as norte-americanas). Pode-se compreender a quantidade maior de valores em Bourne, Jenkins e Parry (2017) como associada ao tamanho do *corpus* (554 organizações, diante de 311 organizações na pesquisa nacional — 243 empresas a mais, com uma média de 5 valores por empresa já representariam 1.215 valores a mais).

Era esperado não encontrar uma quantidade muito grande de valores por empresa, uma vez que, se tudo é valor, nada vale, ou ocorre o esvaziamento, na prática, da força dos valores por conta de sua multiplicação excessiva. O achado confirma essa perspectiva, com a moda 5 representando um valor adequado de valores. A proximidade com a média internacional também demonstra que a situação é adequada.

Eliminadas as repetições e se depurando os valores, seguindo o procedimento de classificação intersubjetiva proposto por BJP, chegou-se a uma quantidade de 191 valores apresentados pelas empresas brasileiras, em face de 81 valores apresentados em BJP. Calculou-se a taxa de repetição como total de valores por valores depurados, chegando-se a uma taxa de 9,21 no caso brasileiro e de 38,41 no caso da pesquisa internacional.

Ou seja, grosso modo, um valor encontrado nas empresas brasileiras repetiu-se em cerca de nove empresas, ao passo que um valor encontrado nas da pesquisa internacional repetiu-se cerca de 38,41. Essa taxa de repetição dos valores aproximadamente quatro vezes superior na pesquisa internacional em relação à pesquisa nacional pode demonstrar uma maior coerência no conjunto das da pesquisa internacional, como práticas de *benchmarking* mais intensas, ou ainda maior sedimentação da literatura sobre o assunto junto às empresas, fatores que não são explorados por Bourne, Jenkins e Parry (2017).

O processo de depuração dos valores na presente pesquisa resultou em 191 valores, ao passo que o de Bourne, Jenkins e Parry (2017) em 81. O fato de as empresas brasileiras apresentarem quase o dobro de valores em relação às internacionais é outro elemento a requerer pesquisas adicionais que possam compreender a causa dessa maior criatividade nacional. Há uma taxa de coincidência (valores encontrados na pesquisa internacional e na pesquisa brasileira, respectivamente) de 32,7%, suficientemente baixa para indicar que, embora a elaboração de declarações de valores como instrumento de gestão tenha se disseminado para a cultura empresarial nacional (dada a presença de declarações de valores em 62,2% das empresas), os valores em si não são plenamente universalizáveis. Apesar de ser um elemento que também aponta para a necessidade de pesquisas adicionais, esse achado condiz com a perspectiva de apropriação da literatura internacional por parte da literatura e da prática nacional. Wood Jr. et al. (2011) analisaram o assunto, do ponto de vista da literatura de recursos humanos, demonstrando como houve períodos de colonização, neocolonização e pós-colonização, com o desenvolvimento de abordagens genuinamente brasileiras.

Os termos mais frequentes delimitam dois grandes campos semânticos, em torno dos termos "ética" e "inovação". A preocupação com a ética [ética (114); integridade (71); transparência (66); respeito (61); responsabilidade (33); compromisso (28)] revela uma disposição à adoção de comportamentos moralmente aceitáveis, seja no âmbito interno, seja no externo. Apesar de sua amplitude semântica, particularmente no campo filosófico, o termo ética usualmente se refere a um dever ser adequado, em sintonia ao conceito metafísico do bem. Integridade refere-se à qualidade do que é inteiro, ou seja, o comportamento único e autêntico, focado em um só interesse, que é alcançar aquele dever ser estipulado pela ética — para ser ético é preciso ser íntegro. Transparência remete à ausência de interesses ou de práticas ocultas — quando se é ético e íntegro, não há nada a esconder. Respeito (deferência, consideração), responsabilidade (responder por algo) e compromisso (acordo, promessas mútuas) articulam um segundo subcampo conectado ao termo ética, mais ligado às práticas relacionais das empresas em relação aos seus diferentes públicos.

O segundo grande campo vem capitaneado pelo termo inovação. De fato, inovação virou palavra-de-ordem na literatura especializada sobre gestão recentemente. "Inove ou morra" virou lema, diante da alta competitividade, do aumento das expectativas dos clientes e do ritmo frenético de mudanças vivenciado pela sociedade em geral. Autores clássicos, como Peter Drucker, contribuíram para reforçar a inovação como algo inerentemente importante para as empresas: "[a organização moderna] precisa estar organizada para abandonar sistematicamente aquilo que estiver estabelecido, habitual, familiar e cômodo, quer isso signifique um produto, um serviço ou um processo; um conjunto de habilidades; relações humanas e sociais; ou a organização em si. Em suma, ela precisa estar organizada para uma mudança constante" (Drucker, 2002, p. 34).

Percebe-se, portanto, que as empresas aderem a um comportamento moralmente aceitável (seu resultado virá de forma legal, legítima e justa) e ao desafio de continuamente repensarem seus produtos e serviços, com vistas à sua substituição por produtos e serviços inovadores, que sejam capazes de lhes assegurar a sobrevivência em um ambiente extremamente competitivo.

APLICAÇÃO: O QUE VALORIZAM OS MAIORES HOSPITAIS BRASILEIROS?

Hospital Santa Marcelina

Derivam dos valores institucionais éticos, humanitários e cristãos. A espiritualidade. O respeito. A hospitalidade. A alta-performance. O aprendizado organizacional. A responsabilidade social.

Hospital N. S. Conceição

Compromisso com o usuário. Equidade. Estímulo à inovação. Estímulo à produção e socialização do conhecimento. Integralidade. Participação. Responsabilidade Social. Sustentabilidade. Transparência. Universalidade. Valorização do trabalho e do trabalhador.

Rede D'Or São Luiz

Competência, credibilidade, desenvolvimento, humanização, integridade e respeito.

Hospital São Paulo

Equidade. Respeito. Ética. Qualidade.

Hospital Albert Einstein

Mitzvá, Refuá, Chinuch e Tsedaká, ou seja, Boas Ações, Saúde, Educação e Justiça Social são os preceitos judaicos que motivaram médicos da comunidade judaica a fundar a Sociedade Beneficente Israelita Brasileira Albert Einstein há sessenta anos. Somados aos valores organizacionais (Honestidade, Verdade, Integridade, Diligência, Justiça, Altruísmo, Autonomia, Profissionalismo e Trabalho em Equipe.), norteiam as atividades e os colaboradores da Sociedade.

Hospital Sírio-Libanês

Busca. Calor humano. Excelência. Solidariedade.

Beneficência Portuguesa S. Paulo

Saúde está em primeiro lugar: com uma visão holística do tratamento, buscamos o bem-estar e a recuperação de nossos pacientes acima de tudo. Credibilidade se cultiva: construímos reputação com base na excelência dos serviços, em atitudes transparentes, éticas e íntegras. Nutrimos relações verdadeiras, sustentáveis, para durar. Faz bem fazer o bem: acreditamos que para criarmos um mundo melhor e uma sociedade mais justa não basta cada um fazer a sua parte. É preciso ir além. A filantropia está em nosso DNA. Estamos sempre em movimento: lidar com vidas humanas exige constante atualização e renovação — do conhecimento, de infraestrutura e de formas de pensar. Em um mundo sempre em evolução não podemos parar nunca. A colaboração nos leva mais longe: juntos alcançamos resultados mais robustos, eficientes e inovadores. Valorizamos alianças e parcerias que nos tornam mais abrangentes e completos. Vida contagia: vida atrai mais vida. Multiplica, floresce e se renova. Lidar com vidas humanas nos inspira e anima.

HCPA

- Respeito à pessoa. Reconhecer o direito de cada um de tomar decisões e agir em um ambiente de acolhida, valorização, confiança e respeito às individualidades.

- Competência técnica. Promover o aprimoramento permanente da excelência, agilidade e efetividade dos serviços prestados pela instituição.

- Trabalho em equipe. Estimular e proporcionar condições para a atuação integrada, coesa e colaborativa entre os membros de um mesmo grupo e entre os integrantes de diferentes equipes.

- Comprometimento institucional. Promover e estimular a responsabilidade dos colaboradores com os resultados institucionais, sustentada pelo orgulho de integrar e ajudar a construir permanentemente uma instituição de excelência.

- Austeridade. Gerir o patrimônio público com parcimônia, integridade, honestidade e efetividade, comprometendo todos os colaboradores com esta postura.

- Responsabilidade social. Comprometer-se com a saúde integral das pessoas e com a sustentabilidade econômica e ambiental, contribuindo para a qualidade de vida, a cidadania e o desenvolvimento do país.

- Transparência. Manter canais de comunicação permanentes para a divulgação de informações e prestação de contas sobre as ações institucionais, construindo uma relação de confiança com colaboradores e sociedade.

Convidamos você a refazer o exercício. Dessa vez, junte a declaração de missão, a declaração de visão e a declaração de valores de cada hospital. Deixe sem nome. Embaralhe. Mostre para conhecidos e veja quantos acertam a correspondência entre as fichas e as entidades.

Se houver uma quantidade razoável de acertos, isso significa que esses hospitais têm um propósito. E, mais importante, que conseguem transmitir esse propósito para a comunidade, por meio de seu fazer e de seu modo de fazer.

CONSIDERAÇÕES FINAIS: O PODER DO PROPÓSITO

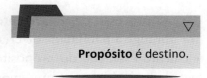

Propósito é destino.

É muito comum que as empresas tenham planos estratégicos com função meramente decorativa. Se todo mundo tem, vamos ter um também. O modismo é algo muito forte no campo da gestão. Planos estratégicos se orientam para o futuro e há que se reconhecer que, se houve um esforço para que fossem produzidos, têm alguma utilidade. Porém, qualquer pretensão de que o planejamento estratégico vá prover a empresa de um controle maior sobre o futuro é arriscada. O ambiente é sujeito a tantos eventos aleatórios que os planos conseguem ser, no máximo, um guia.

Planos estratégicos não são bons guias quando o ambiente traz mudanças radicais e rápidas. O aumento da velocidade e da intensidade da mudança é uma marca dos nossos tempos e muitas empresas estão correndo atrás de seus planos. O propósito, embora dialogue com os conceitos de estratégia, é mais apto a dar conta de integrar o passado, o presente e o futuro da empresa de modo coordenado e flexível o suficiente. O propósito condiciona a ação das pessoas, mas nunca determina essa ação.

O propósito traz à superfície o passado, como as coisas foram feitas *pela* empresa e *na* empresa, quais foram as balizas comportamentais adotadas. Referenciando-se a esse conjunto abstrato, porém operante, as pessoas conseguem um bom guia sobre como agir no presente. O propósito é suficientemente forte para vincular comportamentos, mas também suficientemente fraco para não cristalizar situações ou engessar o presente. Se não fosse assim, o presente poderia se tornar uma eterna repetição do passado e a empresa poderia perder o bonde da próxima mudança, tão imprescindível quanto inexorável.

O processo de uma empresa se tornar uma referência para o setor abrange a habilidade de criar um senso compartilhado de realidade, elemento essencial do propósito. Igualmente, no âmbito interno, a capacidade de se tornar um empregador respeitado e admirado por seus funcionários depende dessa habilidade de definir a realidade para esse coletivo. Com base no propósito, os diretores podem resumir e integrar o que está acontecendo, usando imagens, ideias e valores que vão ajudar a todos na tarefa de dar sentido à situação com a qual estão lidando.

O propósito vai definir a forma de atuação da empresa. Pessoa fictícia, a empresa vai fazer escolhas e operar de acordo com a forma pela qual foram construídas as concepções daquilo que é e do que está tentando fazer e alcançar.

Qualquer grupo de pessoas, para funcionar bem, necessita da existência de relacionamentos de confiança e reciprocidade, com as pessoas enxergando seus colegas como aliados potenciais, desejando ajudar e merecendo ajuda quando esta se torna necessária. A existência desses relacionamentos é um dos ativos do chamado capital social da empresa. O propósito vai definir o contexto em que esses relacionamentos acontecem e, portanto, é também um dos ativos do capital social. Com base no propósito, é possível permitir que a tomada de decisão e a responsabilização se estendam até os níveis mais baixos da hierarquia, com os funcionários de todos os níveis desfrutando de um grau de autonomia. Isso porque o propósito acaba funcionando como um *contexto decisório*, reunindo os critérios que as pessoas vão usar para tomar decisões importantes.

O propósito é absorvido racionalmente, mas também de forma inconsciente. O propósito se sente, as diversas declarações — missão, visão e valores — se deduzem. O propósito não pode ser apreendido unicamente pelo raciocínio, a sua compreensão demanda sensibilidade emocional, elemento que, por sua vez, comanda a vontade das pessoas. Contribui para isso também o fato de que o propósito se situe em um nível de extrema generalidade e abstração, ao passo que as demais declarações e as regras operacionais sejam mais precisas e concretas. Relembrando Peter Drucker, um propósito se reconhece, não se cria. O propósito transcende a realidade e sua compreensão exige um tipo de sabedoria que mistura cognição e intuição.

Qualquer um pode se lembrar de uma situação em que a aplicação de uma regra, levada às últimas consequências, pode resultar em efeitos nefastos, até contrários ao que se pretendia quando a regra foi criada. O propósito traz sempre à mente o contexto decisório, o conjunto de circunstâncias, temperando o agir cotidiano pela integração do que já aconteceu, do que acontece e do que pode acontecer. O propósito é teleológico, aponta para um objetivo final de comportamento e, por essa característica, relaciona-se aos grandes valores éticos da humanidade.

Em uma pesquisa no ambiente empresarial norte-americano, 80% dos entrevistados afirmaram que uma empresa com um propósito claro tem mais sucesso na satisfação dos funcionários e em fidelizar clientes. A ampla maioria das empresas se apresenta ao público com seu portfólio de produtos e serviços. Algumas adotam declarações de missão mais abrangentes, detalhando suas competências essenciais ou seus principais escopos competitivos. Raramente, as empresas vêm a público e se apresentam pela sua razão de ser. Essa mesma pesquisa constatou que as pessoas acreditam que empresas de grande sucesso serão aquelas que conseguirem manter o propósito ativo na mente de todos e o fazem acontecer de forma consistente em sua operação.

Com o tempo, o propósito deixa de ser significado e passa a ser significante. Passa a exercer efeitos sobre as pessoas. Fazendo uma analogia, em uma grande empresa, os funcionários são como passageiros em um avião. Têm pouca ou nenhuma interferência sobre as decisões tomadas pelo piloto, basicamente, e pela sua equipe de bordo. Mas conhecem o propósito — a cidade para onde estão se dirigindo —, e simplesmente entram, assentam, e esperam que a aeronave decole, percorra sua trajetória e pouse em segurança no seu destino. Propósito é destino. Conhecer o destino reduz a incerteza e traz tranquilidade. É assim com o propósito.

Quando a comunicação falha, o que é muito comum nas organizações, graças à hierarquia e às suas múltiplas camadas, o propósito supre. Então acaba funcionando como uma pedra de toque (*básanos*), aquela que consegue distinguir entre o apropriado e o não apropriado, o bom e o ruim, aquilo que pode e deve ser integrado na trama diária da existência empresarial e aquilo que deve ser rejeitado. O propósito torna as empresas céticas. Ser cético é ter uma atitude ética perante a verdade. Envolve uma postura de ser, de fazer e de dizer, é uma atitude crítica, de sempre questionar, examinar, buscar compreender. Empresas sem propósito são indiferentes.

Mais importante, é o propósito que permite que a empresa preste contas de si própria, de sua relação com o bem-comum, de como cumpre a sua função pública. Como se comporta: o que faz e o que deixa

> **Akio Morita:**
>
> As companhias de maior sucesso no Japão são justamente aquelas que souberam criar uma espécie de destino comum entre todos seus empregados (Morita, 1995, p. 143)

de fazer no ambiente e na interação com todos os demais agentes. Estamos, portanto, no domínio da maneira da existência. Qual é a forma que a empresa dá à sua vida — vida artificial, mas vida.

Quando o propósito declarado está em conformidade com o propósito vivido, o ambiente aceita e está garantida a sobrevivência da empresa. Porque fica claro que ela existe para cumprir um papel social. Há uma homofonia — sintonia entre o que se fala e o que se faz. A forma de existência da empresa é também um objeto estético. Deve ser algo belo. Um lugar, um espaço para a emergência da verdade. Ter propósito é viver na verdade. Propósito é destino.

REFERÊNCIAS BIBLIOGRÁFICAS

Ansoff, I. H., & McDonnell, J. E. (1993). *Implantando a administração estratégica*. São Paulo: Atlas.

Berger, P. L., & Luckmann, T. (1985). *A construção social da realidade: tratado de Sociologia do Conhecimento*. Petrópolis: Vozes.

Bourne, H., Jenkins, M., & Parry, E. (Novembro de 2017). "Mapping espoused organizational values". *Journal of Business Ethics, 159*, pp. 133-148.

C. Jensen, M., & Meckling, W. H. (Outubro de 1976). "Theory of the firm: managerial behavior, agency costs, and capital structure". *Journal of Financial Economics, 3*(4), 305-360. Fonte: https://www.sfu.ca/~wainwrig/Econ400/jensen-meckling.pdf

Chandler, A. D. (1962). *Strategy and structure: chapters in the history of the industrial enterprise*. Cambridge, MA: The MIT Press.

Charan, R. (2020). *O sistema Amazon: descubra o método de gestão que pode trazer resultados extraordinários para você e sua empresa*. São Paulo: Planeta.

Correa, C. (2013). *Sonho grande*. Rio de Janeiro: Sextante.

Dahl, R. A. (1990). *Um prefácio à democracia econômica*. Rio de Janeiro: Jorge Zahar Ed.

Davenport, T. (2001). *O capital humano: o que é e por que as pessoas investem nele*. São Paulo: Nobel.

Day, G. S., & Reibstein, D. J. (1999). *A dinâmica da estratégia competitiva*. Rio de Janeiro: Campus.

Drucker, P. (1973). *Management tasks, responsibilities and practices*. Nova York: Harper & Row.

Drucker, P. (2017). Gestão pessoal. Em H. B. Review, *Os essenciais: uma introdução aos conceitos mais relevantes da administração feita pela Harvard Business Review*. São Paulo: Harvard Business Review.

Dweck, C. S. (2017). *Mindset: a nova psicologia do sucesso*. São Paulo: Objetiva.

Fayol, H. (2010). *Administração industrial e geral: previsão, organização, comando, coordenação, controle*. São Paulo: Atlas.

Feldmann, P. (1º de setembro de 2019). "Irresponsabilidade social corporativa". *Ilustríssima*, 2.

Ford, H. (1954). *Os princípios da prosperidade*. Rio de Janeiro: Ed. Brand Ltda.

Friedman, M. (13 de setembro de 1973). A Friedman doctrine: the social responsibility of business is to increase its profits. *The New York Times*. Acesso em 8 de 4 de 2022, disponível em https://www.nytimes.com/1970/09/13/archives/a-friedman-doctrine-the-social-responsibility-of-business-is-to.html

Gabler, N. (2016). *Walt Disney: o triunfo da imaginação americana*. Barueri, SP: Novo Século Editora.

Gasset, J. O. (2016). *A rebelião das massas*. Campinas: Vida Editorial.

Goethe. (2013). *Fausto*. São Paulo: Martin Claret.

Habermas, J. (2003). *Direito e democracia: entre facticidade e validade* (Vol. 1). Rio de Janeiro: Tempo Brasileiro.

Harari, Y. N. (2018). *21 lições para o século 21*. São Paulo: Companhia das Letras.

Isaacson, W. (2014). *Steve Jobs: as verdadeiras lições de liderança*. São Paulo: Portfolio-Penguin.

Jung, C. G. (2015). *Espiritualidade e transcendência*. Petrópolis, RJ: Vozes.

Kelsen, H. (1987). *Teoria pura do Direito*. São Paulo: Martins Fontes.

Kelsen, H. (1987). *Teoria pura do Direito*. São Paulo: Martins Fontes.

Knight, F. H. (2014). *Risk, Uncertainty and Profit*. Mansfield Centre: Martino Publishing.

Kotler, P. (2000). *Administração de marketing: a edição do novo milênio*. São Paulo: Prentice Hall.

Laloux, F. (2017). *Reinventando as organizações: um guia para criar organizações inspiradas no próximo estágio da consciência humana*. Curitiba: Voo.

Levitt, T. (2017). Miopia do marketing. Em H. B. Review, *Os essenciais: uma introdução aos conceitos mais relevantes da administração feita pela Harvard Business Review* (pp. 148-171). São Paulo: Harvard Business Review.

Lipton, M. (1996). Demystifying the development of an organizational vision. *MIT Sloan Management Review, 37*(4), 83-92.

Maquiavel, N. (1979). *Comentários sobre a primeira década de Tito Lívio*. Brasília: Editora Universidade de Brasília.

Mill, J. S. (1996). *Princípios de Economia Política*. São Paulo: Nova Cultural.

Mintzberg, H., Ahlstrand, B., & Lampel, J. (2000). *Safari de estratégia: um roteiro para a selva do planejamento estratégico*. Porto Alegre: Bookman.

Morgan, G. (1996). *Imagens da organização*. São Paulo: Atlas.

Morita, A. (1995). *Made in Japan*. São Paulo: Livraria Cultura Editora.

Neto, H. M. (Outubro de 2019). O papel da esquina na reinvenção de um hotel independente. *Harvard Business Review*.

Netto, J. T. (2003). *Semiótica, informação e comunicação: diagrama da teoria do signo*. São Paulo: Perspectiva.

Nietzsche, F. (2005). *Aurora. Os pensadores*. São Paulo: Nova Cultural.

Pastore, J. (2013). *Antônio Ermírio de Moraes: memórias de um diário confidencial*. São Paulo: Planeta.

Peterson, J. L. (2021). *Além da ordem: mais 12 regras para a vida*. Rio de Janeiro: Alta Books.

Porter, M. (1989). *Vantagem competitiva*. Rio de Janeiro: Campus.

Porter, M. E. (1986). *Estratégia competitiva*. Rio de Janeiro: Campus.

Porter, M. E. (1999). *Competição: estratégias competitivas essenciais*. Rio de Janeiro: Campus.

Rapoport, A. (1980). *Lutas, jogos e debates*. Brasília: Editora Universidade de Brasília.

Sapolsky, R. M. (2021). *Comporte-se: a biologia humana em nosso melhor e pior*. São Paulo: Companhia das Letras.

Schumpeter, J. A. (1996). *Teoria do desenvolvimento econômico*. São Paulo: Nova Cultural.

Selznick, P. (1957). *Leadership in administration: a sociological interpretation*. Evanston: Row Peterson.

Semler, R. (2002). *Virando a própria mesa: uma história de sucesso empresarial made in Brazil*. Rio de Janeiro: Rocco.

Semler, R. (2002). *Virando a própria mesa: uma história de sucesso empresarial*. Rio de Janeiro: Rocco.

Shakespeare, W. (2018). *Teatro completo. Comédias e romances*. (Vol. 2). (B. Heliodora, Trad.) São Paulo: Nova Aguilar.

Skinner, F. B. (2003). *Ciência e comportamento humano*. São Paulo: Martins Fontes.

Sloan, A. (2001). *Meus anos com a General Motors*. São Paulo: Negócios Editora.

Stone, B. (2017). *As upstarts: como a Uber, o Airbnb, e as killer companies do novo Vale do Silício estão mudando o mundo*. Rio de Janeiro: Intrínseca.

Walton, S. (2018). *Sam Walton: made in America*. Rio de Janeiro: Alta Books.

Welch, J. (2020). *Paixão por vencer*. Rio de Janeiro: Harper Collins.

Williams, L. S. (2008). The mission statement: a corporate reporting tool with a past, present and future. *Journal of Business Communication, 45*, pp. 94-119.

Zaccarelli, S. B. (2000). *Estratégia e sucesso nas empresas*. São Paulo: Saraiva.

APÊNDICE I. ROL DE DECLARAÇÕES DE MISSÃO

PETROBRAS DISTRIBUIDORA
Distribuir, industrializar e comercializar derivados de petróleo e seus correlatos com competitividade, rentabilidade e responsabilidades social e ambiental.

VALE
Transformar recursos naturais em prosperidade e desenvolvimento sustentável.

CARGILL
Criar valores diferenciados.

BUNGE
Melhorar a vida, contribuindo para o aumento sustentável da oferta de alimentos e bioenergia, aprimorando a cadeia global de alimentos e do agronegócio.

JBS
Sermos os melhores naquilo que nos propusermos a fazer, com foco absoluto em nossas atividades, garantindo os melhores produtos e serviços aos clientes, solidez aos fornecedores, rentabilidade aos acionistas e a oportunidade de um futuro melhor a todos os colaboradores.

FIAT

Desenvolver, produzir e comercializar carros e serviços que as pessoas prefiram comprar e tenham orgulho de possuir, garantindo a criação de valor e a sustentabilidade do negócio.

FURNAS

Atuar com excelência empresarial e responsabilidade socioambiental no setor de energia elétrica, contribuindo para o desenvolvimento da sociedade.

SAMSUNG

Inspirar o mundo com tecnologias inovadoras, produtos e projetos que enriqueçam a vida das pessoas e contribuam para um futuro sustentável e socialmente responsável.

JBS FOODS

Sermos os melhores naquilo que nos propusermos a fazer, com foco absoluto em nossas atividades, garantindo os melhores produtos e serviços aos clientes, solidez aos fornecedores, rentabilidade aos acionistas e a oportunidade de um futuro melhor a todos os colaboradores.

CORREIOS

Conectar pessoas, instituições e negócios por meio de soluções postais e logísticas acessíveis, confiáveis e competitivas.

AMIL

Ajudar as pessoas a viver de forma mais saudável.

ARCELORMITTAL BRASIL

Ser líder inquestionável no setor de aço.

TIM

Conectar e cuidar de cada um para que todos possam fazer mais.

SABESP

Prestar serviços de saneamento, contribuindo para a melhoria da qualidade de vida e do meio ambiente.

WALMART BRASIL

No Walmart Brasil, trabalhamos de acordo com o espírito corporativo e as orientações que regem as operações em todo o mundo, a partir dos ensinamentos de nosso fundador, Sam Walton.

CHESF

Contribuir para o bem-estar da sociedade, gerando e transmitindo energia.

CARREFOUR

Ser o varejista mais querido e preferido do Brasil, reconhecido por sua excelência e inovação, com uma equipe que age com colaboração, responsabilidade e paixão, cuidando da nossa gente e de todos os detalhes para encantar o nosso cliente.

ALE

Fazer parte do dia a dia das pessoas nos postos de serviços, fortalecer a parceria com nossos revendedores e valorizar as características de cada região em que estamos presentes.

ITAIPU BINACIONAL

Gerar energia elétrica de qualidade, com responsabilidades social e ambiental, impulsionando os desenvolvimentos econômico, turístico, tecnológico e sustentável, no Brasil e no Paraguai.

COPERSUCAR-COOPERATIVA

A Copersucar tem como propósito gerar valor por meio da integração vertical da cadeia dos negócios de açúcar e etanol. Cria valor de forma sustentável com base em: capacidade logística; operações comerciais diferenciadas — escala, relevância e confiabilidade; tomada de posição nos mercados físicos e de futuro; gestão de riscos; capacidade de arbitragem entre produtos, canais e origens; excelência operacional.

AES ELETROPAULO

Promover o bem-estar e o desenvolvimento por meio do fornecimento sustentável, seguro e confiável de soluções de energia.

RAIADROGASIL

Cuidar de perto da saúde e do bem-estar das pessoas em todos os momentos da vida.

COAMO

Gerar renda aos cooperados com desenvolvimento sustentável do agronegócio.

CEMIG DISTRIBUIÇÃO

Atuar no setor de energia com rentabilidade, qualidade e responsabilidade social.

AMAGGI COMMODITIES

Contribuir com o desenvolvimento do agronegócio, agregando valores, respeitando o meio ambiente e melhorando a vida das comunidades.

GLOBO

Criar, produzir e distribuir conteúdos de qualidade que informem, divirtam, contribuam para a educação e permitam aos indivíduos e às comunidades construir relações que tornem a vida melhor.

GENERAL MOTORS

Conquistamos os clientes para sempre.

OI MÓVEL

Potencializar conexões que impulsionam pessoas.

CSN

Atuar de forma integrada e inovadora, gerando desenvolvimento de maneira sustentável e perpétua.

YARA BRASIL

Alimentar o mundo e proteger o planeta de forma responsável.

MAGAZINE LUIZA

Ser uma empresa competitiva, inovadora e ousada que visa sempre o bem-estar comum.

TELEMAR

Nós trabalhamos para criar um futuro melhor todos os dias, com marcas e serviços que ajudam a tornar comum a vida sustentável.

GOL

Aproximar pessoas com segurança e inteligência.

LIGHT

Prover energia e serviços com qualidade e de forma sustentável, contribuindo para o bem-estar e o desenvolvimento da sociedade.

ELETRONORTE

Atuar nos mercados de energia de forma integrada, rentável e sustentável.

COPERSUCAR

A Copersucar tem como propósito gerar valor por meio da integração vertical da cadeia dos negócios de açúcar e etanol.

COPEL DISTRIBUIÇÃO

Prover energia e soluções para o desenvolvimento com sustentabilidade.

BAYER

Bayer: Ciência para uma Vida Melhor.

AURORA ALIMENTOS

Valorizar a qualidade de vida no campo e na cidade, produzindo alimentos de excelência.

SYNGENTA

Trazer o potencial das plantas para a vida é o propósito de nossa companhia. É a diretriz que nos guia, diariamente, em nossas ações e decisões, e que permeia nossos valores — Inovação em escala, Intensidade com critério, Saúde por meio de ação e Performance para vencer.

CTEEP

A ISA CTEEP tem como missão operar, manter e expandir sistemas de transmissão de energia elétrica com excelência na prestação de serviços, baseada no desenvolvimento do capital humano e na capacidade de inovação, para criar valor para nossos acionistas e demais *stakeholders,* e contribuir para o desenvolvimento sustentável do negócio.

CPFL PAULISTA

Prover soluções energéticas sustentáveis, com excelência e competitividade, atuando de forma integrada à comunidade.

CENCOSUD BRASIL

A nossa Missão é atender às diferentes necessidades dos nossos clientes, mantendo a sustentabilidade e o crescimento da marca.

NIDERA SEMENTES

Nossa missão é ser a melhor empresa de sementes de soja do mercado, entendendo cada necessidade regional e desenvolvendo produtos e serviços que agregam valor para nossos clientes.

CIELO

Nossa missão é encantar nossos clientes com as melhores soluções de uma empresa líder, rentável e sustentável com colaboradores apaixonados.

GERDAU AÇOS LONGOS

Gerar valor para nossos clientes, acionistas, equipes e a sociedade, atuando na indústria do aço de forma sustentável.

FORD

Somos uma família global e diversificada, com um legado histórico do qual nos orgulhamos e estamos verdadeiramente comprometidos em oferecer produtos e serviços excepcionais, que melhorem a vida das pessoas.

MOSAIC

Ajudamos o mundo a produzir os alimentos de que precisa.

C. VALE

Produzir alimentos com excelência para o consumidor.

MAKRO

Contribuir para o crescimento sustentável do Brasil.

CEMIG GT

Atuar no setor de energia com rentabilidade, qualidade e responsabilidade social.

WHIRLPOOL

Criar demanda e conquistar confiança todos os dias.

MINERVA FOODS

Fornecer globalmente alimentos de qualidade, com responsabilidade socioeconômica e ambiental. A Minerva atuará a partir de um alto nível de eficiência operacional, promovendo a equipe e valorizando seus colaboradores, cultivando respeito e confiança nas áreas de negócio em que atuar.

CELESC

Atuar de forma diversificada no mercado de energia, com rentabilidade, eficiência, qualidade e responsabilidade socioambiental.

COFCO AGRI

Desenvolver as condições para aperfeiçoar o ambiente institucional de modo a favorecer a competitividade do setor sucroenergético no Brasil.

MARFRIG

Fornecer globalmente a melhor proteína através da relação de longo prazo com nossos consumidores, criando produtos de alta qualidade e segurança motivados a oferecer o melhor aos nossos clientes.

REDE (REDECARD)

Liderar a evolução dos meios de pagamentos digitais para ampliar os negócios dos nossos clientes, com performance sustentável.

LOJAS RENNER

Ser a melhor e maior *fashion retailer* das Américas para o segmento médio/alto dos consumidores com diferentes estilos, com moda, qualidade, preços competitivos e excelência nos serviços prestados. Encantando e inovando, sempre de forma sustentável.

HYDRO ALUNORTE

A missão da Hydro é criar uma sociedade mais viável, desenvolvendo recursos naturais e produtos de maneira inovadora e eficiente.

REDE D'OR SÃO LUIZ

Prestar atendimento médico-hospitalar de alta eficácia, com equipes qualificadas e motivadas, respeitando a ética e o indivíduo em seu contexto social.

NATURA

Nossa missão é promover o bem-estar.

FARMÁCIA PAGUE MENOS

Acreditamos que a existência da nossa empresa deve ajudar a tornar o meio ambiente e a sociedade melhores.

M. DIAS BRANCO

Oferecer alimentos de qualidade, inovadores, saudáveis, saborosos e com preços competitivos, proporcionando o bem-estar e a felicidade das pessoas.

HERINGER

Oferecer ao agricultor a melhor solução em nutrição vegetal, com excelência nos serviços, inovação e qualidade de nossos produtos, atendendo às expectativas dos clientes, acionistas e colaboradores e auxiliando na construção de uma agricultura eficiente, rentável e sustentável.

PARANAPANEMA

Garantir a produção de cobre e suas ligas, com sustentabilidade e valor percebido por colaboradores, acionistas, clientes e fornecedores.

UNIMED RIO

Oferecer serviços de atenção à saúde que promovam o bem-estar e a melhoria na qualidade de vida.

FIBRIA

Desenvolver o negócio florestal renovável como fonte sustentável da vida.

ELEKTRO REDES

Distribuir energia elétrica com segurança e qualidade para o desenvolvimento e o bem-estar das comunidades atendidas, gerando crescente valor para clientes, colaboradores e acionistas.

CELPE

Ser a energia que movimenta e ilumina a vida para o bem-estar e o desenvolvimento da sociedade, com eficiência, qualidade, segurança, sustentabilidade e respeito ao indivíduo.

CENTRAL NACIONAL UNIMED

Cuidar da saúde do cliente como operadora nacional, representando, fortalecendo, apoiando e integrando o Sistema Unimed.

PB-LOG

Gerar valor com a integração de serviços para exploração e produção no segmento de óleo e gás.

WEG EQUIPAMENTOS

Crescimento contínuo e sustentável, mantendo a simplicidade.

CELPA

Distribuir energia com qualidade e responsabilidades social e ambiental para assegurar o desenvolvimento do Pará.

MCDONALD'S

Nossa missão é servir comida de qualidade, proporcionando sempre uma experiência extraordinária.

CEDAE

Prestar serviços de referência em abastecimento de água, esgotamento sanitário e demais soluções em saneamento ambiental, de forma sustentável para o desenvolvimento socioeconômico e a preservação do meio ambiente, com foco na rentabilidade e na satisfação da sociedade, dos clientes e dos acionistas.

HOSPITAL SÃO PAULO

Prestar assistência à saúde da população com qualidade, visando seu bem-estar e oferecendo condições ótimas para ensino e pesquisa.

ULTRAGAZ

Atuar com os melhores padrões de qualidade, segurança e excelência operacional de produtos e serviços. Fortalecer a marca, promovendo o melhor atendimento ao cliente e o reconhecimento da nossa atuação como empresa sustentável. Buscar crescimento permanente, observando nossos valores, princípios e sustentação financeira.

COPASA

Contribuir para a universalização dos serviços de saneamento, em parceria com o poder concedente, gerando valor para clientes, acionistas, colaboradores e sociedade, de forma sustentável.

FIC PETRÓLEO

Levar combustível de qualidade para os mais diversos negócios em todo o Brasil.

CARAMURU ALIMENTOS, 6, ITUMBIARA, GO

Fornecer alimentos, insumos, biocombustíveis e serviços com qualidade, atendendo às necessidades de clientes e consumidores, gerando valores à sociedade, fornecedores, colaboradores e acionistas.

MONSANTO

Produzir mais, conservar mais e melhorar vidas.

UNIMED BH

Valorizar o trabalho médico, provendo os clientes de atenção à saúde com qualidade, inovação e sustentabilidade por meio do cooperativismo.

COMIGO

Apoiar o desenvolvimento econômico, social e tecnológico de seus cooperados.

LIQUIGÁS

Engarrafar, comercializar e distribuir GLP e correlatos atendendo às expectativas dos clientes com competitividade, rentabilidade e responsabilidades social e ambiental.

SANEPAR

Prestar serviços de Saneamento Ambiental de forma sustentável, contribuindo para a melhoria da qualidade de vida.

ELETROBRAS

Atuar nos mercados de energia de forma integrada, rentável e sustentável.

PEPSICO

Como uma das maiores empresas de alimentos e bebidas do mundo, a nossa missão é oferecer aos consumidores alimentos e bebidas deliciosas, a preços acessíveis, que sejam convenientes ou mesmo complementares às refeições, com opções que vão desde um café da manhã nutritivo a lanches e bebidas saudáveis ou indulgentes e guloseimas para a noite. Estamos empenhados em investir em nossas pessoas, em nossa empresa e nas comunidades onde atuamos para ajudar a posicionar a companhia para um crescimento sustentável de longo prazo.

LOCALIZA

Contribuir para o sucesso dos negócios e para o lazer dos clientes, alugando carros com eficiência e simpatia.

COCAMAR

Atender ao cooperado, assegurando a perpetuação da cooperativa de forma sustentável.

ENERGISA MATO GROSSO

O Grupo Energisa existe para transformar energia em conforto, em desenvolvimento e em novas possibilidades com sustentabilidade, oferecendo soluções energéticas inovadoras aos clientes, agregando valor aos acionistas e oportunidade aos seus colaboradores.

PFIZER

Sermos a melhor empresa biofarmacêutica de inovação.

LOJAS CEM

Conquistar e manter clientes satisfeitos, oferecendo produtos e serviços de qualidade superior, a preços justos.

MRS

Oferecer transporte de carga com foco na ferrovia, priorizando fluxos que gerem escala e relações de longo prazo, a preços competitivos e com previsibilidade, para agregar valor crescente ao negócio.

IVECO

Crescer de maneira sustentável, orientada para o cliente.

CPFL PIRATININGA

Prover soluções energéticas sustentáveis, com excelência e competitividade, atuando de forma integrada à comunidade.

ELETROSUL

Atuar no mercado de energia de forma integrada, rentável e sustentável.

SUPERMERCADOS MUNDIAL

Ser uma empresa de responsabilidade social, com ética, aperfeiçoando todos os processos e buscando possuir o menor "custo de comercialização", transferindo ao consumidor todos os benefícios alcançados, garantindo assim a sua preferência e o crescimento constante da empresa.

CEMAR

Distribuir energia com qualidade para assegurar o desenvolvimento do Maranhão.

EMBRAPA

Viabilizar soluções de pesquisa, desenvolvimento e inovação para a sustentabilidade da agricultura, em benefício da sociedade brasileira.

COPACOL

Desenvolver ações de cooperação no agronegócio, buscando continuamente a excelência dos produtos e serviços, proporcionando satisfação aos clientes, gerando renda e bem-estar aos associados, colaboradores e parceiros.

NOVARTIS

Nossa missão é descobrir novas maneiras de melhorar e prolongar a vida das pessoas.

JSL

Oferecer Serviços e Soluções Logísticas, com gente comprometida, criando valor para clientes e acionistas, e contribuindo para o desenvolvimento das comunidades onde atua.

GRANOL

Atuar como esmagadora e beneficiadora de grãos oleaginosos, acrescentando valor aos subprodutos, derivados e biocombustíveis. Promover relacionamentos de longo prazo, amparados pela excelência na qualidade dos produtos e serviços, seriedade nos compromissos assumidos e respeito ao Meio Ambiente e às pessoas, de forma a se perpetuar no mercado, gerando lucro sustentável.

RGE

Prover soluções energéticas sustentáveis, com excelência e competitividade, atuando de forma integrada à comunidade.

CITROSUCO

Prover alimentos originados de frutas para uma vida com energia e mais saudável.

ATENTO

Fazemos com que as empresas obtenham sucesso ao passo que garantimos a melhor experiência para os seus consumidores.

EMBASA

Prestar serviços de abastecimento de água e esgotamento sanitário, com excelência e sustentabilidade, contribuindo para a universalização e melhorando a qualidade de vida.

DOW AGRO

A ciência a serviço das necessidades de um mundo em crescimento.

BELAGRÍCOLA

Trabalhar para o crescimento da atividade agrícola através da assistência e da capacitação de nossos clientes, equipando-os com informações estratégicas e soluções de base tecnológica que maximizem a produtividade.

WHITE MARTINS

Construir um planeta mais sustentável — desenvolvemos tecnologias, produtos e serviços que contribuem para a proteção e a sustentabilidade de nosso planeta. Temos compromisso com o aprimoramento do desempenho econômico e ambiental de nossos clientes ao redor do mundo. Também estamos comprometidos em melhorar as comunidades onde vivemos e trabalhamos.

INTEGRADA

Promover o desenvolvimento dos cooperados e colaboradores, bem como atender aos anseios dos clientes e fornecedores, por meio de produtos e serviços de excelência e atuando com responsabilidade socioambiental.

ALPARGATAS

Conquistar os consumidores por meio de marcas e produtos diferenciados e de alto valor percebido, criando valor para acionistas, empregados, fornecedores e clientes, e atuar com responsabilidades social e ambiental.

EMS SIGMA PHARMA

Cuidar das pessoas. Ser o melhor parceiro para criar, aperfeiçoar, produzir e disponibilizar produtos inovadores e acessíveis que promovam a saúde e o bem-estar das pessoas.

CASTROLANDA

Gerar valor ao cooperado, mantendo o desenvolvimento sustentável da Cooperativa.

LATICÍNIOS BELA VISTA

Estar presente na vida das pessoas, oferecendo produtos e serviços que as tornem mais saudáveis e felizes, agregando valor à empresa, parceiros, colaboradores e acionistas, com sustentabilidade.

ELETROBRAS AMAZONAS

Atuar nos mercados de energia de forma integrada, rentável e sustentável.

HOSPITAL ALBERT EINSTEIN

Oferecer excelência de qualidade no âmbito da saúde, da geração do conhecimento e da responsabilidade social, como forma de evidenciar a contribuição da comunidade judaica à sociedade brasileira.

ALBRAS

A missão da Hydro é criar uma sociedade mais viável, desenvolvendo recursos naturais e produtos de maneira inovadora e eficiente.

COOPERATIVA AGRÁRIA

Desenvolver, produzir e comercializar produtos agroindustriais e serviços, agregando valor com tecnologia adequada e qualidade superior, visando a satisfação dos clientes, respeitando o indivíduo, os princípios do cooperativismo e o meio ambiente.

ALL MALHA NORTE

Assegurar a perenidade dos negócios, combinar a atuação em projetos logísticos intermodais ao transporte ferroviário e estabelecer relações de longo prazo com seus clientes.

MULTIGRAIN

Contribuir para o suprimento estável de grãos e sementes oleaginosas de qualidade para o mundo e para o desenvolvimento do Brasil.

METRÔ

Oferecer transporte público com qualidade e cordialidade, através de uma rede que está cada vez mais perto para levar as pessoas cada vez mais longe.

COOPERCITRUS

Fornecer bens e serviços que atendam às necessidades dos nossos cooperados e clientes e contribuir efetivamente para o desenvolvimento das atividades agropecuárias, num ambiente que fomente o espírito de cooperação e a responsabilidade socioambiental.

ELETRONUCLEAR

Atuar nos mercados de energia de forma integrada rentável e sustentável.

COOPERALFA

Promover o desenvolvimento sustentável do setor agropecuário, gerando resultados econômicos e sociais para a sociedade.

UNIMED DO ESTADO DE SP

Promover o fortalecimento das suas associadas proporcionando condições para o seu desenvolvimento e aprimoramento empresarial e cooperativista. Operar plano de saúde a fim de atender, com qualidade, às necessidades dos beneficiários e do intercâmbio, sempre respeitando a singularidade.

VIGOR

Sermos os melhores naquilo que nos propusermos a fazer, com foco absoluto em nossas atividades, garantindo os melhores produtos e serviços aos clientes, solidez aos fornecedores, rentabilidade aos acionistas e a possibilidade de um futuro melhor a todos os nossos colaboradores.

CATENO

Garantir excelência na gestão de contas de pagamento, agregando valor aos seus clientes e acionistas de forma rentável, ética e sustentável.

JOHNSON & JOHNSON

Ser uma companhia de saúde, higiene e beleza que cresce acima do mercado através de superior satisfação do consumidor e dos clientes.

CASA DA MOEDA

Prover soluções de segurança nos segmentos de meio circulante, passaporte, selos postais, controle fiscal e outros que sejam compatíveis com suas atividades.

POTENCIAL PETRÓLEO

Superar as expectativas dos clientes, colaboradores e acionistas, comercializando e distribuindo produtos de alta qualidade, de forma rentável, segura, social e ambientalmente correta.

MÓVEIS GAZIN
Oferecer sempre o melhor em produtos e serviços, com atendimento diferenciado.

ENERGIA SUSTENTÁVEL DO BRASIL
Gerar e comercializar energia com rentabilidade, confiabilidade e responsabilidade socioambiental, maximizando a criação de valor para os acionistas, clientes, empregados e sociedade em geral.

DOW
Inovar com paixão o que é essencial ao progresso humano, oferecendo soluções sustentáveis para nossos clientes.

3M
Crescer ajudando nossos clientes a vencer.

USINA CORURIPE
Produzir açúcar, etanol e energia com segurança e sustentabilidade, gerando valor aos acionistas, colaboradores, parceiros e sociedade.

CORSAN
Prestar serviços de excelência em saneamento básico nos segmentos e na área em que atua, cumprindo seus papéis social, ambiental e econômico, e gerando valor às partes interessadas.

SÃO MARTINHO
Oferecer alimentos, energia e demais derivados de cana que gerem valor para a humanidade, de maneira inovadora e sustentável.

CPTM
Prestar serviço de transporte público propiciando mobilidade urbana com excelência e segurança.

MRV
Concretizar o sonho da casa própria oferecendo imóveis com a melhor relação custo/benefício para o cliente.

EUROFARMA
Promover o acesso à saúde e à qualidade de vida com tratamentos a preço justo em operação rentável que assegure o crescimento sustentável nos diferentes ramos de atuação da empresa.

ZEMA PETRÓLEO

Atuar no mercado de varejo e distribuição, de forma ética e responsável, oferecendo produtos e serviços que gerem valor para nossos clientes, colaboradores, fornecedores, cotistas e sociedade.

FRISIA

Criar e disponibilizar soluções e oportunidades rentáveis no Agronegócio.

BM&F BOVESPA

Líder no mercado de valores e derivativos da América Latina, a missão da BM&FBOVESPA é atuar na dinâmica macroeconômica de crescimento do mercado latino-americano e posicionar não apenas a Bolsa, mas também o Brasil como centro financeiro internacional de negociação de ações, commodities e outros instrumentos financeiros, com excelência operacional e atitudes socialmente responsáveis.

AJINOMOTO

Oferecer produtos e serviços de alta qualidade mais adequados às necessidades dos profissionais que atuam no mercado de alimentação fora do lar.

SUPERMERCADO SAVEGNAGO

Gerar valor às pessoas.

UNIMED PORTO ALEGRE

Prover as melhores soluções em saúde, com crescimento sustentável e valorização do trabalho médico cooperado.

CISCO

Permitir que as pessoas façam conexões poderosas — seja nos negócios, na educação, na filantropia ou na criatividade. Os hardwares, softwares e serviços oferecidos pela Cisco são usados para criar as soluções de internet que tornam as redes possíveis, proporcionando fácil acesso a informações em qualquer lugar, a qualquer momento.

ALGAR AGRO

Contribuir para a melhoria da sociedade por meio do desenvolvimento do agronegócio e de relacionamentos de valor.

SUPERMERCADO LÍDER

Estar presente na vida da população paraense, oferecendo lojas modernas e agradáveis, com variedade de produtos e serviços de qualidade a preços acessíveis, para as pessoas viverem melhor.

EMPRESAS COM PROPÓSITO

MARISA LOJAS

A MARISA dedica-se à comercialização de produtos de moda, sobre os quais a mulher detém a decisão de compra. Os produtos oferecidos refletem tendências de comportamento e têm a melhor relação custo-benefício do mercado. Trabalhamos para garantir a satisfação dos clientes, fornecedores, colaboradores e acionistas.

AGREX DO BRASIL

Ser a solução integrada para o agronegócio, criando valor para os acionistas, clientes, colaboradores, parceiros e a sociedade, e construindo relacionamentos duradouros.

FRIMESA

É nossa missão prover alimentos de valor para as pessoas, e nossa visão é desenvolver-nos continuamente, de forma sustentada, criando valor para os públicos envolvidos.

L'ORÉAL BRASIL

A Fundação L'Oréal incorpora o desejo do grupo de se comprometer com a cidadania e o progresso social, uma atitude que está firmemente ancorada em sua história.

MULTIPLUS

Conectar empresas e pessoas por meio de uma rede de relacionamentos onde todos ganham.

ACSC

Acolher e cuidar do ser humano durante o todo o ciclo da vida.

ALLIED

Ser o provedor das melhores soluções para os nossos clientes.

SERPRO

Conectar governo e sociedade com soluções digitais.

PANVEL FARMÁCIAS

Proporcionar saúde e bem-estar às pessoas.

SERVIMED

Atuar como elo estratégico entre nossos parceiros das áreas de saúde e consumo, maximizando resultados por meio de soluções eficientes e inovadoras.

SERASA EXPERIAN

Desenvolver e integrar conhecimento, tecnologia e serviços de informação para apoiar a validação de dados e as decisões de crédito e de marketing direto, gerando valor para nossos profissionais, clientes, acionistas, fornecedores e sociedade, promovendo o desenvolvimento sustentável.

COOP

Oferecer aos clientes, cooperados ou não, as melhores condições de acesso a bens e serviços no negócio de varejo, com preços, qualidade e ambiente que satisfaçam suas expectativas, proporcionando benefícios às comunidades onde atua, seguindo os princípios cooperativistas.

COOPAVEL

A produção de alimentos sustentáveis. O que norteou a presidência da cooperativa a escolher como missão essa frase foram os três pilares que sustentariam a Coopavel, são eles: o econômico, o social e o meio ambiente.

OXITENO NORDESTE

Atender à demanda de produtos químicos, dentro dos padrões de qualidade, serviço, custo e segurança requeridos pelo mercado, beneficiando a sociedade, nossos clientes, parceiros comerciais, colaboradores e acionistas.

FLEURY MEDICINA E SAÚDE

Prover soluções cada vez mais completas e integradas para a gestão da saúde e do bem-estar das pessoas, com excelência, humanidade e sustentabilidade.

CPFL BRASIL

Energia é essencial ao bem-estar das pessoas e ao desenvolvimento da sociedade. Nós acreditamos que produzir e utilizar energia de forma sustentável é vital para o futuro da humanidade.

SANEAGO

Promover saúde e qualidade de vida à sociedade, por meio da excelência na prestação de serviços de saneamento básico.

VONPAR REFRESCOS

Colocar ao alcance das pessoas uma bebida que garanta satisfação e prazer.

CEB DISTRIBUIÇÃO

Agregar valor ao processo de desenvolvimento regional, por meio de soluções de energia e serviços correlatos diferenciados pelo profissionalismo e pela excelência na prestação de serviços.

BELGO BEKAERT ARAMES

Atender às necessidades dos nossos clientes, fornecendo arames de aço, *steel cord*, cabos e outros derivados, buscando soluções inovadoras.

VOLVO

Ao criar valor para nossos clientes, nós criamos também valor para nossos acionistas. Nós usamos o nosso conhecimento para desenvolver soluções de transporte para clientes exigentes, em setores selecionados, com níveis superiores de qualidade, segurança e respeito ao meio ambiente. Nós trabalhamos com energia, paixão e respeito pelas pessoas.

INNOVA

Somos uma empresa jovem, comprometida, respeitosa e ética. Administramos o patrimônio de nossos clientes como se fosse nosso.

DPASCHOAL

Atender bem a nossos clientes com produtos e serviços automotivos.

P&G

Três bilhões de vezes ao dia, as marcas da P&G participam do cotidiano de bilhões de consumidores em todo o mundo. Nós, da P&G, trabalhamos para garantir que essas marcas correspondam ao compromisso de tornar o dia a dia dessas pessoas melhor, agora e para as futuras gerações.

VLI MULTIMODAL

Oferecer soluções logísticas integradas ao negócio de nossos clientes.

INTERCEMENT

Crescer e desenvolver-se em conjunto com clientes, colaboradores, fornecedores, acionistas e comunidades, direcionados por inovação, sustentabilidade e excelência operacional.

GRENDENE

Fazer moda democrática, respondendo rapidamente às necessidades do mercado e gerando retorno atrativo para a empresa e seus parceiros.

TUPY

Contribuir para o sucesso de nossos acionistas e clientes, por meio do fornecimento de produtos fundidos, usinados e serviços de alto valor, colaborando para a realização dos objetivos de nossos funcionários e apoiando as comunidades em que atuamos.

KINROSS BRASIL MINERAÇÃO

Desenvolver pensamento inteligente para uma operação segura e responsável.

ACHÉ

Disponibilizar continuamente, com qualidade, criatividade e rentabilidade, produtos e serviços inovadores e acessíveis, que promovam a saúde e o bem-estar dos consumidores, com colaboradores motivados e capacitados, e respeito às pessoas e ao meio ambiente.

BEIRA RIO

Oferecer beleza para os pés, através de soluções criativas e produtos de qualidade.

REDEFLEX

Oferecer soluções em distribuição e transações eletrônicas, com excelência no atendimento e presença constante no mercado.

ENERGISA M. GROSSO DO SUL

A posição de destaque num setor tão exigente e seletivo como o de energia elétrica é prova irrefutável de que a Energisa está construindo uma história de sucesso. Em mais de 110 anos, a companhia vem sendo gerida sob conceitos inegociáveis que priorizam as pessoas, a sustentabilidade, a transparência, a segurança, a inovação, a qualidade e os compromissos assumidos com comunidades, clientes, parceiros e acionistas. No dia a dia da Energisa, Missão, Visão e Valores fazem parte de uma cultura que visa à prestação de serviços com excelência.

ATEM'S DISTRIBUIDORA

Desenvolver negócios que sejam sustentáveis, efetivos e confiáveis, e que superem positivamente as expectativas de todos os interessados. Sustentamos nosso propósito através da dedicação das pessoas, da qualidade dos produtos, da excelência dos processos e da satisfação de nossos clientes internos e externos.

CONSTRUTORA OAS

Superar as expectativas dos clientes dos setores público e privado, por meio de prestação de serviços de Engenharia — Planejamento, Execução e Gerenciamento de Obras, Concessões e Empreendimentos Imobiliários.

POSTAL SAÚDE

Operar planos privados de assistência à saúde, proporcionando aos seus Associados assistência à saúde, nas formas disciplinadas nos Regulamentos específicos de cada Plano de Saúde; desenvolver ações que visem a prevenção de doenças e a recuperação, manutenção e reabilitação da saúde de seus Associados; executar programas de medicina ocupacional voltados para atender aos empregados da Mantenedora e Patrocinadoras, suas subsidiárias e controladas; executar as políticas de saúde definidas pela Mantenedora e Patrocinadoras, visando à qualidade de vida dos associados.

SUPERMERCADO BAHAMAS

Oferecer aos nossos clientes produtos e serviços com qualidade, a preço justo, por meio de um atendimento rápido e humanizado, gerando satisfação em cada momento de compra, garantindo a perenidade do grupo, desenvolvendo a cultura socioambiental, e fortalecer a identidade da marca junto à comunidade.

DEDIC

Prestar serviços de qualidade, firmando-se como referência no mercado de Contact Center, garantindo credibilidade e solidez financeira por meio da fidelização e da conquista de clientes, de forma a agregar valor para acionistas e colaboradores.

CEEE

Atuar em geração de energia elétrica com excelência e sustentabilidade.

CAMARGO CORRÊA

Atuar na cadeia de valor da indústria de cimento de maneira sustentável, com inovação e excelência de gestão, comprometida com as necessidades dos clientes e a realização das pessoas, gerando valor aos acionistas e respeitando o meio ambiente e a comunidade.

COMLURB

Conservar a cidade limpa com a manutenção de padrões de qualidade e custos otimizados, com foco na saúde, na educação e na preservação ambiental.

ABRATEL

A Associação Brasileira de Rádio e Televisão (Abratel) é uma instituição focada em defender os direitos constitucionais do serviço público de radiodifusão, a liberdade de expressão e a viabilidade operacional das rádios e televisões. Seu trabalho tem como base a qualidade do atendimento e do suporte oferecidos às empresas associadas, independentemente da sua localização, do tamanho e do alcance. A Abratel, sediada na Capital do poder público federal, é responsável por dar voz e representação a cada radiodifusor que presta um dos mais importantes serviços à sociedade: o acesso à informação.

CONAB

Promover a garantia de renda ao produtor rural, a segurança alimentar e nutricional e a regularidade do abastecimento, gerando inteligência para a agropecuária e participando da formulação e execução das políticas públicas.

CENIBRA

Transformar árvores plantadas, gerando e distribuindo riqueza de forma sustentável.

HOSPITAL SÍRIO-LIBANÊS

Ser uma instituição de saúde excelente na medicina e no cuidado, calorosa e solidária na essência.

CEG RIO

Nossa missão é atender às necessidades energéticas da sociedade, proporcionando a nossos clientes serviços e produtos de qualidade e respeitosos com o meio ambiente; a nossos acionistas, uma rentabilidade crescente e sustentável; e a nossos colaboradores, a possibilidade de desenvolver suas competências profissionais.

COSERN

Ser a energia que movimenta e ilumina a vida para o bem-estar e o desenvolvimento da sociedade, com eficiência, qualidade, segurança, sustentabilidade e respeito ao indivíduo.

TAURUS

Projetar, desenvolver e fabricar produtos voltados à defesa e à segurança da sociedade, seguindo as normas vigentes e garantindo os mais altos padrões de qualidade, segurança, efetividade e adequação às necessidades de nossos clientes.

LDC SUCOS

Somos uma comercializadora e processadora global de produtos agrícolas, operando uma significativa rede de ativos no mundo todo. Nós ajudamos as pessoas ao redor do mundo a satisfazerem suas necessidades diárias de sustento: levando o produto certo ao local certo, no tempo certo.

EDF NORTE FLUMINENSE

Operar com segurança, respeitando o meio ambiente. Representar e aplicar no Brasil os valores do Grupo EDF.

MICROSOFT MOBILE

A Microsoft é uma empresa cuja missão inspira e convida todos os colaboradores a fazerem parte de uma equipa dinâmica, onde podem desenvolver todo o seu potencial pessoal e profissional.

FIBRIA-MS

Desenvolver o negócio florestal renovável como fonte sustentável da vida.

NETSHOES

Conectar as pessoas a uma vida com mais estilo e simplicidade.

LIVRARIA SARAIVA

Estar a serviço do desenvolvimento humano por meio de experiências relevantes que criem relacionamentos duradouros e gerem valor para todos, garantindo a perenidade da marca Saraiva.

ARLANXEO

Contribuir com o desenvolvimento dos territórios onde possui suas unidades de negócios, atuando de maneira ética e transparente nas relações com a comunidade, colaboradores, parceiros de negócios e com o meio ambiente.

ANGLO GOLD ASHANTI

Criar valor para nossos acionistas, nossos empregados e nossos parceiros empresariais e sociais por meio de pesquisa, lavra, processamento e comercialização de nossos produtos, de forma segura e responsável, utilizando eficazmente nossos ativos, competências e experiências.

ALTO ALEGRE

A empresa tem como principal objetivo o homem, educando-o, treinando-o no ambiente de trabalho, ajudando-o no autoconhecimento e no crescimento pessoal e profissional. Acreditamos que o envolvimento das pessoas e o trabalho participativo são nossa força competitiva, buscando sempre a melhoria contínua e o aperfeiçoamento dos processos. Todos nós, acionistas, funcionários e também nossos fornecedores e parceiros, integrados à sociedade, trabalhando com criatividade, produtividade e qualidade, conseguiremos alcançar excelência nos produtos por nós produzidos, com respeito ao meio ambiente. A consequência dos nossos esforços será a satisfação de nossos clientes e o sucesso de nossa organização.

TECBAN

Fornecer serviços de autoatendimento, contribuindo com as Instituições Financeiras no relacionamento com seus clientes.

CLAMED FARMÁCIAS

Satisfazer as necessidades das pessoas através de atendimento qualificado e ambiente acolhedor, oferecendo-lhes saúde, beleza e bem-estar.

RUFF

Distribuir e prestar serviços de armazenagem de produtos geradores de energia automotiva com qualidade, norteados pela ética e pela integridade junto aos seus clientes, fornecedores, colaboradores, comunidade e órgãos governamentais, com rentabilidade e responsabilidades social e ambiental.

M&G POLÍMEROS

Desenvolver negócios sustentáveis para conquistar e manter a liderança mundial através da constante criação de valor para nossos clientes, mantendo a lucratividade, o respeito pelo meio ambiente, a segurança e a saúde ocupacional dos empregados, e defendendo a responsabilidade social.

CESP

Atuar com excelência no setor de energia, adotando práticas que reflitam o compromisso com a sustentabilidade empresarial.

UPL DO BRASIL

Inspirar confiança pela oferta de soluções inovadoras em Proteção e Nutrição para o agronegócio, com crescimento sustentável, compartilhando nosso sucesso para melhorar o mundo ao nosso redor.

FMC QUÍMICA

Alimentar o mundo, proteger a saúde e fornecer comodidade e conveniência para a vida.

CA TECHNOLOGIES

Nossa missão é ajudar os clientes a eliminar as barreiras entre as ideias e os resultados.

PETROVIA

Nossa missão é de prestar Serviços de Comercialização, Armazenamento e Distribuição de Combustíveis Derivados de Petróleo, Álcoois e outros Biocombustíveis, em busca do processo contínuo de melhoria da Qualidade, da Responsabilidade Socioambiental, da Força de Trabalho e da Padronização da Companhia como um todo, prezando sempre pelos princípios éticos de atuação responsável com foco na sua clientela.

PIF PAF

Alimentos para uma vida mais fácil.

CAESB

Desenvolver e implementar soluções e gestão em saneamento ambiental, com qualidade e responsabilidade social, contribuindo para a saúde pública, a preservação do meio ambiente e o desenvolvimento socioeconômico, na sua área de atuação.

COPEBRÁS

Ser um modelo único para a indústria de mineração, por meio da excelência na obtenção e na transformação sustentável de recursos naturais, promovendo confiança e satisfação nos relacionamentos, e o desenvolvimento da sociedade.

MEDISERVICE

A missão da maior seguradora do Brasil é justamente proteger as pessoas e seus patrimônios.

ZONA SUL

Superar as expectativas dos clientes, através da experiência de compra e da mais ampla oferta de soluções, no âmbito das nossas atividades, gerando valor aos acionistas, colaboradores e fornecedores.

EXTRAFARMA

Encantar e surpreender são dois dos grandes desafios da Extrafarma, isso está não só no seu DNA, mas expresso em todo seu posicionamento de marca através do forte compromisso assumido no seu atual slogan: "Pra você viver melhor."

NUFARM

Fazer crescer um amanhã melhor.

COMPESA

Prestar, com efetividade, serviços de abastecimento de água e esgotamento sanitário, de forma sustentável, conservando o meio ambiente e contribuindo para a qualidade de vida da população.

UNIDASUL

Servir pessoas com produtos e serviços adequados às suas necessidades, surpreendendo-as com a nossa paixão.

MARCOPOLO

Oferecer soluções, bens e serviços para satisfazer clientes e usuários, com tecnologia e performance, remunerar adequadamente o investimento, atuando para que seja priorizado o transporte coletivo de passageiros e contribuindo para a melhoria da qualidade de vida dos colaboradores e da sociedade.

ENERGISA PARAÍBA

O Grupo Energisa existe para transformar energia em conforto, em desenvolvimento e em novas possibilidades com sustentabilidade, oferecendo soluções energéticas inovadoras aos clientes, agregando valor aos acionistas e oportunidade aos seus colaboradores.

PRÓ-SAÚDE

Promover soluções nas áreas de Saúde, Educação e Assistência Social. A Pró-Saúde é uma instituição completa, que contribui de forma decisiva para a melhoria dos serviços públicos no Brasil.

MOVIDA RENT A CAR

Ser a empresa de locação de veículos mais reconhecida pelos consumidores no quesito inovação, oferecendo soluções que buscam proporcionar uma experiência exclusiva por meio de uma oferta de serviços e produtos diferenciada e alianças estratégicas com montadoras e concessionárias e locadoras.

AES TIETE ENERGIA

Promover o bem-estar e o desenvolvimento por meio do fornecimento seguro, sustentável e confiável de soluções de energia.

AWA BRASIL

Oferecer aos nossos clientes soluções técnicas adequadas, através do fornecimento de bombas, válvulas e serviços de alta qualidade e confiabilidade. Ser responsável em tudo que fizermos, assegurando sempre um espírito inovador e, principalmente, a satisfação dos clientes, colaboradores, parceiros e à comunidade

GIASSI SUPERMERCADO

Comercializar produtos com qualidade diferenciada para satisfação dos clientes e expansão dos negócios.

GAROTO

Promover e facilitar o desenvolvimento de pessoas em um ambiente inovador e inspirador.

CCPR

Fornecer alimentos lácteos de qualidade para o dia a dia das pessoas.

UNIMED FORTALEZA

Promover o Cooperativismo Médico através do fortalecimento das Unimeds filiadas e prestar serviços como Operadora de Plano de Saúde, com práticas sustentáveis e atendimento humanizado, garantindo a satisfação dos nossos clientes.

COMERCIAL CARVALHO

Satisfazer as necessidades e os desejos dos nossos clientes, oferecendo produtos e serviços de qualidade, com variedade e preços justos.

ADAMA BRASIL

Criar simplicidade na agricultura.

COASUL

Contribuir para o crescimento econômico, social e profissional dos cooperados, dos colaboradores e da comunidade.

OLEOPLAN

Industrializar produtos agrícolas, em especial a soja, suprindo mercados regionais e internacionais através de logística inteligente, proporcionando resultados aos acionistas, à sociedade e ao meio ambiente.

PANASONIC

A Panasonic tem como objetivo ser a N° 1 na Inovação de Companhia Sustentável, dentro das indústrias de eletrônicos, até 2018, quando completará 100 anos de sua fundação. Teremos o "meio ambiente" como ponto central de nossas atividades e iremos liderar a promoção da "Revolução Verde", que já está acontecendo por todo o mundo em prol da nova geração. Mais especificadamente, iremos trabalhar para realizar a nossa visão, baseados em duas "inovações": a Inovação "Green Life" — nós iremos proporcionar uma melhor qualidade de vida às pessoas, por todo o mundo, com um senso de segurança, conforto e alegria, de uma maneira sustentável. Por exemplo: "Viver com praticamente zero emissão de CO_2, por todas as casas e prédios", "Viver rodeado por reciclagem seletiva de produtos", "Viver a evolução e a disseminação de carros ecológicos". Nós iremos vivenciar esta "Vida Verde" através da criação de negócios, produtos e serviços inovadores e para toda comunidade; e a Inovação "Green Business" — existe um conceito de que a meta ideal de um fabricante é praticar o "Zero" em custo, tempo e inventário. O "Zero" representa o ideal e o nosso objetivo é chegar o mais perto possível desse ideal. Iremos acrescentar também o "Zero" na emissão, ou seja, "Zero" emissão de CO_2 e outros resíduos de igual importância. Por exemplo, iremos minimizar a quantidade de emissão de CO_2 através de todos os nossos processos de negócios; iremos implementar produção orientada para a reciclagem e assim gerar o mínimo de desperdício. Esses conhecimentos serão oferecidos e divididos com o público.

VSB

Ser reconhecida como provedora de soluções tubulares premium, através de excelência industrial, tecnologia de ponta, gestão sustentável e diversidade cultural, garantindo uma posição altamente competitiva nos mercados brasileiro e internacional.

USINA COLOMBO

Crescer de forma sustentável, cultivando e transformando a cana-de-açúcar em um produto necessário e útil ao desenvolvimento econômico e social, com a proteção do meio ambiente.

POSITIVO INFORMÁTICA

Oferecer as melhores soluções de tecnologia, sempre com excelência em qualidade, custo e facilidade de uso, maximizando a criação de valor para os acionistas e as oportunidades de desenvolvimento para nossos colaboradores.

REFINARIA RIOGRANDENSE

Produzir e comercializar produtos derivados de petróleo e oferecer serviços com a máxima eficiência, satisfazendo sempre as necessidades de mercado e respeitando a segurança, o meio ambiente e a saúde ocupacional.

SAPORE

Encantar nossos clientes, sendo incansáveis no aperfeiçoamento de nossos serviços e fazendo diferente. Sempre!

ELETROBRAS RONDÔNIA

Atuar nos mercados de energia de forma integrada, rentável e sustentável.

MAGNESITA

Fornecer soluções integradas em serviços, refratários e minerais que maximizem os resultados dos clientes, de forma a criar relações rentáveis, duradouras e replicáveis para diferentes geografias.

PAQUETÁ CALÇADOS

Atender com excelência às expectativas, desejos e sonhos dos nossos clientes, com colaboradores motivados e satisfeitos, gerando resultados de forma sustentável.

COCARI

Promover o desenvolvimento econômico, social e cultural dos cooperados, colaboradores e seus familiares, através da agregação de valor à produção agropecuária, preservando o meio ambiente.

USAÇÚCAR

Atuar de forma segura e rentável, produzindo cana, açúcar, etanol, energia elétrica e derivados para atendimento dos mercados nacional e internacional, com responsabilidade socioambiental, contribuindo para o desenvolvimento sustentável da companhia e da comunidade.

COTRIJAL

Gerar valor ao cooperado de forma inovadora, segura e sustentável.

TBG

Fortalecer a gestão e a ampliação sustentável dos negócios no setor de transporte dutoviário de gás natural, agregando valor para as partes interessadas com equilíbrio, harmonia, segurança, confiabilidade e eficiência operacional, primando pela inovação e observância aos valores da companhia, em um ambiente organizacional cooperativo e saudável.

COPERCAMPOS

Produzir, industrializar, comercializar e prestar serviços, valorizar pessoas, gerar conhecimento, desenvolvimento socioeconômico e cultural com sustentabilidade.

HERING

Desenvolver marcas, criar e comercializar produtos e serviços de vestuário com valor percebido e foco no cliente.

TIGRE

Criar soluções inovadoras para o mundo da construção.

PETROBAHIA

Criar e viabilizar soluções para a inserção e manutenção das empresas da Rede no mercado de petróleo, gás e energia.

COPAGRI

Interagir com tecnologia e eficiência produtiva, industrializar e comercializar produtos com excelência para satisfazer as necessidades das pessoas.

VOTORANTIM CIMENTOS

Somos uma empresa de materiais de construção comprometida com o sucesso do cliente por meio da excelência.

ADECOAGRO

Nossa missão é nos tornar um líder na produção de alimentos e energia renovável, oferecendo aos nossos acionistas e investidores uma alternativa de investimento atrativa, estável, líquida e confiável.

TRW

A TRW é uma empresa global focada em fabricar produtos e oferecer serviços de alta performance, destinados a clientes da indústria automotiva. A missão da companhia é atender às necessidades dos clientes de maneira inovadora e manter a liderança. A TRW cria valor para os acionistas à medida que equilibra o desempenho financeiro com a atuação socialmente responsável.

ABBOTT

Nossa missão é desenvolver as melhores soluções para promover a saúde.

AGROFEL GRÃOS E INSUMOS

Oferecer soluções sustentáveis para o agronegócio do plantio à venda da produção.

FRANGOS CANÇÃO

Ser referência em qualidade de produtos, gerar empregos e valor para as pessoas e à sociedade, transformando a realidade local com sustentabilidade e comprometimento com a saúde e a segurança.

USINA DELTA

Produzir, com excelência, energia em forma de alimento, combustível e eletricidade, preservando o meio ambiente e o bem-estar social.

SAP

Nossa missão é ajudar as empresas de todos os portes e setores a se tornarem empresas mais bem administradas.

LABORATÓRIO CRISTÁLIA

Colaborar na melhoria das condições de tratamento de saúde da população, inovando, desenvolvendo, produzindo, comercializando e proporcionando acesso a produtos com qualidade e preço justo.

USINA DA PEDRA

Atuar na área de energia renovável com competitividade, respeitando o meio ambiente e contribuindo para o desenvolvimento social.

HOSPITAL SANTA MARCELINA

Oferecer assistência, ensino e pesquisa em saúde, com excelência, à luz dos valores éticos, humanitários e cristãos.

HOSPITAL N. S. CONCEIÇÃO

Oferecer atenção integral à saúde, pela excelência no ensino e na pesquisa, eficiência da gestão, comprometimento com a transparência, segurança organizacional e responsabilidade social.

MRN

Produzir bauxita e fornecer o minério com pleno atendimento às especificações de qualidade, assegurando a satisfação dos clientes e o retorno adequado do investimento de nossos acionistas, mantendo uma relação de profundo respeito ao homem e à natureza.

BURGER KING

Ser a mais prazerosa experiência de alimentação.

ELETROBRAS DISTRIBUIÇÃO PIAUÍ

Atuar nos mercados de energia de forma integrada, rentável e sustentável.

ODONTOPREV

Tornar-se um grande fator de aproximação da sociedade à Odontologia, agregando valor a esta relação através da excelência de serviços prestados a ambas.

SLC AGRÍCOLA

Impactar positivamente gerações futuras sendo líder mundial em eficiência no negócio agrícola e respeito ao planeta.

AVIBRAS

Desenvolver tecnologia própria, inovadora e independente nas áreas de aeronáutica, espaço, eletrônica, veicular e defesa, gerando valor para nossos clientes, acionistas, colaboradores e sociedade, de forma sustentável.

RANDON

Oferecer soluções em mobilidade, desenvolvendo, produzindo, comercializando e assistindo bens e serviços, satisfazendo clientes, colaboradores, acionistas, prosperando como empresa, e respeitando a comunidade e o meio ambiente.

THYSSENKRUPP

Nós somos a ThyssenKrupp — a empresa de tecnologia e materiais. Competência e diversidade, atuação global e tradição são a base da nossa liderança no mercado mundial. Geramos valor para clientes, colaboradores e acionistas. Nós enfrentamos os desafios de amanhã com nossos clientes. Temos foco no cliente. Desenvolvemos produtos e serviços inovadores que criam infraestrutura sustentável e promovem o uso eficiente de recursos. Nós adotamos os mais elevados padrões. Agimos como empreendedores, com confiança, paixão pelo desempenho e coragem, buscando ser os melhores no que fazemos. A base para isso é a dedicação e a performance de cada membro de nossa equipe. O desenvolvimento de nossos colaboradores é especialmente importante. Saúde e segurança têm prioridade máxima. Nós compartilhamos valores comuns. Atuamos como uma única empresa. Nossas relações são caracterizadas pela transparência e pelo respeito mútuo. Integridade, credibilidade, confiabilidade e consistência são os pilares de nossas ações. Para nós, ética é essencial. Assumimos nossa responsabilidade perante a sociedade.

BRASILGÁS

Atuar com os melhores padrões de qualidade, segurança e excelência operacional de produtos e serviços. Fortalecer a marca, promovendo o melhor atendimento ao cliente e o reconhecimento da nossa atuação como empresa sustentável. Buscar crescimento permanente, observando nossos valores, princípios e sustentação financeira.

SISTEMA PRODUTOR SÃO LOURENÇO

Elevar a qualidade e a eficiência dos investimentos em engenharia e infraestrutura, construindo um legado para o futuro.

AMAGGI AGRO

Contribuir com o desenvolvimento do agronegócio, agregando valores, respeitando o meio ambiente e melhorando a vida das comunidades.

BERNECK

Atuar na área de madeira (plantio, cultivo, colheita e industrialização), fornecendo produtos e serviços de qualidade, respeitando o meio ambiente. E ser reconhecida pelos clientes, comunidade, parceiros e colaboradores como uma empresa confiável, ética e inovadora.

A. C. CAMARGO CÂNCER CENTER

Combater o câncer, paciente a paciente.

TAESA

Transmitir energia elétrica com excelência, de forma contínua e eficiente, garantindo rentabilidade e sustentabilidade.

BAHIAGÁS

Comercializar e distribuir gás natural na Bahia para atendimento aos diversos segmentos de mercado com segurança, rentabilidade, responsabilidade socioambiental e comprometimento com o desenvolvimento do estado, proporcionando a satisfação dos clientes, acionistas e colaboradores.

OMINT SAÚDE

Oferecer uma ampla variedade de serviços vinculados à saúde e à qualidade de vida, assegurando uma prestação de serviço de máxima qualidade e eficiência. Analisar, revisar e atualizar as atividades da Omint e os conceitos assistenciais, visando: a melhoria contínua dos serviços prestados; o desenvolvimento e a implementação de mudanças inovadoras; acrescentar saúde e qualidade de vida aos associados.

BENEFICÊNCIA PORTUGUESA S. PAULO

Valorizar a vida. Vida é tudo para nós. Admirável e multifacetada, olhamos para ela como um conjunto interconectado de funções orgânicas, como um modo de existir no mundo. É tanto individual, portanto finita, quanto coletiva e contínua. Está sempre em movimento e transformação. Vida evolui. Acreditamos que ela precisa ser permanentemente investigada, compreendida, acompanhada, respeitada, celebrada. De muitas diferentes formas, com conhecimento e sensibilidade, com tecnologia e combinando especialidades, trabalhamos todos os dias para valorizar a vida humana.

VBR

Ser reconhecida como provedora de soluções tubulares premium, através de excelência industrial, tecnologia de ponta, gestão sustentável e diversidade cultural, garantindo uma posição altamente competitiva nos mercados brasileiro e internacional.

SODEXO

Melhorar a qualidade de vida de todas as pessoas a quem servimos. Estamos empenhados em fornecer serviços on-site, benefícios e incentivos (anteriormente, *motivation solutions*), que melhoram o bem-estar das pessoas, a eficácia do processo e a confiabilidade e a qualidade da infraestrutura. Contribuir com o desenvolvimento econômico, social e ambiental das comunidades, regiões e países em que atuamos. Demonstramos esse compromisso todos os dias, empregando centenas de milhares de pessoas localmente em nossas unidades pelo mundo e contribuindo com sua realização e desenvolvimento profissional.

COTRISAL

Suprir as dificuldades de beneficiamento, transporte e comercialização das safras de trigo.

HCPA

Ser um referencial público em saúde, prestando assistência de excelência, gerando conhecimento, formando e agregando pessoas de alta qualificação.

ARAUCO

Contribuímos para melhorar a vida das pessoas, desenvolvendo produtos florestais para os desafios de um mundo sustentável.

GERDAU

Gerar valor para nossos clientes, acionistas, equipes e a sociedade, atuando na indústria do aço de forma sustentável.

FRIGOL

Alimentar a vida de nossos consumidores e clientes globais, com produtos de ótima qualidade, rigorosamente elaborados por uma de nossas maiores riquezas: nossos colaboradores.

STIHL

Manter a liderança no mercado brasileiro de ferramentas motorizadas portáteis, com rentabilidade e comprometimento com a sustentabilidade. A estratégia de expansão prevê a melhoria contínua e o desenvolvimento de produtos tecnologicamente avançados, tendo como foco principal as pessoas — sua segurança e seu conforto — e o meio ambiente, com equipamentos de baixo consumo, baixa emissão de gases e menor nível de ruído.

ELETROBRAS DISTRIBUIÇÃO ALAGOAS

Atuar nos mercados de energia de forma integrada, rentável e sustentável.

COPERCANA

Atender às necessidades dos cooperados e dos clientes através do fornecimento de produtos e serviços que agreguem valor às suas atividades agropecuárias, assegurando o desenvolvimento da cooperativa de forma sustentável.

CLEALCO

Promover através do cultivo da cana-de-açúcar e da produção de seus derivados, relações de negócio sustentáveis, que gerem valor e fomentem o desenvolvimento econômico, social e ambiental nas regiões em que atuamos.

ALELO

A empresa tem como premissa a qualidade de vida do trabalhador e acredita que quem vive bem, trabalha melhor.

CCR NOVADUTRA

Viabilizar soluções de investimentos e serviços em infraestrutura.

OXITENO

Nosso compromisso é com a criação de soluções que promovam melhorias no dia a dia das pessoas, unindo sustentabilidade e inovação para gerar tecnologias que impulsionem o desenvolvimento da sociedade e do planeta.

PRODUQUÍMICA

Oferecer soluções nutricionais de alta qualidade para a produtividade agrícola, ser reconhecido pelos fazendeiros como líder de mercado e inovador. Oferecer produtos confiáveis para eficiência nos tratamentos de águas, ser o fornecedor preferido de nossos clientes. Oferecer um ambiente de trabalho que estimule paixão e comprometimento, trabalhar focado em resultado.

APÊNDICE II.
ROL DE DECLARAÇÕES DE VISÃO E VALORES

PETROBRAS

Uma empresa integrada de energia com foco em óleo e gás que evolui com a sociedade, gera alto valor e tem capacidade técnica única.

PETROBRAS DISTRIBUIDORA

Ser a referência no mercado de distribuição, inovando e agregando valor aos negócios com atuação segura e responsabilidade socioambiental, fortalecendo a marca Petrobras.

VALE

Ser a empresa de recursos naturais global número um em criação de valor de longo prazo, com excelência, paixão pelas pessoas e pelo planeta.

TELEFÔNICA

Abrir caminhos para seguir transformando possibilidades em realidade e, desse modo, criar valor aos clientes, empregados, sociedade, acionistas e sócios.

CARGILL

Ser líder global em alimentação.

BRF

Alimentar o mundo.

BUNGE

Alimento é vida. Energia é vida. O mundo vai precisar de muito mais alimento e energia, e os recursos naturais são cada vez mais escassos.

FIAT

Estar entre os principais *players* do mercado e ser referência de excelência em produtos e serviços automobilísticos.

SAMSUNG

Inspirar o mundo, criar o futuro.

CORREIOS

Ser a primeira escolha do cliente nos produtos e serviços oferecidos.

EMBRAER

A Embraer continuará a se consolidar como uma das principais forças globais dos mercados aeronáutico e de defesa e segurança, sendo líder nos seus segmentos de atuação e reconhecida pelos níveis de excelência em sua ação empresarial.

CRBS

O nosso sonho é unir as pessoas por um mundo melhor.

ARCELORMITTAL BRASIL

Ser a produtora de aço mais admirada do mundo — a referência global no setor.

SABESP

Ser referência mundial na prestação de serviços de saneamento, de forma sustentável, competitiva e inovadora, com foco no cliente.

CHESF

Ser empresarialmente eficiente e sustentável.

CARREFOUR

Nosso sonho é ser reconhecido e querido por oferecer aos nossos clientes a melhor qualidade de vida todos os dias.

ALE

Ser reconhecida como a empresa que reinventou a relação do consumidor com os postos de serviços.

COPERSUCAR-COOPERATIVA

Líder no suprimento global de açúcar e etanol, com participação de 30% da produção nacional de cana-de-açúcar. Tem presença relevante nos principais mercados mundiais e é comprometida com o sucesso dos clientes. Sua marca é reconhecida como *global player*. Seus profissionais são diferenciados por sua visão de negócio e competências voltadas para a criação de valor.

AES ELETROPAULO

Sermos reconhecidos pelos nossos clientes e acionistas como principal parceiro de soluções inovadoras de energia de forma segura, sustentável, confiável e acessível.

COAMO

Ser a melhor opção de desenvolvimento aos cooperados, realização profissional aos funcionários, produtos aos clientes e negócios aos parceiros.

CEMIG DISTRIBUIÇÃO

Consolidar-se, nesta década, como o maior grupo do setor elétrico nacional em valor de mercado, com presença em gás, líder mundial em sustentabilidade, admirado pelos clientes e reconhecido pela solidez e performance.

AMAGGI COMMODITIES

Ser uma empresa de referência no desenvolvimento sustentável.

GLOBO

Queremos ser o ambiente onde todos se encontram. E encontram informação, diversão e cultura, instrumentos essenciais para uma sociedade que busca a felicidade de todos e de cada um.

CSN

Ser o grupo nacional mais respeitado e reconhecido globalmente, fortalecendo o significado de ser brasileiro.

YARA BRASIL

Uma sociedade colaborativa; um mundo sem fome; um planeta respeitado.

MAGAZINE LUIZA

Ser o grupo mais inovador do varejo nacional, oferecendo diversas linhas de produtos e serviços para a família brasileira. Estar presente onde, quando e como o cliente desejar, seja em lojas físicas, virtuais ou online. Encantar sempre o cliente com o melhor time do varejo, um atendimento diferenciado e preços competitivos.

GOL

Ser a melhor companhia aérea para viajar, trabalhar e investir.

LIGHT SESA

Ser a melhor empresa do setor elétrico, reconhecida pela rentabilidade, eficácia na gestão e qualidade dos serviços.

ELETRONORTE

Estar entre as três maiores empresas globais de energia limpa e entre as dez maiores do mundo em energia elétrica com rentabilidade comparada às melhores do setor e sendo reconhecida por todos os seus públicos de interesse.

COPEL DISTRIBUIÇÃO

Ser referência nos negócios em que atua, gerando valor de forma sustentável.

AURORA ALIMENTOS

Ser referência como cooperativa fornecedora de alimentos.

CTEEP

No ano de 2020, a ISA terá multiplicado por três os seus lucros por meio da captura de oportunidades de crescimento mais rentáveis nos negócios atualmente existentes na América Latina, do aumento da sua eficiência operacional e da otimização do seu portfólio de negócios.

CPFL PAULISTA

Energia é essencial ao bem-estar das pessoas e ao desenvolvimento da sociedade. Nós acreditamos que produzir e utilizar energia de forma sustentável é vital para o futuro da humanidade.

CENCOSUD BRASIL

Com a visão de sermos o melhor supermercado do Nordeste, por meio de uma equipe engajada e trabalhando todos os dias para oferecer uma excelente experiência de compara para os clientes.

GERDAU AÇOS LONGOS

Ser global e referência nos negócios em que atua.

FORD

Ser a empresa líder mundial na avaliação do consumidor em produtos e serviços automotivos.

C. VALE

Ser a melhor empresa no segmento de alimentos para os nossos clientes.

MAKRO

Sermos o melhor parceiro no sucesso do empreendedor no Brasil.

TRANSPETRO

Líder em transporte e logística, com foco em petróleo e seus derivados, gás e biocombustíveis no Brasil, competitiva e rentável, que evolui com a sociedade.

CEMIG GT

Consolidar-se, nesta década, como o maior grupo do setor elétrico nacional em valor de mercado, com presença em gás, líder mundial em sustentabilidade, admirado pelo cliente e reconhecido pela solidez e pela performance.

WHIRLPOOL

As melhores marcas e produtos para o consumidor, em todos os lares ao redor do mundo.

MINERVA FOODS

Ser a empresa mais eficiente, buscando sempre maximizar o retorno sobre o capital investido em todos os seus segmentos de negócios com políticas de gestão de risco adequadas.

CELESC

Cumprir sua função pública com rentabilidade, eficiência e reconhecimento da sociedade, com abrangência de atuação nacional e internacional.

COFCO AGRI

Energia e alimento sustentáveis para as pessoas. Um setor sucroenergético moderno e competitivo provedor de: açúcar, fonte natural e acessível de energia para as pessoas; etanol e bioeletricidade, fontes limpas e renováveis de energia. Contribuímos para a sustentabilidade ambiental, social e econômica do país. Somos provedores de segurança energética e alimentar oriundos de fontes renováveis para o planeta.

MARFRIG

Ser reconhecida como a melhor empresa global de proteínas.

LOJAS RENNER

Encantar a todos é a nossa realização.

REDE D'OR SÃO LUIZ

Ser referência em gestão hospitalar e na prestação de serviços médicos, com base nos mais elevados padrões técnicos.

NATURA

Acreditamos que a existência da nossa empresa deve ajudar a tornar o meio ambiente e a sociedade melhores.

FARMÁCIA PAGUE MENOS

Ser a melhor empresa do varejo farmacêutico, reconhecida por oferecer soluções completas em saúde, reduzindo as desigualdades de acesso a uma vida saudável, para que mais pessoas vivam plenamente.

HERINGER

Ser reconhecida como a melhor empresa de nutrição vegetal e referência na difusão do uso da tecnologia na agricultura de forma adequada e eficaz.

PARANAPANEMA

Ser uma empresa classe mundial, reconhecida pela competitividade de seus custos e pela excelência de seus produtos e serviços.

UNIMED RIO

Ser a melhor referência em soluções inovadoras de saúde.

FIBRIA

Consolidar a floresta plantada como produtora de valor econômico. Gerar lucro admirado, associado à conservação ambiental, à inclusão social e à melhoria da qualidade de vida.

ELEKTRO REDES

Ser a distribuidora de energia elétrica mais admirada do país.

CELPE

Ser admirada pelos clientes, governo, investidores e colaboradores e reconhecida, nacionalmente, como referência em inovação, padrões de operação, qualidade de atendimento, rentabilidade e crescimento.

CENTRAL NACIONAL UNIMED

Ser referência no mercado de saúde suplementar e gerar valor para as sócias.

PB-LOG

Ser referência em soluções integradas para o segmento de óleo e gás.

WEG EQUIPAMENTOS

Ser referência global em máquinas elétricas, com ampla linha de produtos, provendo soluções eficientes e completas.

CELPA

Ser referência em excelência e rentabilidade na distribuição de energia elétrica no Brasil.

KIMBERLY-CLARK

Liderar o mundo no que é essencial para uma vida melhor.

CEDAE

Ser uma empresa de excelência de serviços de saneamento ambiental, reconhecida por sua governança corporativa, sustentabilidade e rentabilidade.

HOSPITAL SÃO PAULO

O Hospital São Paulo é o Hospital Universitário da Escola Paulista de Medicina da Universidade Federal de São Paulo (EPM-UNIFESP) e tem por objetivo desenvolver, em nível de excelência, a assistência à saúde, com ênfase nas atividades de ensino, pesquisa e extensão.

ULTRAGAZ

Ser referência mundial de GLP.

COPASA MG

Ser referência, junto à sociedade, como empresa que presta serviços com eficiência e qualidade.

GRUPO MARTINS

O sucesso das pequenas e médias empresas é vital para o desenvolvimento da sociedade. Capacitar essas empresas a cooperar e competir, gerando relações de qualidade, e integrando produção e consumo. Essa é a melhor solução para garantir tal sucesso.

FIC PETRÓLEO

Ampliar constantemente a nossa cobertura. Desenvolver nossos colaboradores e parceiros. Investir em relacionamentos de longo prazo.

MONSANTO

Sermos reconhecidos como a empresa que mais contribui para o sucesso do agricultor brasileiro nos segmentos em que atuamos como parceiro preferencial em soluções integradas de tecnologias, produtos e serviços; e como promotor do desenvolvimento da agricultura brasileira.

UNIMED BH

Ser referência como sistema cooperativista sustentável e inovador na atenção à saúde para melhorar a vida das pessoas.

COMIGO

Ser reconhecida por seus cooperados, clientes e colaboradores, como a mais importante Cooperativa Agroindustrial do Centro-oeste brasileiro e estar inserida sempre entre as dez maiores do cooperativismo brasileiro no segmento agroindustrial.

LIQUIGÁS

Manter a liderança no mercado envasado, ampliando as receitas no mercado granel, de maneira competitiva e rentável, preservando a marca Petrobras e evoluindo com a sociedade.

SANEPAR

Ser uma empresa de excelência, comprometida com a universalização do saneamento ambiental.

ELETROBRAS

Estar entre as três maiores empresas globais de energia limpa e entre as dez maiores do mundo em energia elétrica, com rentabilidade comparável às melhores do setor e sendo reconhecida por todos os seus públicos de interesse.

PEPSICO

Na PepsiCo, nosso objetivo é entregar uma performance financeira de alto nível a longo prazo, integrando a sustentabilidade em nossa estratégia de negócios e deixando uma marca positiva na sociedade e no meio ambiente. Chamamos isso de Performance com Propósito. Ela começa com o que fazemos — uma ampla variedade de alimentos e bebidas, desde os mais indulgentes até os mais nutritivos — e estende-se à forma como fabricamos nossos produtos, preservando preciosos recursos naturais e promovendo a responsabilidade ambiental dentro e além de nossas operações. Além disso, considera também as pessoas envolvidas na fabricação, apoiando as comunidades onde trabalhamos e as carreiras de muitas gerações de funcionários talentosos da PepsiCo.

LOCALIZA

Ser uma empresa admirada.

COCAMAR

Crescer com rentabilidade.

ENERGISA MATO GROSSO

A Energisa será até 2020 uma das melhores e mais respeitadas empresas de energia elétrica no Brasil, atuando em distribuição, transmissão, geração, comercialização e serviços, e sendo reconhecida pela qualidade do serviço aos seus clientes, pela eficiência nas operações e pela rentabilidade aos acionistas.

PFIZER

Inovar para proporcionar aos pacientes tratamentos que melhorem significativamente suas vidas.

LOJAS CEM

Ser a melhor no ramo, com crescimento sustentado, aumentando a produtividade e sempre com qualidade.

MRS

Uma ferrovia sustentável, de classe mundial, com operação segura, clientes satisfeitos e colaboradores comprometidos e responsáveis.

APERAM

Ser a empresa que desafia constantemente o status quo para remodelar o futuro dos aços inoxidáveis e especiais.

BIOSEV

Liderar o setor sucroenergético gerando resultados sustentáveis, a partir da terra, de parcerias e de conhecimento, produzindo de modo eficiente alimentos e energia, para servir aos nossos clientes.

IVECO

Ser a melhor do mercado em produtos e serviços inovadores e eficientes, criando um ótimo relacionamento com os clientes e a prática da sustentabilidade.

CPFL PIRATININGA

Energia é essencial ao bem-estar das pessoas e ao desenvolvimento da sociedade. Nós acreditamos que produzir e utilizar energia de forma sustentável é vital para o futuro da humanidade.

APÊNDICE II. ROL DE DECLARAÇÕES DE VISÃO

ELETROSUL

Estar entre as três maiores empresas globais de energia limpa e entre as dez maiores do mundo em energia elétrica, com rentabilidade comparável às melhores do setor e sendo reconhecida por todos os seus públicos de interesse.

SUPERMERCADOS MUNDIAL

Manter e ampliar o sentido de valor da empresa junto aos funcionários, aos fornecedores e ao mercado, sendo uma referência em responsabilidade social e de exemplo ético de atuação no varejo nacional.

CEMAR

Ser a melhor e mais rentável empresa de distribuição de energia elétrica do Brasil.

EMBRAPA

Ser referência mundial na geração e na oferta de informações, conhecimentos e tecnologias, contribuindo para a inovação e a sustentabilidade da agricultura e para a segurança alimentar.

COPACOL

Ser referência como uma das melhores cooperativas agroindustriais brasileiras.

NOVARTIS

Nossa visão é ser um líder de confiança na mudança da prática da medicina.

JSL

Manter-se como operador logístico líder de mercado, com a maior oferta de serviços e soluções inovadoras, reconhecidos pela qualidade e alinhados às necessidades dos clientes; ser reconhecida pela profissionalização de sua gestão; tornar-se referência na utilização e na comercialização de ativos.

GRANOL

Ser uma marca de referência no setor de agronegócios, reconhecida por seus princípios éticos, e participação ativa frente às necessidades sociais e ambientais. Uma empresa cujo ambiente descontraído, e de respeito às diferenças, propicia a iniciativa, o empreendedorismo e o espírito de equipe, com profissionais engajados aos processos, resultando em excelência nas ações, nos serviços e nos produtos.

RGE

Energia é essencial ao bem-estar das pessoas e ao desenvolvimento da sociedade. Nós acreditamos que produzir e utilizar energia de forma sustentável é vital para o futuro da humanidade.

BIOSEV BIOENERGIA

Liderar o setor sucroenergético gerando resultados sustentáveis, a partir da terra, de parcerias e de conhecimento, produzindo de modo eficiente alimentos e energia, para servir aos nossos clientes.

CITROSUCO

Ser a melhor empresa de suco e ingredientes naturais de frutas na indústria global de alimentos.

EMBASA

Ser reconhecida como empresa de excelência na área de saneamento, harmonizando as necessidades e as expectativas das partes interessadas.

DASA

Seremos a líder global de medicina diagnóstica, a empresa mais desejada e admirada pela qualidade médica, eficiência e excelência em serviços, atuando com paixão para melhorar a vida das pessoas.

EDP ESPÍRITO SANTO

Uma empresa global de energia, líder em criação de valor, inovação e sustentabilidade.

BELAGRÍCOLA

Ser protagonista na consolidação do agronegócio como um dos pilares da economia brasileira, investindo em pesquisa, inovação e valorização do produtor rural.

WHITE MARTINS

Ser a empresa de gases industriais com o melhor desempenho no mundo, atendendo às expectativas de nossos clientes, funcionários, acionistas, fornecedores e comunidades nas quais operamos.

NORSA

Apaixonadamente, abrimos sorrisos em cada rosto.

INTEGRADA

Ser referência entre as maiores e melhores cooperativas agroindustriais do país.

ALPARGATAS

Ser uma empresa global de marcas desejadas nos segmentos de calçados, vestuário e acessórios.

EMS SIGMA PHARMA

Ser admirada e reconhecida como a maior e melhor empresa farmacêutica.

CASTROLANDA

Ser uma cooperativa inovadora dedicada ao agronegócio, sólida, ágil, que aplica as melhores técnicas de gestão, satisfaz as expectativas dos seus clientes internos e externos, busca a melhoria contínua da qualidade de vida dos seus cooperados e colaboradores e que produz resultados consistentes, comparáveis às líderes de mercado.

LATICÍNIOS BELA VISTA

Ser uma empresa responsável, competitiva, inovadora e reconhecida nacional e internacionalmente por oferecer produtos e serviços de alta qualidade.

ELETROBRAS AMAZONAS

Estar entre as três maiores empresas globais de energia limpa e entre as dez maiores do mundo em energia elétrica, com rentabilidade comparável às melhores do setor e sendo reconhecida por todos os seus públicos de interesse.

HOSPITAL ALBERT EINSTEIN

Ser líder e inovadora na assistência médico-hospitalar, referência na gestão do conhecimento e reconhecida pelo comprometimento com a responsabilidade social.

COOPERATIVA AGRÁRIA

Ser referência nacional em tecnologia de produção agroindustrial e gestão cooperativista.

MULTIGRAIN

Atingir excelência operacional oferecendo produtos e serviços de qualidade para nossa cadeia de valor: produtores e parceiros de logística nacionais e clientes finais globais.

METRÔ

Ser a opção de transporte preferencial na região metropolitana de São Paulo, oferecendo serviço de qualidade, atento às necessidades do cidadão de forma cordial e envolvente, fazendo de sua viagem uma experiência mais agradável, com presteza e respeito.

COOPERCITRUS

Ser referência na sociedade em que está inserida, e particularmente no sistema cooperativista, pela atuação comprometida com a ética e com os princípios e valores do cooperativismo.

ELETRONUCLEAR

Em 2020, ser o maior sistema empresarial global de energia limpa, com rentabilidade comparável à das melhores empresas do setor elétrico.

COOPERALFA

Ser referência nacional como cooperativa agropecuária.

UNIMED DO ESTADO DE SP

Ser referência de modelo político, organizacional, de sustentabilidade e de responsabilidade socioambiental.

JOHNSON & JOHNSON

A Jhonson & Jhonson do Brasil promoverá o bem-estar de cada pessoa, fazendo parte de sua vida, pelo menos uma vez por dia, desde sua infância até a maturidade.

CASA DA MOEDA

Ser competitiva e reconhecida por agregar segurança com tecnologia de ponta em seus produtos e serviços.

MÓVEIS GAZIN

Ser a empresa número 1 do Brasil como excelente lugar para se trabalhar e estar entre as 200 maiores empresas do país até 2019.

ENERGIA SUSTENTÁVEL DO BRASIL

Ser a referência global em geração de energia sustentável na Amazônia.

DOW

Ser a mais lucrativa e respeitada companhia química focada em ciência do mundo.

VOTORANTIM METAIS ZINCO

Assegurar crescimento e perenidade como um grupo familiar de grande porte, respeitado e reconhecido na comunidade em que atua, com foco na criação de valor econômico, ambiental e social.

3M

Tecnologia 3M impulsionando cada empresa. Produtos 3M melhorando cada lar. Inovações 3M facilitando a vida de cada pessoa.

USINA CORURIPE

Ser referência nos mercados onde atuamos, posicionando-nos sempre como uma das empresas mais rentáveis do setor.

CORSAN

Em 2019, manter a universalização da cobertura de água e atender a 30% da população urbana com a utilização do sistema de esgotamento sanitário de modo sustentável e com a garantia da satisfação dos clientes. Em 2030, ser reconhecida pela universalização dos serviços de abastecimento de água, por atender a 70% da população urbana utilizando o sistema de esgotamento sanitário, pela excelência dos seus serviços e produtos e pela consolidação de novos negócios.

SÃO MARTINHO

Triplicar o processamento de cana até 2020 e liderar na geração de valor através da produção e da comercialização de produtos sustentáveis e da conquista de novos mercados.

CPTM

Ser referência nacional em transporte público.

MRV

Ser a melhor empresa de incorporação, construção e venda de empreendimentos econômicos do Brasil.

EUROFARMA

Seremos um dos três maiores laboratórios latino-americanos, reconhecidos por médicos e comunidades, alavancados pelo lançamento de novos produtos, com rentabilidade que permita o crescimento sustentável da companhia e de seus colaboradores.

FRISIA

Ser referência no agronegócio com sustentabilidade.

AJINOMOTO

Garantir aos nossos clientes o conforto e a confiança de contar com um parceiro próximo que compreende suas necessidades e oferece as melhores soluções para obter um resultado superior.

SUPERMERCADO SAVEGNAGO

Ser líder nos mercados de atuação como referência de marca, inovação e empresa para se trabalhar.

UNIMED PORTO ALEGRE

Ser admirada como a melhor operadora de planos de saúde do Brasil.

ALGAR AGRO

Estar entre as dez maiores empresas brasileiras do agronegócio até 2020, sendo reconhecida pelos clientes na construção de relações duradouras.

SUPERMERCADO LÍDER

Expandir os negócios e ser referência paraense em produtos e serviços de forma consistente e inovadora.

MARISA LOJAS

Ter presença nacional e ser reconhecida como a marca que é referência da mulher em vestuário e moda. Estar entre os três maiores *players* e ampliar de forma agressiva nosso *market share*.

AGREX DO BRASIL

Ser líder em soluções integradas do agronegócio nacional de forma sustentável, promovendo o desenvolvimento das pessoas e das comunidades, se tornando referência global em gestão e fornecimento de produtos agrícolas.

MULTIPLUS

Juntos podemos muito mais.

ACSC

Ser referência de entidade filantrópica reconhecida pela sociedade, demonstrando amor às pessoas por meio de nossos atos.

ALLIED

Levar o universo digital ao alcance de todos.

SERPRO

Ser líder em soluções digitais para governo e sociedade.

PANVEL FARMÁCIAS

Ser a melhor provedora de produtos e serviços de saúde e bem-estar nos mercados em que atua.

SERVIMED

Ser reconhecida pelos parceiros como referência de excelência na qualidade dos serviços prestados e no relacionamento, além de ocupar uma posição de destaque nos segmentos em que atua.

SERASA EXPERIAN
Ser a primeira em cada uma das maiores economias da América Latina e liderar a inovação e a transformação do mercado de soluções de informação, como primeira escolha dos nossos clientes.

COOP
Ser reconhecida, pelos cooperados, como a melhor empresa de varejo nas comunidades onde atua, seguindo os princípios cooperativistas.

FLEURY MEDICINA E SAÚDE
Saúde e bem-estar para a plena realização das pessoas.

CPFL BRASIL
Prover soluções energéticas sustentáveis, com excelência e competitividade, atuando de forma integrada à comunidade.

SANEAGO
Até 2020, estar entre as cinco empresas de referência que atuam no mercado de saneamento do Brasil, no atendimento aos clientes, com sustentabilidade social, econômica e ambiental.

VONPAR REFRESCOS
Nossos produtos e serviços encantarão o mercado de bebidas.

CEB DISTRIBUIÇÃO
A visão ampliada do negócio CEB extrapola a abordagem restrita de geração, transmissão, distribuição e comercialização de energia. Contempla, de forma abrangente, a razão de ser da empresa, à luz de sua responsabilidade social e de seu papel de liderança na indução do processo de desenvolvimento regional, sem perder de vista o foco de privilegiar o usuário e seu direito a um atendimento isonômico caracterizado pela melhor qualidade.

BELGO BEKAERT ARAMES
Ser a melhor empresa em soluções de arames do mundo.

VOLVO
Ser reconhecido como o fornecedor líder mundial em soluções para o transporte comercial.

INNOVA
Sermos a melhor empresa de administração de patrimônio, cuidando com inovação e melhores práticas, para gerar maior satisfação aos clientes, colaboradores, fornecedores, acionistas e sociedade.

P&G
Ser reconhecida como a melhor companhia de produtos de bens de consumo e serviços do mundo.

VLI MULTIMODAL
Transformar a logística do Brasil.

INTERCEMENT
Diferenciar-se junto aos clientes pelo nível de parceria e serviços. Estar sempre entre as dez maiores e as cinco mais sólidas e rentáveis empresas internacionais do setor.

ATLAS SCHINDLER
Liderança através de serviços ao cliente.

GRENDENE
Ser a empresa mais rentável do mundo entre as organizações líderes do setor.

TUPY
Ser líder global da indústria de fundição e usinagem de ferro, com negócios diferenciados de componentes de alta tecnologia e de hidráulica industrial.

KINROSS BRASIL MINERAÇÃO
Ser o líder mundial na geração de valor por meio da mineração.

VOTORANTIM SIDERURGIA
Ser reconhecida pela sociedade como uma empresa social e ambientalmente responsável, buscando padrões de excelência nos requisitos ambientais e legais aplicáveis.

ACHÉ
Ser o melhor laboratório farmacêutico do Brasil, preferido por consumidores e profissionais de saúde por viabilizar o acesso a produtos e serviços inovadores, que proporcionam saúde e bem-estar para toda a população.

BEIRA RIO
Tornar-se a maior e melhor empresa de calçados, com produtos reconhecidos mundialmente.

REDEFLEX
Liderar e ser a melhor opção em distribuição e transações eletrônicas, nas regiões de atuação, atingindo a excelência no atendimento aos clientes, com inovação e sustentabilidade no negócio.

ENERGISA M. GROSSO DO SUL

A Energisa tem como meta ser até 2020 uma das maiores empresas de energia elétrica no Brasil, atuando em todo o setor elétrico, seja distribuição, geração, comercialização, serviços etc. Continuar a ser reconhecida pela qualidade dos serviços prestados aos seus clientes, pela eficiência no atendimento e nas operações; além de prover rentabilidade aos acionistas.

ATEM'S DISTRIBUIDORA

Ser uma referência empresarial, posicionada entre as dez maiores distribuidoras do Brasil em termos de volume, sendo reconhecida pela força de nossa marca, pela rede consolidada e controlada de postos e distribuidores, e pela satisfação de nossos clientes, colaboradores, parceiros e acionistas.

BALL EMBALAGEM

A sua missão é a nossa missão. Desde a nossa primeira lata de alumínio, mantivemos a mesma visão para ajudar você a ter sucesso. Desde uma equipe de marketing determinada, que busca diferenciar os nossos produtos, passando pela Brigada de Emergência das nossas unidades até o corajoso empreendedor que tenta lançar um novo negócio: a Ball é a parceira que diz "Nós conseguimos", "Vamos lá" e "Nós vamos fazer". Começamos em 1880 com cinco irmãos, duzentos dólares e uma visão que, até hoje, nos move. Desde aqueles primeiros dias na indústria, nos dedicamos exclusivamente a ajudar os nossos clientes a realizarem suas missões, com conhecimento técnico, entusiasmo e inovação. Hoje, aplicamos esses mesmos princípios às embalagens de metal recicláveis que fabricamos para posicionar os seus produtos nas prateleiras e, também, nas tecnologias aeroespaciais que desenvolvimentos. Não importa o desafio, sua missão é sempre fundamental para nós.

POSTAL SAÚDE

Como se sabe, o mercado de saúde suplementar no Brasil é extremamente dinâmico e exige das operadoras de planos de saúde uma gestão especializada nesse segmento, com avaliação permanente de seus processos, bem como a implantação de ações rápidas e eficazes para melhoria de suas ferramentas de gestão e operacionalização.

SUPERMERCADO BAHAMAS

Ser o grupo supermercadista mais eficaz e inovador em todos os formatos e regiões onde atuar. Detalhamento: ser eficaz e eficiente na busca por melhores resultados. Inovador: buscar constante melhoria e crescimento com criatividade, método e responsabilidade.

DEDIC

A Dedic será reconhecida como a melhor empresa de Contact Center dentre as cinco maiores do Brasil, assegurando rentabilidade esperada e destacando-se pela qualidade de seus profissionais e serviços prestados.

CEEE-GT

Ampliar a participação no mercado e ser reconhecida nacionalmente pela excelência e pela sustentabilidade na geração de energia elétrica.

COMLURB

Proporcionar ao cliente-cidadão da cidade do Rio de Janeiro um nível de serviços de limpeza cada vez melhor, com padrão de qualidade em nível mundial.

ABRATEL

Tornar-se referência nacional e internacional no que diz respeito aos assuntos ligados à radiodifusão, à liberdade de imprensa e à comunicação social.

CONAB

Ser referência como empresa de inteligência, formulação e execução de políticas públicas voltadas à agropecuária e ao abastecimento.

CENIBRA

Ser uma empresa perene e admirada por todos.

EDP COMERCIALIZADORA

Uma empresa global de energia, líder em criação de valor, inovação e sustentabilidade.

HOSPITAL SÍRIO-LIBANÊS

Convivendo e compartilhando, contribuímos para uma sociedade mais justa e fraterna.

CEG RIO

Ser um grupo energético e de serviços líder e em contínuo crescimento, com presença multinacional, que se distingue por proporcionar uma excelente qualidade de serviço a seus clientes, uma rentabilidade sustentável a seus acionistas, uma ampliação de oportunidades de desenvolvimento profissional e pessoal a seus colaboradores e uma contribuição positiva à sociedade, atuando com um compromisso de cidadania global.

COSERN

Ser admirada pelos clientes, governo, investidores e colaboradores e reconhecida, nacionalmente, como referência em inovação, padrões de operação, qualidade de atendimento, rentabilidade e crescimento.

EDF NORTE FLUMINENSE

Ser uma empresa competitiva, rentável e responsável, objetivando resultados sustentáveis, sendo referência na produção térmica brasileira, com uma identidade forte, apreciada por todas as partes relacionadas, e totalmente integrada à região em que atua.

MAHLE

O Centro Tecnológico empenha-se para operar com uma visão estratégica definida que engloba: o desenvolvimento de inovações tecnológicas como um diferencial de fator de competitividade; a capacidade da organização para oferecer não somente componentes e sistemas, mas especialmente soluções para desafios tecnológicos; e a definição de um processo de inovação focalizado para as necessidades imediatas e futuras do mercado, bem como pelas responsabilidades sociais, tais como ar limpo — redução de emissões —, conservação de energia — economia de combustível —, controle de ruídos, reciclagem e capacitação em reciclagem — necessidades fim de vida útil —, eliminação de potenciais ameaças ao ambiente com substâncias no descarte/lixo, custo da propriedade — durabilidade e confiança —, e vida do produto — considerações de fadiga de materiais.

FIBRIA-MS

Consolidar a floresta plantada como produtora de valor econômico. Gerar lucro admirado, associado à conservação ambiental, à inclusão social e à melhoria da qualidade de vida.

NETSHOES

Ser referência global em experiência de compra online.

ANGLO GOLD ASHANTI

Ser líder em desenvolvimento sustentável na indústria de mineração do ouro.

TECBAN

Ser referência, para instituições financeiras e seus clientes, na gestão de redes de autoatendimento com conveniência, segurança e eficiência.

CLAMED FARMÁCIAS

Ser a melhor rede de farmácias e drogarias.

M&G POLÍMEROS

Continuar sendo líder no mercado mundial de PET para a indústria de garrafas.

CGG TRADING

Ser a empresa brasileira mais flexível, dinâmica e ágil na produção, logística e comercialização de commodities agrícolas de forma integrada, com uma visão global e respeitando os limites de risco do negócio.

CESP

Ser líder na sua área de atuação, com excelência e sustentabilidade.

UPL DO BRASIL

Estar entre as sete maiores empresas do setor no Brasil até 2017.

FMC QUÍMICA

Ser uma empresa de maior porte, com maior solidez e maior alcance global do que somos hoje.

PETROVIA

Solidificar sua atuação em todo mercado da região Nordeste na distribuição, na comercialização e no armazenamento de combustíveis, visando prestar o melhor serviço para os seus clientes, com ética e responsabilidade socioambiental.

PIF PAF

Ser referência em praticidade com produtos diferenciados.

CAESB

Ser reconhecida como a melhor empresa do país em soluções e gestão em saneamento ambiental, com a qual as pessoas tenham orgulho e prazer em trabalhar.

COPEBRÁS

Aumentar a nossa participação no mercado brasileiro de fertilizantes e consolidar a nossa posição como um competidor relevante no mercado global de nióbio, maximizando a sinergia entre os ativos, a excelência operacional, a inovação e a qualidade dos produtos e dos relacionamentos.

ZONA SUL

Ser reconhecida como uma empresa modelo e rentável.

EXTRAFARMA

Ser referência nacional em varejo farmacêutico, com pioneirismo na incorporação de melhores práticas mundiais.

COMPESA

Ser referência regional em investimentos na ampliação, melhoria da qualidade e satisfação dos clientes nos serviços de abastecimento de água e esgotamento sanitário.

MARCOPOLO

Ser reconhecida mundialmente como a empresa brasileira mais competitiva nos segmentos de negócios em que estiver atuando e de sólida imagem econômica e social.

ENERGISA PARAÍBA

A Energisa será até 2020 uma das melhores e mais respeitadas empresas de energia elétrica no Brasil, atuando em distribuição, transmissão, geração, comercialização e serviços, sendo reconhecida pela qualidade do serviço aos seus clientes, pela eficiência nas operações e pela rentabilidade aos acionistas.

PRÓ-SAÚDE

Uma entidade reconhecida nacionalmente pela qualidade na implementação de soluções para as instituições e profissionais da saúde. Os projetos implementados pela Pró-Saúde permeiam a vida da comunidade onde são implantados, gerando qualidade comprovada no atendimento, na geração de emprego e renda, e na gestão participativa para a melhoria dos serviços prestados, além da promoção de serviços de educação e assistência social.

AWA BRASIL

Pensar à frente faz a inovação possível. Encorajamos o novo. Buscamos por comprometimento em tudo que fazemos com o objetivo de obter as melhores soluções. Visamos o crescimento contínuo da nossa organização, respeitando sempre os princípios do desenvolvimento sustentável.

GIASSI SUPERMERCADO

Estar sempre entre as melhores empresas supermercadistas.

GAROTO

Ser reconhecida como referência na sustentabilidade dos negócios através de pessoas.

CCPR

Ser a maior empresa e a marca preferida do mercado brasileiro de lácteos, com um modelo de negócio sustentável.

UNIMED FORTALEZA

Alcançar a satisfação plena dos nossos clientes, atingindo a classificação máxima de desempenho no mercado de saúde, e ser referência em modelo de gestão federativo sustentável dentro do sistema Unimed até 2016.

COMERCIAL CARVALHO

Satisfazer as necessidades e os desejos dos nossos clientes, oferecendo produtos e serviços de qualidade, com variedade e preços justos.

COASUL

Ser reconhecida pela qualidade de nossos produtos e serviços, atendendo às necessidades de nossos clientes.

OLEOPLAN

Ser percebida como uma indústria especializada em commodities agrícolas e articuladora da produção de grãos, proteínas, óleos vegetais e biocombustíveis.

VSB

Ser reconhecida no mercado e na sociedade pela gestão sustentável e como a melhor alternativa em soluções tubulares.

USINA COLOMBO

Ser referência no segmento sucroalcooleiro com ética, competitividade, excelência na gestão dos processos, na geração de valores e na satisfação dos acionistas, clientes, fornecedores, autoridade e sociedade.

POSITIVO INFORMÁTICA

Ser a marca mais valorizada de computadores no Brasil. Ser líder absoluta em vendas no mercado de computadores. Ser considerada uma empresa de vanguarda em tecnologia.

REFINARIA RIOGRANDENSE

Ser a melhor empresa na solução das necessidades do setor de petróleo e derivados na região onde atua, aliando as responsabilidades social e ambiental com a lucratividade.

SAPORE

Ser a melhor empresa de serviços de alimentação do mundo e ser o corresponsável pelo sucesso do nosso cliente, através da excelência de nosso serviço.

ELETROBRAS RONDÔNIA

Em 2020, ser o maior sistema empresarial global de energia limpa, com rentabilidade comparável à das melhores empresa do setor elétrico.

MAGNESITA

Ser o melhor fornecedor de soluções em refratários e minerais industriais, alavancando e desenvolvendo nossos recursos minerais.

PAQUETÁ CALÇADOS

Ser a empresa de referência, com marcas admiradas e preferidas nos mercados em que atuamos.

COCARI

Ser conduzida profissionalmente gerando resultados positivos, para, assim, promover o crescimento de seus cooperados e colaboradores, integrando-os na comunidade, buscando seu desenvolvimento sustentável e evolução social.

USAÇÚCAR

Manter-se no mercado sucroalcooleiro e de energia, sempre entre as maiores do setor.

COTRIJAL

Faturar R$2,705 bilhões até 2020.

COPERCAMPOS

Modelo cooperativista, referência no Agronegócio.

HERING

Ser reconhecida como a mais rentável e melhor gestora de marcas de vestuário.

TIGRE

Temos certeza de que o lugar onde as pessoas vivem pode ser sempre melhor.

PETROBAHIA

Ser, até 2020, referência no mercado de petróleo, gás e energia como a maior e mais rentável rede de negócios do Brasil.

COPAGRIL

Ser uma empresa sustentável e inovadora nos seus ambientes de atuação.

FRANGOS CANÇÃO

Estar entre as três maiores e melhores empresas do setor de aves do Brasil até 2020, no campo da produção e comercialização de aves*in natura*, por meio da rentabilidade e qualidade, além de forte atuação internacional e diversificação no mercado alimentício.

USINA DELTA

Ser uma empresa de referência do setor sucroenergético com foco na rentabilidade e na sustentabilidade.

SAP

Nossa visão é ajudar o mundo a funcionar melhor.

LABORATÓRIO CRISTÁLIA

Ser uma empresa referência, com propósitos e valores que contribuam de forma ampla e inovadora para o desenvolvimento de produtos e serviços que possibilitem um viver mais saudável e longevo aos seres humanos.

USINA DA PEDRA

Crescer sustentavelmente na produção de energia renovável, estando entre as melhores do setor.

HOSPITAL SANTA MARCELINA

Uma instituição que se torne modelo de gestão em saúde através da integração dos processos de informação, humanização e competência técnico--administrativa.

HOSPITAL N. S. CONCEIÇÃO

Ser uma instituição reconhecida nacionalmente por acolher e cuidar com qualidade e segurança.

MRN

Ser uma empresa economicamente saudável, alcançando níveis de desempenho compatíveis com as melhores operações do mundo, respaldada nos princípios das responsabilidades pública e social.

BURGER KING

Ser a marca de *fast food* preferida, mais rentável, com pessoas talentosas e forte presença nacional.

ELETROBRAS DISTRIBUIÇÃO PIAUÍ

Em 2020, ser o maior sistema empresarial global de energia limpa, com rentabilidade comparável à das melhores empresas do setor elétrico.

ODONTOPREV

Ser sinônimo de boa odontologia para milhões de beneficiários em todo o mundo, contribuindo significativamente para sua evolução.

AVIBRAS

Ser referência no Brasil em independência tecnológica, soluções singulares, solidez, arrojo técnico, competitividade e responsabilidade, sempre norteada pelos interesses maiores da nação.

BRASILGÁS

Ser referência mundial de GLP.

SISTEMA PRODUTOR SÃO LOURENÇO

Ser líder de mercado.

AMAGGI AGRO

Ser uma empresa de referência no desenvolvimento sustentável.

TAESA

Até o final de 2017, a TAESA será a transmissora de energia elétrica do setor privado brasileiro com maior valor de mercado, através do crescimento sustentável e da eficiência operacional.

BAHIAGÁS

Ser uma das empresas líderes no segmento de distribuição e comercialização de gás natural no Brasil, consolidando-se como referência na qualidade dos serviços e em práticas de gestão, com reconhecimento pela sociedade como importante vetor de desenvolvimento da Bahia.

OMINT SAÚDE

Atingir a liderança nas suas atividades quanto à eficácia profissional e comportamento ético.

VBR

Ser reconhecida no mercado e na sociedade pela gestão sustentável e como a melhor alternativa em soluções tubulares.

HCPA

Transformar a realidade com inovação em saúde.

ARAUCO

Ser referência mundial no desenvolvimento sustentável de produtos florestais.

GERDAU

Ser global e referência nos negócios em que atua.

FRIGOL

Ser a melhor empresa no setor em que a tua, seguindo elevados padrões operacionais, sociais e de meio ambiente para a sua perpetuidade.

ELETROBRAS DISTRIBUIÇÃO ALAGOAS

Estar entre as três maiores empresas globais de energia limpa e entre as dez maiores do mundo em energia elétrica, com rentabilidade comparável à das melhores do setor e sendo reconhecida por todos os seus públicos de interesse.

COPERCANA

Ser referência no cooperativismo agropecuário e crescer com rentabilidade, atendendo a seus cooperados, clientes e à comunidade em que está inserida com excelência e qualidade nos produtos comercializados e serviços prestados.

PRODUQUÍMICA

Ajudar a alimentar o mundo através do aumento sustentável da produtividade agrícola. Contribuir com soluções eficientes para o uso sustentável da água. Interagir em harmonia com a natureza e todos os seus seres vivos, e seguir elevados padrões éticos ao fazer negócios.

PETROBRAS

Respeito à vida, às pessoas e ao meio ambiente. Ética e transparência. Orientação ao mercado. Superação e confiança. Resultados.

PETROBRAS DISTRIBUIDORA

Respeito à vida, às pessoas e ao meio ambiente. Ética e transparência; Orientação ao mercado. Superação e confiança. Resultados.

RAÍZEN COMBUSTÍVEIS

Nossos pilares são: inovação, meritocracia, excelência e respeito à vida. Somos questionadores e queremos pensar mais longe. Idealizamos soluções novas para pequenos ou grandes desafios, influenciando o rumo dos negócios e a vida das pessoas. Nossas atitudes: pensar grande, valorizar clientes e parceiros, fazer mais e melhor, ter paixão em tudo o que fazemos, Agir com ética e segurança. Buscar ativamente oportunidade e soluções com foco na realização dos nossos objetivos.

VALE

A vida em primeiro lugar. Valorizar quem faz a nossa empresa. Cuidar do nosso planeta. Agir de forma correta. Crescer e evoluir juntos. Fazer acontecer.

TELEFÔNICA

Compromisso. Visão. Fortaleza. Talento.

CARGILL

Funcionários engajados. Clientes satisfeitos. Comunidades enriquecidas. Crescimento lucrativo.

BRASKEM

Confiança nas pessoas. Retorno aos acionistas. Autodesenvolvimento das pessoas. Satisfação do cliente. Parceria entre os integrantes. Reinvestimentos dos resultados.

BRF

Parceiros da natureza. Nutrindo a vida. Preparando alimentos com amor.

BUNGE

Integridade: é a base de tudo o que fazemos. Isso significa fazer não apenas o que é necessário, mas o que é certo. Significa atuar de forma ética e justa e cumprir nossas promessas com colegas e clientes. Honestidade e justiça direcionam todas as nossas ações. Trabalho em equipe: é essencial porque ninguém domina o mercado apenas com boas ideias. Os empreendedores mais bem-sucedidos, apesar de terem espírito competitivo, trabalham melhor quando atuam em equipe — compartilhando visões, combinando esforços e multiplicando seus pontos fortes. Valorizamos a excelência individual e o trabalho em equipe para benefício da Bunge e das partes envolvidas. Cidadania: nosso senso de cidadania se estende a todas as partes envolvidas. Contribuímos para o desenvolvimento das pessoas e da estrutura social e econômica das comunidades em que operamos. Também buscamos ser defensores do meio ambiente, usando recursos naturais de maneira eficiente e responsável. Empreendedorismo: o empreendedorismo faz as mudanças acontecerem. Ele nos impulsiona a desafiar a sabedoria convencional, a questionar nossas suposições e, assim, a criar novas oportunidades e a melhorar continuamente. Prezamos a iniciativa individual de encontrar oportunidades e gerar resultados. Abertura e confiança: incentivamos a livre discussão e depositamos confiança nos nossos colegas. Valorizamos novas ideias e opiniões, mesmo que sejam um contrassenso, e esperamos ouvir informações exatas, mesmo — ou especialmente — quando não trazem boas notícias. A confiança na honestidade e na capacidade dos nossos colegas é o que torna nossa equipe mais eficiente. Somos abertos a ideias e opiniões diferentes e confiamos em nossos colegas.

JBS

Atitude de dono: comprometido com o resultado, conhece com profundidade aquilo que faz e tem a visão do todo. Age com obstinação, disciplina e foco no detalhe. É mão na massa, busca sempre ser o melhor naquilo que faz e não desiste nunca. Está sempre disponível e dá o exemplo. Indigna-se, não se conforma, não fica quieto nem se omite quando vê algo que não funciona bem ou possa ser melhorado. É atento aos gastos e à economia de cada centavo. Está engajado com a cultura da organização. Determinação: é obstinado, entrega resultados superiores e cumpre seus compromissos. Faz as coisas acontecerem, busca alternativas para os problemas e engaja as pessoas em prol de um objetivo comum. Tem senso de urgência, atitude de dono e não desiste nunca. Disciplina: cumpre o combinado, é pontual com horário e seus compromissos. Executa suas tarefas de forma disciplinada. É focado, pragmático, otimiza o tempo, atividades e recursos. Entrega resultados, não cria justificativas e desculpas. Disponibilidade: é receptivo, acessível, disponível, não tem dia e não tem hora, está sempre pronto e tem o trabalho como prioridade. Está aberto ao novo, às mudanças e é motivado para novos desafios. Simplicidade: faz as coisas acontecerem de forma simples e prática, é mão na massa, vai direto ao ponto, descomplica e desburocratiza respeitando as normas. Franqueza: é direto, sincero, verdadeiro e transparente em suas relações, sempre com respeito, de forma positiva, agregadora e acolhedora. Não se omite, expressa suas opiniões mesmo quando são contrárias às dos demais. Sabe dizer não. Humildade: sabe ouvir, é atencioso, considera a opinião dos outros. Não importa quem fez, importa que fizemos. Não tem vergonha de perguntar nem de dizer que não sabe. Não é arrogante nem vaidoso e age com respeito. Não se preocupa com status nem se acha dono da verdade. Prioriza o nós e não o eu.

GPA

Poder de escolha do cliente: tudo o que fazemos é para sermos, sempre, a primeira escolha dos nossos clientes. Poder da simplificação: simplificamos nossas discussões, processos e planos, sendo pragmáticos para garantir que as nossas ações sejam eficientes e aconteçam de forma ágil e do jeito certo. Poder de impactar as pessoas: valorizamos e reconhecemos nosso poder de impactar positivamente a vida de milhares de pessoas, construindo uma sociedade diversa e melhor. Poder de realizar todos os dias: nossa gente é movida pela capacidade de realizar, de trabalhar junto, para liderar com orgulho as mudanças de mercado e, assim, crescer junto com o nosso negócio, construindo o futuro a cada dia.

AMBEV

Nosso sonho nos inspira a trabalhar juntos, unindo as pessoas por um mundo melhor. Pessoas excelentes, com liberdade para crescer em velocidades compatíveis com seu talento e recompensadas adequadamente, são os ativos mais valiosos da nossa companhia. Selecionamos, desenvolvemos e retemos pessoas que podem ser melhores que nós mesmos. Avaliamos nossos líderes pela qualidade das suas equipes. Nunca estamos completamente satisfeitos com nossos resultados, que são o combustível de nossa companhia. Foco e tolerância zero garantem uma vantagem competitiva duradoura. O consumidor é o patrão. Nos conectamos com nossos consumidores oferecendo experiências que têm um impacto significativo em suas vidas, sempre de forma responsável. Somos uma companhia de donos. Donos assumem resultados pessoalmente. Acreditamos que o bom senso e a simplicidade orientam melhor do que a sofisticação e a complexidade desnecessárias. Gerenciamos nossos custos rigorosamente, a fim de liberar mais recursos para suportar o nosso crescimento no mercado de maneira sustentável e rentável. Liderança pelo exemplo pessoal é o melhor guia para nossa cultura. Fazemos o que falamos. Nunca pegamos atalhos. Integridade, trabalho duro, consistência e responsabilidade são essenciais para construir nossa companhia.

FIAT

Satisfação do cliente: ele é a razão da existência de qualquer negócio. Valorização e respeito às pessoas: o grande diferencial que torna tudo possível são as pessoas. Atuar como parte integrante da FCA: juntos nossa marca fica muito mais forte. Responsabilidade social: é a única forma de crescer em uma sociedade mais justa. Respeito ao meio ambiente: é isso que nos dá a perspectiva do amanhã.

FURNAS

Empreendedorismo. Transparência. Trabalho em Rede. Sustentabilidade. Valorização das Pessoas. Adaptabilidade. Foco em Resultados.

VIA VAREJO

Nossa causa. Nossa gente. Temos brilho nos olhos e nos orgulhamos de fazer parte de um time que estabelece relações de confiança com simplicidade, humildade e respeito. Dedicação: servimos aos nossos colaboradores, clientes e sociedade com paixão, excelência e disponibilidade. Resultados sustentáveis. Somos comprometidos com resultados desafiadores nas diversas dimensões do negócio que contribuem para a perpetuidade da empresa Via Varejo. Prático e simples. Nossa simplicidade, nossa agilidade e a eficiência dos processos garantem a qualidade da gestão.

SAMSUNG

Criatividade. Parceria. Pessoas excelentes.

JBS FOODS

Atitude de dono: comprometido com o resultado, conhece com profundidade aquilo que faz e tem a visão do todo. Age com obstinação, disciplina e foco no detalhe. É mão na massa, busca sempre ser o melhor naquilo que faz e não desiste nunca. Está sempre disponível e dá o exemplo. Indigna-se, não se conforma, não fica quieto nem se omite quando vê algo que não funciona bem ou possa ser melhorado. É atento aos gastos e à economia de cada centavo. Está engajado com a cultura da organização. Determinação: é obstinado, entrega resultados superiores e cumpre seus compromissos. Faz as coisas acontecerem, busca alternativas para os problemas e engaja as pessoas em prol de um objetivo comum. Tem senso de urgência, atitude de dono e não desiste nunca. Disciplina: cumpre o combinado, é pontual com horário e seus compromissos. Executa suas tarefas de forma disciplinada. É focado, pragmático, otimiza o tempo, atividades e recursos. Entrega resultados, não cria justificativas e desculpas. Disponibilidade: é receptivo, acessível, disponível, não tem dia e não tem hora, está sempre pronto e tem o trabalho como prioridade. Está aberto ao novo, às mudanças e é motivado para novos desafios. Simplicidade: faz as coisas acontecerem de forma simples e prática, é mão na massa, vai direto ao ponto, descomplica e desburocratiza respeitando as normas. Franqueza: é direto, sincero, verdadeiro e transparente em suas relações, sempre com respeito, de forma positiva, agregadora e acolhedora. Não se omite, expressa suas opiniões mesmo quando são contrárias às dos demais. Sabe dizer não. Humildade: sabe ouvir, é atencioso, considera a opinião dos outros. Não importa quem fez, importa que fizemos. Não tem vergonha de perguntar nem de dizer que não sabe. Não é arrogante nem vaidoso e age com respeito. Não se preocupa com status nem se acha dono da verdade. Prioriza o nós e não o eu.

CORREIOS

Integridade em todas as relações, pautada na ética, na transparência e na honestidade. Respeito às pessoas, valorizando suas competências e prezando por um ambiente justo e seguro. Compromisso com o resultado, assegurando retornos consistentes à sociedade. Responsabilidade na prestação de serviços e no uso consciente de recursos para assegurar a sustentabilidade do negócio. Orgulho em servir à sociedade e pertencer aos Correios. Orientação ao futuro para responder às necessidades dos clientes com agilidade.

AMIL

Integridade. Compaixão. Relacionamentos. Inovação. Performance.

EMBRAER

Nossa gente é o que nos faz voar. Pessoas felizes, competentes, valorizadas, realizadas e comprometidas com o que fazem. Pessoas que trabalham em equipe e agem com integridade, coerência, respeito e confiança mútua. Existimos para servir a nossos clientes Conquista da lealdade dos clientes através de sua plena satisfação e da construção de relações fortes e duradouras. Estabelecimento de parcerias em real comprometimento e flexibilidade. Buscamos a excelência empresarial. Ação empresarial orientada para simplicidade, agilidade, flexibilidade e segurança, com permanente busca da melhoria contínua e da excelência. Atitude empreendedora calcada em planejamentos integrados, delegação responsável e disciplina de execução. Ousadia e inovação são a nossa marca. Vanguarda tecnológica, organização que aprende continuamente, capacidade de inovação, de transformação da realidade interna e de influência nos mercados em que atua. Visão estratégica e capacidade de superação de desafios, com criatividade e coragem. Construímos um futuro sustentável. Incessante busca de construção das bases para a perpetuidade da empresa, com rentabilidade aos acionistas, respeito à qualidade de vida, ao meio ambiente e à sociedade. Atuação global é a nossa fronteira. Pensamento e presença globais, com ação local, como alavancas de competitividade, através da utilização do que há de melhor em cada lugar. Visão de um mundo sem fronteiras e de valorização da diversidade.

CRBS

Os nossos princípios se dividem em sonhos grandes, pessoas excelentes e cultura forte. Nosso sonho nos inspira a trabalhar juntos, unindo as pessoas por um mundo melhor. Pessoas excelentes, com liberdade para crescer em velocidades compatíveis com seu talento e recompensadas adequadamente, são os ativos mais valiosos da nossa companhia. Selecionamos, desenvolvemos e retemos pessoas que podem ser melhores que nós mesmos. Avaliamos nossos líderes pela qualidade das suas equipes. Nunca estamos completamente satisfeitos com nossos resultados, que são o combustível de nossa companhia. Foco e tolerância zero garantem uma vantagem competitiva duradoura. O consumidor é o patrão. Nos conectamos com nossos consumidores oferecendo experiências que têm um impacto significativo em suas vidas, sempre de forma responsável. Somos uma companhia de donos. Donos assumem resultados pessoalmente. Acreditamos que o bom senso e a simplicidade orientam melhor do que a sofisticação e a complexidade desnecessárias. Gerenciamos nossos custos rigorosamente, a fim de liberar mais recursos para suportar o nosso crescimento no mercado de maneira sustentável e rentável. Liderança pelo exemplo pessoal é o melhor guia para nossa cultura. Fazemos o que falamos. Nunca pegamos atalhos. Integridade, trabalho duro, consistência e responsabilidade são essenciais para construir nossa companhia.

ARCELORMITTAL BRASIL

Sustentabilidade: queremos ser competitivos e prosperar no mundo de amanhã. Isso significa que precisamos entender como o mundo está evoluindo, não só do ponto de vista econômico e de mercado, mas também em termos de megatendências sociais e ambientais que irão moldar o nosso futuro. Nosso pensamento estratégico deve ser baseado na garantia de uma posição competitiva em relação à concorrência, mas também levando em consideração as expectativas da sociedade para uma economia mais circular e de baixo carbono. Isso permitirá que tomemos as decisões certas em relação às prioridades de investimento e que consigamos construir uma plataforma mais sólida para nossa empresa. Esse pensamento de longo prazo é essencial se quisermos assegurar o sucesso comercial contínuo e o apoio dos nossos *stakeholders*. Qualidade: é essencial para a nossa vantagem competitiva. Devemos procurar superar as expectativas em relação aos nossos produtos, processos e desempenho, combinando nosso conhecimento operacional profundo com uma visão apurada dos negócios, além do desejo de inovar e expandir o potencial do aço. Devemos desejar alcançar a excelência em tudo que fazemos, inspirando nossos colegas a desenvolver novas ideias e sair na frente. Liderança: somos líderes na indústria em termos de volumes produzidos e de volume de vendas e somos classificados como número um por nossos clientes. Alcançamos essa posição de liderança como resultado do nosso pensamento visionário e da nossa vontade de desafiar o status quo. No mundo altamente competitivo em que operamos, devemos continuar a demonstrar liderança de opiniões e defender novas ideias e novas formas de operar. Devemos estar abertos à mudança, focados em impulsionar a inovação e em buscar oportunidades de transformação. Nós não esperamos que os outros nos mostrem o caminho. Nós encontramos o caminho e, ao fazermos isso, demonstramos aos *stakeholders* o valor que a nossa empresa pode trazer para a sociedade.

TIM

Cuidar do cliente: fazemos perguntas legítimas ao cliente para identificar suas necessidades. Ouvimos os clientes com atenção e curiosidade. Levamos em consideração a experiência do cliente em cada uma de nossas decisões. Nos orgulhamos de poder contribuir para uma vida melhor de nossos clientes. Transparência: estabelecemos relações claras e francas com todos. Geramos confiança por meio da integridade e da transparência em nossas ações. Inovação: inovamos criando novas formas de fazer as coisas. Usamos a criatividade de cada um para fazermos mais. Comprometimento: somos responsáveis. Nos reconhecemos como parte de um projeto comum. Colaboramos colocando nossos talentos e nossa dedicação em cada gesto. Agilidade: fazemos mais, melhor e mais rápido, em um mundo cada vez mais complexo e dinâmico. Planejamos, decidimos e executamos rapidamente, facilitando o dia a dia de todos.

SABESP

Respeito à sociedade e ao cliente. Respeito ao meio ambiente. Respeito às pessoas. Integridade. Competência. Cidadania.

WALMART BRASIL

Vendemos por menos para as pessoas viverem melhor! Sempre respeitando o indivíduo — seja funcionário, cliente, fornecedor ou membro da comunidade em geral, independentemente de etnia, gênero ou orientação sexual — e buscando a excelência, inovando sempre na seleção e na promoção de produtos e serviços. No atendimento ao cliente, queremos superar a expectativa de nossos consumidores, pois queremos ser o melhor varejista do Brasil — na mente e no coração dos consumidores e funcionários.

LOUIS DREYFUS

Comprometimento: nosso comprometimento está na forma como construímos relacionamentos baseados em confiança com nossos parceiros em todas as fases da cadeia de valor, mantendo os mais elevados padrões éticos ao buscar excelência. Humildade: nossa posição de liderança nos torna plenamente conscientes de nossa responsabilidade de agir com integridade e questionar continuamente a forma como trabalhamos, para nos engajarmos e aprendermos sempre com nossos clientes, parceiros e comunidades. Diversidade: nossa perspectiva global promove o respeito à diversidade em todos os aspectos do nosso negócio e em todas as comunidades em que atuamos. Empreendedorismo: nosso espírito empreendedor impulsiona o crescimento, apoiando as pessoas a terem iniciativas com base em forte gestão de risco para permitir a tomada de decisão rápida, clara e embasada.

CHESF

Segurança. Respeito às pessoas com justiça e equidade. Ética e transparência. Inovação e empreendedorismo. Compromisso com a sociedade. Preservação do meio ambiente.

CARREFOUR

Paixão: temos paixão em tudo o que fazemos. Inovação: inovamos para surpreender e encantar. Cuidar: somos feitos de gente que cuida de gente e do que faz. Excelência: queremos fazer melhor todos os dias. Colaboração: fazemos juntos para sermos mais fortes.

ALE

Somos empreendedores. Buscamos novos caminhos. Acreditamos no desenvolvimento sustentável, equilibrando interesses econômicos, ambientais e sociais. Somos integrados à região em que estamos presentes. Fortalecemos nossas parcerias diariamente. Estimulamos a criatividade de nossa equipe e de nossos parceiros. Agimos como falamos. Sempre com integridade e coerência. Valorizamos a segurança, o bem-estar e a qualidade de vida das pessoas.

ITAIPU BINACIONAL

Respeito ao ser humano. Integração binacional. Reconhecimento dos resultados do trabalho das pessoas. Desenvolvimento sustentável regional. Responsabilização e prestação de contas. Ética e integridade.

COPERSUCAR-COOPERATIVA

Somos desafiadores: questionamos os limites e nos colocamos desafios. Somos empreendedores: fazemos acontecer com ética e seriedade. Somos responsáveis: para nós, o combinado não sai caro. Fazemos o que falamos. Assumimos riscos considerando os impactos de curto e de longo prazos das nossas decisões e ações. Somos ágeis: temos senso de urgência, mas pensamos antes de agir. Respondemos de forma rápida às necessidades do mercado e de nossos clientes, com processos flexíveis e eficientes. Somos profissionais: valorizamos a meritocracia e a alta performance. Estimulamos o diálogo e o aprendizado. Investimos no desenvolvimento das pessoas e reconhecemos suas ideias e contribuições. Somos colaborativos: atuamos em rede. Agimos de forma integrada e global. Compartilhamos opiniões, conhecimentos e experiências em busca do desenvolvimento do negócio e das pessoas.

AES ELETROPAULO

Segurança em primeiro lugar. Agir com integridade, honrar compromissos, buscar a excelência e realizar-se no trabalho

RAIADROGASIL

Eficiência: fazer sempre muito bem feito, com o melhor resultado. Ética: fazer o que é certo, de forma transparente e com honestidade, seja qual for a situação. Inovação: inovar hoje para ser melhor amanhã. Relações de confiança: ter interesse genuíno nas pessoas, cultivando relações de confiança. Visão de longo prazo: agir hoje, criando valor no futuro para nós e para toda a sociedade.

COAMO

Ética, transparência e honestidade de princípios. A credibilidade é a base do cooperativismo perante o quadro social. Para a Coamo, a ética e a honestidade são a base de toda e qualquer relação. Temos princípios e não hesitamos em comunicá-los e praticá-los. Somos transparentes ao comunicar boas e más notícias, e expressamos nossa opinião com honestidade. Fazemos as coisas certas pelas boas razões e cumprimos o que prometemos. Para nós, esse valor também está presente na competência do indivíduo em desenvolver suas funções, entregando o que lhe foi confiado fazer. Equidade, respeito e valorização ao ser humano. Tratamos a todos de forma respeitosa, sem distinção, e os ajudamos em suas realizações. Para a Coamo, todos os cooperados são iguais e devem usufruir dos mesmos benefícios. Essa imparcialidade também se estende à forma respeitosa de tratar os funcionários, clientes e parceiros. Esse respeito advém da harmonia entre diretores, cooperados e funcionários, que constitui o tripé de sustentação da cooperativa. Valorizamos o ser humano e buscamos contribuir para o seu crescimento. Investir no desenvolvimento pessoal, profissional e na família como importante espaço de realização da pessoa, constitui a essência desse pensamento. Assim, inúmeras iniciativas da cooperativa estendem-se às famílias dos cooperados e funcionários. Responsabilidade, segurança e solidez. Somos comprometidos e responsáveis com os recursos e o patrimônio dos cooperados. A Coamo trabalha com responsabilidade na gestão dos recursos e do patrimônio dos seus cooperados, pratica a política de capitalização e gerencia a cooperativa dentro das modernas técnicas de administração, o que permite atravessar crises, aproveitar oportunidades e gerar confiança aos parceiros. O que fazemos tem dedicação e comprometimento. As decisões corporativas são pautadas na perpetuação dos negócios, na estabilidade administrativa e na construção de um amanhã melhor aos cooperados. Representamos os interesses político-sociais relacionados ao cooperativismo, por isso desenvolvemos relações mútuas e continuadas com entidades públicas e privadas ligadas ao setor. Qualidade e inovação sustentável. Asseguramos qualidade em tudo o que fazemos e inovamos sempre de forma consistente. A Coamo assegura a qualidade de seus produtos e serviços. Operando em conformidade com as regras e os padrões de mercado, melhora continuamente seus processos, testa o que oferece, define e monitora indicadores de desempenho, bem como prima pela satisfação das necessidades dos cooperados, clientes e parceiros. Nas decisões, consideramos os aspectos técnicos e avaliamos em que medida a inovação agrega benefícios aos cooperados, o que não nos impede de sermos inovadores, pelo contrário, somos pioneiros em muitos projetos, sobretudo quando relacionados à modernização da agropecuária. Cooperativismo de resultado. Somos unidos pela filosofia do cooperativismo e organizados como empresa na busca de resultado. Na Coamo, estamos associados por uma finalidade em comum e, enquanto organizados como empresa, nossas ações estão sistematicamente voltadas a proporcionar benefícios duradouros e viabilidade às atividades dos cooperados. Investimos no uso racional dos recursos e buscamos sempre fazer mais com menos. Nosso desenvolvimento é pautado por ações sustentáveis que contribuem para a realização de operações ecologicamente corretas, socialmente responsáveis e economicamente viáveis aos cooperados, clientes e parceiros. Por extensão, os resultados gerados aos cooperados também contribuem para o desenvolvimento das comunidades onde atuamos.

CEMIG DISTRIBUIÇÃO

Integridade: honrar compromissos e agir com transparência e honestidade. Ética: praticar o bem. Respeitar a dignidade das pessoas. Riqueza: gerar bens e serviços para o bem-estar e para a prosperidade de clientes, acionistas, empregados, fornecedores e sociedade. Responsabilidade social: suprir energia segura, limpa, confiável e efetiva em termos de custo, contribuindo para o desenvolvimento econômico e social. Entusiasmo no trabalho: agir com comprometimento, criatividade e dedicação. Espírito empreendedor. Tomar iniciativas, ousar e decidir, observando as diretrizes da empresa.

AMAGGI COMMODITIES

Integridade: ser ético, justo e coerente com o que pensa, fala e faz. Respeito ao meio ambiente: ser referência na gestão socioambiental. Simplicidade: concentrar-se no essencial, incentivando a agilidade e a desburocratização. Humildade: demonstrar respeito por todas as pessoas, mantendo o bom senso nas relações profissionais e pessoais. Gestão participativa: estimular a participação, promovendo o reconhecimento e o crescimento profissional, envolvendo as pessoas nos processos importantes da empresa. Comprometimento ("vestir a camisa"): ter paixão e orgulho pelo trabalho e se empenhar pelo sucesso da empresa. Inovação e empreendedorismo: manter na organização pessoas criativas, participativas, ousadas, talentosas e entusiasmadas, que fazem a diferença no mercado competitivo. Respeito aos nossos parceiros. Cultivar as boas relações comerciais, mantendo o compromisso de ser uma empresa admirada e respeitada por todos.

GLOBO

Respeito à diversidade: o respeito ao outro, a valorização da diversidade e a convicção de que todos dependem de todos são componentes essenciais da nossa identidade. Estética: somos comprometidos com a estética. Tudo que resulta desse compromisso encanta, educa e enriquece a vida das pessoas. Qualidade e inovação: buscamos qualidade em tudo o que fazemos. Queremos que nosso público perceba nossos produtos como os melhores, os mais criativos e mais inovadores, atendendo às suas necessidades e superando suas expectativas. Crescer juntos: nossa atuação deve ser benéfica para todos que se relacionam conosco e assim ser percebida. Brasilidade: o Brasil é a nossa origem e a nossa fonte de inspiração. Acreditamos que a cultura brasileira tem uma contribuição a dar ao mundo. Paixão por comunicação: a comunicação nos apaixona em todas as suas dimensões. Na elaboração do nosso trabalho, nos vínculos com o nosso público e no impacto positivo que pode proporcionar à sociedade. Talento e liderança: desde a origem, nossa marca tem sido trabalhar com os melhores talentos e dar a eles condições para sua realização profissional. Essa é a base para se alcançar a liderança. Atitude otimista: somos otimistas em nossas atitudes e em nossos objetivos.

Investimos num futuro melhor e nos comprometemos com ele, fazendo hoje todo o necessário para construí-lo.

GENERAL MOTORS

Clientes: o cliente está no centro de tudo que fazemos. Ouvimos com atenção às suas necessidades. Cada interação é importante. Segurança e qualidade são compromissos fundamentais, jamais questionados. Relacionamentos: nosso sucesso depende de nossos relacionamentos dentro e fora da empresa. Globalmente, encorajamos diferentes maneiras de pensar e colaborar, para oferecer a melhor experiência para o cliente. Excelência: agimos com integridade. Somos guiados por engenhosidade e inovação. Temos coragem para dizer e fazer o que é difícil. Cada um de nós é responsável pelos resultados e está determinado a vencer.

OI MÓVEL

Cliente primeiro: sabemos que, para criar conexões transformadoras em um mundo que evolui cada vez mais rápido, é preciso estarmos sempre atentos aos movimentos e às demandas dos nossos clientes. Antecipamos necessidades e pensamos nos outros antes de pensar em nós. Nossos clientes norteiam tudo o que fazemos. Compromisso com a evolução: em todas as nossas ações, procuramos promover ambientes colaborativos, estimular o espírito empreendedor, a inovação e a curiosidade. Sabemos que, ao contribuir para a evolução das pessoas, estamos impulsionando a sociedade e cumprindo o nosso propósito — potencializar conexões que impulsionam pessoas. Foco dá resultado: ter foco é olhar para um objetivo, é saber aonde queremos chegar, é fazer escolhas, estabelecer prioridades. Permite que sejamos mais efetivos em tudo que fazemos, gerindo os recursos da companhia como se fossem nossos. Credibilidade se cultiva: acreditamos que devemos ser íntegros em tudo que fazemos — das conexões que criamos à forma como executamos nossos processos. É assim que conquistamos confiança e construímos relações e negócios fortes, sérios e duradouros, com todos os nossos parceiros. Nós somos a Oi dentro ou fora do escritório, a Oi é o pulso e a vibração de cada um. Caminhamos e evoluímos juntos, e na mesma direção. Sabemos que em cada gesto, ação ou decisão estamos representando toda a organização. Por isso, agimos como parte do todo, sempre em busca do melhor caminho.

CSN

Nosso caminho é de respeito à vida, à ética e ao planeta Nosso foco é a excelência operacional Nossas soluções são inovadoras e integradas Nossa força vem de pessoas que fazem a diferença Nosso orgulho é ser CSN.

YARA BRASIL

Ambição: ter desempenho acima das expectativas, tomar a iniciativa e trabalhar constantemente de forma alinhada às ambições da Yara e às metas pessoais. Curiosidade: fazer perguntas arrojadas e inteligentes; a curiosidade é a alma da nossa cultura. Foi a curiosidade que construiu o conhecimento que levou os três notáveis fundadores da Yara a inovarem e a abordarem o desafio da fome iminente no início do século XX na Europa. Colaboração: trabalhar juntos com respeito, parceria, valorizando as perspectivas e as abordagens de cada um. A arte da colaboração — tanto internamente na Yara quanto externamente com o resto do mundo — amplia o nosso conhecimento coletivo. *Accountability*: ser confiável, assumir a responsabilidade e ter sempre os interesses da Yara e da sociedade em mente diante de decisões difíceis. Por meio da responsabilidade, conquista-se a confiança.

MAGAZINE LUIZA

Respeito, desenvolvimento e reconhecimento: nós colocamos as pessoas em primeiro lugar. Elas são a força e a vitalidade da nossa organização. Ética: nossas ações e relações são baseadas na verdade, integridade, honestidade, transparência, justiça e bem comum. Simplicidade e liberdade de expressão: buscamos a simplicidade nas nossas relações e processos, respeitamos as opiniões de todos e estamos abertos a ouvi-las, independentemente da posição que ocupam na empresa. Inovação e ousadia: cultivamos o empreendedorismo na busca de fazer diferente, por meio de iniciativas inovadoras e ousadas. Crença: acreditamos em um ser supremo, independentemente de religião, bem como nas pessoas, na empresa e no nosso país. Regra de ouro: faça aos outros o que gostaria que fizessem a você.

GOL

Baixo custo. Time de águias. Inteligência. Servir.

LIGHT SESA

Valorização da vida. Ética. Senso de dono. Simplicidade. Meritocracia.

ELETRONORTE

Foco em resultados; ética e transparência; valorização e comprometimento das pessoas; empreendedorismo e inovação; sustentabilidade.

COPERSUCAR

Somos desafiadores: questionamos os limites e nos colocamos desafios. Somos empreendedores: fazemos acontecer com ética e seriedade. Somos responsáveis: para nós, o combinado não sai caro. Fazemos o que falamos. Assumimos riscos considerando os impactos de curto e de longo prazos das nossas decisões e ações. Somos ágeis: temos senso de urgência, mas pensamos antes de agir. Respondemos de forma rápida às necessidades do mercado e de nossos clientes, com processos flexíveis e eficientes. Somos profissionais: valorizamos a meritocracia e a alta performance. Estimulamos o diálogo e o aprendizado. Investimos no desenvolvimento das pessoas e reconhecemos suas ideias e contribuições. Somos colaborativos: atuamos em rede. Agimos de forma integrada e global. Compartilhamos opiniões, conhecimentos e experiências em busca do desenvolvimento do negócio e das pessoas.

COPEL DISTRIBUIÇÃO

Ética: resultado de um pacto coletivo que define comportamentos individuais alinhados a um objetivo comum. Respeito às pessoas: consideração com o próximo. Dedicação: capacidade de se envolver de forma intensa e completa no trabalho contribuindo para a realização dos objetivos da organização. Transparência: prestação de contas das decisões e realizações da empresa para informar seus aspectos positivos ou negativos a todas as partes interessadas. Segurança e saúde: ambiente de trabalho saudável em que os trabalhadores e os gestores colaboram para o uso de um processo de melhoria contínua da proteção e promoção da segurança, saúde e bem-estar de todos. Responsabilidade: condução da vida da empresa de maneira sustentável, respeitando os direitos de todas as partes interessadas, inclusive das futuras gerações e o compromisso com a sustentação de todas as formas de vida. Inovação: aplicação de ideias em processos, produtos ou serviços de forma a melhorar algo existente ou construir algo diferente e melhor.

BAYER

Liderança: empenhar-se pelos colaboradores e zelar pelo desempenho. Mostrar iniciativa própria, inspirar e motivar os outros. Assumir a responsabilidade por ações e resultados, bem como por sucessos e fracassos. Tratar os outros com respeito e de forma justa. Dar feedback claro, honesto e no momento certo. Gerir os conflitos de forma construtiva. Integridade: ser um exemplo. Cumprir as leis, as regulamentações e as boas práticas de negócios. Confiar nos outros e construir relacionamentos de confiança. Ser honesto e confiável. Ouvir atentamente e comunicar-se adequadamente. Assegurar a sustentabilidade, equilibrando os resultados de curto prazo e as exigências de longo prazo. Zelar pelas pessoas, pela segurança e pelo meio ambiente. Criar valor para todos os nossos *stakeholders*. Flexibilidade: promover proativamente as mudanças. Estar pronto para adaptar-se às necessidades e tendências futuras. Questionar o status quo. Pensar e agir com foco nos clientes. Buscar oportunidades e assumir riscos calculados. Ser livre de preconceitos. Estar disposto a aprender o tempo todo. Eficiência: gerenciar os recursos de maneira inteligente. Focar as atividades que geram valor. Fazer as coisas de forma simples e eficiente. Entregar atividades e resultados com qualidade, velocidade e custos apropriados. Assumir a responsabilidade pela execução consistente. Acelerar os processos de tomada de decisão. Cooperar na busca das melhores soluções.

AURORA ALIMENTOS

Ética: proceder com lealdade, confiança, honestidade, respeito e transparência. Qualidade: atender às expectativas dos clientes e consumidores, através de processos e pessoas qualificadas e comprometidas. Confiança: conquistada através de relacionamentos duradouros, embasados em boa comunicação, satisfação, credibilidade e comprometimento. Cooperação: praticar os princípios do cooperativismo nas relações internas, externas e com as cooperativas filiadas. Sustentabilidade: promover o desenvolvimento econômico, buscando o bem estar social e a preservação do meio ambiente.

SYNGENTA

Inovação em escala: significa ir sempre em busca do melhor caminho, transformando ideias em ciência e negócios em soluções. Acreditamos que a inovação é resultado da criatividade e da coparticipação, de nossos colaboradores e clientes. Intensidade com critério: é um valor que se refere à mobilização para concretizar algo, seja uma simples ação, seja um grande projeto, focando nossa paixão e nossa energia. Saúde por meio de ação: está ligado à nossa contribuição para a qualidade de vida, que reflete nosso profundo respeito pela natureza, bem como nosso compromisso de liberar a vitalidade e o potencial de nossos profissionais. Performance para vencer: significa entregar resultados de alta qualidade para o mercado por meio de padrões sustentáveis, ou seja, construir nossa companhia com segurança e ética, cumprindo nossas promessas.

CTEEP

Ética: ter a coerência entre o discurso e a prática desenvolvendo atitudes e ações transparentes, fundamentais para a construção de relações duradouras com todas as partes interessadas. Excelência: assegurar os padrões da qualidade em toda a organização, com o intuito de ser reconhecida pelo mercado e agregar valor ao negócio. Inovação: criar e incorporar novas práticas ou melhorias que contribuam para alcançar os objetivos da organização. Responsabilidade social: buscar continuamente o desenvolvimento sustentável mediante o cumprimento dos compromissos estabelecidos com os nossos grupos de interesse.

CPFL PAULISTA

Criação de valor: o Grupo CPFL cria valor em tudo o que faz. Ele existe para gerar valor para os seus acionistas e para os públicos com os quais interage. Compromisso: assegurar que as atividades empresariais e as condutas profissionais espelhem, com fidelidade, a transparência, a busca do cumprimento dos princípios e das diretrizes éticas da CPFL Energia e dos contratos, obrigações e pactos assumidos com seus públicos de relacionamento. Segurança e qualidade de vida: atuar permanentemente para controlar e minimizar os riscos associados aos seus processos de trabalho, produtos e serviços, e assegurar a integridade e o bem-estar físico e mental das pessoas com as quais se relaciona, em ambientes que estimulem a cooperação, a coesão, a difusão do conhecimento e o desenvolvimento profissional e humano. Austeridade: a CPFL considera a austeridade como um princípio administrativo de elevado valor ético, que deve orientar todas as ações das empresas do grupo. Nesse sentido, afirma que todos os seus recursos materiais ou financeiros devem ser utilizados com parcimônia, sem excesso ou desperdício, isso é, de modo racional e sustentável, na justa medida de sua utilidade para o atingimento dos objetivos empresariais. Sustentabilidade: preocupar-se com as consequências futuras de suas ações e decisões, buscando sempre controlar e evitar riscos que possam trazer ameaças à perenidade do Grupo CPFL, bem como efeitos não negociados com as comunidades onde atua e com os públicos de seu relacionamento. Confiança e respeito: estabelecer e manter relações de confiança, baseadas na lealdade, no respeito e no equilíbrio entre os seus próprios interesses e os interesses dos seus públicos de relacionamento. Superação: acreditar que tudo pode ser melhorado e realizado de forma inovadora, a fim de transcender as referências de mercado e superar as expectativas de seus públicos, buscando sempre desafios aparentemente intangíveis. Empreendedorismo: fazer de cada profissional da CPFL um agente de mudança que busque permanentemente estabelecer, no seu campo de atuação, vantagens competitivas, estando sempre atento para captar tendências futuras antes que se manifestem, atuando pioneiramente, apropriando-se de novos conhecimentos, processos e tecnologias, desenvolvendo um forte sentimento de propriedade em relação às suas atribuições e responsabilidades no Grupo CPFL.

CIELO

Atitude, espírito de equipe e paixão. Excelência na execução. Cliente encantado. Inovação com resultados. Atitude de dono. Sustentabilidade e responsabilidade. Ética em todas as relações.

GERDAU AÇOS LONGOS

Ter a preferência do cliente. Segurança das pessoas acima de tudo. Pessoas respeitadas, comprometidas e realizadas. Excelência com simplicidade. Foco em resultados. Integridade com todos os públicos. Sustentabilidade econômica, social e ambiental.

MOSAIC

Somos responsáveis, inovadores, colaborativos e motivados. Somos responsáveis pela segurança e pelo bem-estar de nossos colegas e de nossa empresa.

Agimos com integridade e convicção. Nos preocupamos com a administração dos recursos naturais. Promovemos a inovação e incentivamos ideias que nos tornem melhores. Colaboramos entre os departamentos e regiões para acelerar nossos resultados. Buscamos a excelência e sabemos que sempre podemos melhorar. Juntos, somos motivados pelo sucesso.

C. VALE

Foco no cliente. Ser comprometido. Agir com honestidade. Agir com respeito. Praticar a sustentabilidade.

TRANSPETRO

Respeito à vida, às pessoas e ao meio ambiente. Ética e transparência. Orientação ao mercado. Resultados. Superação e confiança.

CEMIG GT

Integridade: honrar compromissos e agir com transparência e honestidade. Ética: praticar o bem. Respeitar a dignidade das pessoas. Riqueza: gerar bens e serviços para o bem-estar e para a prosperidade de clientes, acionistas, empregados, fornecedores e sociedade. Responsabilidade social: suprir energia segura, limpa, confiável e efetiva em termos de custo, contribuindo para o desenvolvimento econômico e social. Entusiasmo no trabalho. Agir com comprometimento, criatividade e dedicação. Espírito empreendedor. Tomar iniciativas, ousar e decidir, observando as diretrizes da empresa.

WHIRLPOOL

Respeito. Integridade. Diversidade e inclusão. Trabalho em equipe. Espírito de vitória.

MINERVA FOODS

Integridade, comprometimento, responsabilidade, iniciativa, cooperação, simplicidade e determinação.

CELESC

Resultados. Inovação. Valorização das pessoas. Comprometimento. Responsabilidade socioambiental. Ética. Segurança.

MARFRIG

1. Foco no cliente: temos total comprometimento com nossos clientes internos e externos e abraçamos suas prioridades como nossas. Colocamos toda a nossa atenção e paixão no que fazemos ao atender a nossos clientes em todas as etapas da cadeia produtiva. Agimos com integridade e fazemos o que é certo em relação aos nossos produtos e procedimentos.

2. Simplicidade: trabalhamos com clareza, objetividade e simplicidade nas tomadas de decisão, buscando facilitar todos os nossos processos. A ideia de "menos é mais" permeia tudo que fazemos.

3. Transparência: não ocultamos os nossos problemas. Nossos comportamentos e condutas visam aprendermos com os erros de modo a não cometê-los novamente. Motivamos os diálogos com nossos *stakeholders*, o que nos ajuda a gerar confiança, além de melhorarmos como profissionais e pessoas.

4. Respeito: tratamos todos como gostaríamos de ser tratados. Somos guiados por nossos princípios éticos e motivados constantemente para o desenvolvimento de nossas relações.

5. Excelência: incentivamos constantemente oferecer soluções inovadoras e buscamos excelência em tudo que fazemos. Desenvolvemos essas capacidades por toda a organização, em busca da fidelidade de nossos clientes internos e externos.

6. Empreendedorismo: estamos atentos ao contexto do mercado em que vivemos e nos adaptamos ao mesmo. Trabalhamos com paixão em nossas tarefas e sabemos nos recuperar diante da adversidade, com resiliência. Nos sentimos como donos, cuidando de nossos processos, produtividade e dos recursos. Estamos atentos para nos adiantarmos diante das demandas, problemas e oportunidades.

LOJAS RENNER

Encantar é a nossa realização: nos colocamos no lugar de nossos clientes, fazendo por eles tudo aquilo que gostaríamos que fizessem por nós. Devemos entender seus desejos e necessidades, exceder suas expectativas e, assim, encantá-los. Não somos meros colaboradores, somos encantadores de clientes. Não temos SAC, pois cada um de nós é um SAC — surgiu um problema, resolva-o imediatamente. Nosso jeito: somos uma empresa alegre, inovadora, ética, austera, de portas abertas e onde a comunicação é fácil e transparente. Fazemos as coisas de forma simples e ágil, com muita energia e paixão. Nosso negócio é movido por persistência, criatividade, otimismo e muita proximidade com o mercado. Gente: contratamos, desenvolvemos e mantemos as melhores pessoas, que gostam de gente, que têm paixão pelo que fazem e brilho nos olhos. Trabalhamos em equipe, e nossas pessoas têm autoridade e responsabilidade para tomar decisões. Proporcionamos a mesma escada para que todos os colaboradores possam subir na velocidade dos seus talentos, esforços e resultados. Donos do negócio: pensamos e agimos como donos de nossas unidades de negócio, sendo recompensados como tais. Temos senso de urgência, atitude e agressividade na busca das melhores práticas, garimpando todas as oportunidades que aparecem no mercado. Tomamos decisões, correndo riscos com responsabilidade; aceitamos os erros que resultam em aprendizado, sem buscar culpados, mas causas que devam ser corrigidas.

Somos responsáveis pela perpetuação da Renner, principalmente através de atitudes e exemplos: o exemplo vale mais que mil palavras. Obstinação por resultados excepcionais: somos responsáveis por gerar resultados e não apenas boas ideias. São eles que garantem nossos investimentos, dão retorno aos acionistas, proporcionam nossa remuneração e viabilizam nosso crescimento e continuidade a longo prazo. Qualidade: desenvolvemos e implantamos padrões de excelência em tudo o que fazemos, já que tudo o que fazemos pode ser melhorado. Nossos produtos e serviços têm os mais altos níveis de qualidade — isso está em nosso DNA. Sustentabilidade: nossos negócios e atitudes são pautados pelos princípios da sustentabilidade. Buscamos, além dos resultados financeiros, o desenvolvimento social e a redução dos impactos ambientais, sempre atuando dentro das melhores práticas de governança corporativa. Adoramos desafios: não sabendo que é impossível, nós vamos lá e fazemos!

HYDRO ALUNORTE

Coragem. Respeito. Cooperação. Determinação. Visão.

REDE D'OR SÃO LUIZ

Competência, credibilidade, desenvolvimento, humanização, integridade e respeito.

FARMÁCIA PAGUE MENOS

Acreditamos que a existência da nossa empresa deve ajudar a tornar o meio ambiente e a sociedade melhores.

M. DIAS BRANCO

Respeito. Ética. Boa vontade. Simplicidade. Excelência. Superação. Zelo. Criatividade. Agilidade. Segurança.

HERINGER

Respeito ao ser humano; respeito e cumprimento dos acordos estabelecidos. Compromisso com a verdade e com o que é justo. Respeito às leis vigentes, culturas e costumes. Comunicação clara e honesta. Compromisso com o meio ambiente. Liberdade com responsabilidade. Inovação e criatividade.

PARANAPANEMA

Motivação para conquistar e manter clientes. Capacidade de crescer com sustentabilidade. Ética exemplar nas relações internas e externas. Criatividade e inovação para alcançar a excelência. Dedicação de todos para enfrentar e vencer desafios. Relação de trabalho baseada em confiança e respeito. Capacidade de adaptação para superar as adversidades.

UNIMED RIO

Transparência. Participação. Compromisso com a vida. Ética. Resolutividade. Inovação.

FIBRIA

Solidez: buscar crescimento sustentável com geração de valor. Ética: atuar de forma responsável e transparente. Respeito às pessoas e disposição para aprender. Empreendedorismo: crescer com coragem para fazer, inovar e investir. União: o todo é mais forte.

ELEKTRO REDES

Segurança: é um princípio operacional básico. Tudo deve ser feito com absoluta segurança. Se o colaborador se deparar com qualquer situação insegura, ele terá direito de recusa em executar o trabalho, sem qualquer consequência. Por outro lado, não haverá tolerância ao não cumprimento de todas as normas e procedimentos que visem garantir a segurança no trabalho. Respeito: o respeito às pessoas é um dos alicerces da Elektro. Não são tolerados abusos ou desrespeito. A insensibilidade e a arrogância não têm lugar na organização. Integridade: a Elektro zela por sua postura de imparcialidade e integridade moral no relacionamento com os públicos interno e externo, pois acredita que assim é possível construir uma relação de confiança e credibilidade. Comunicação: a comunicação na Elektro é pautada pela clareza e pela objetividade. Diversos meios e ferramentas são utilizados para a disseminação das informações na empresa, levando em consideração a dispersão geográfica de seus colaboradores e as especificidades de cada área. Excelência: o compromisso da Elektro com a excelência é evidenciado na busca pela inovação de suas atividades, pelo reconhecimento da qualidade, pela consistência dos serviços prestados e pela valorização do seu potencial humano. Esses fatores elevam as responsabilidades, mas asseguram a solidez, a versatilidade e o dinamismo da empresa.

CELPE

Segurança: colocamos as vidas das pessoas em primeiro lugar. Pessoas: valorizamos e inspiramos as pessoas. Respeito pelo cliente: geramos valor para nossos clientes, por meio de serviços de qualidade e do atendimento de suas necessidades. Inovação e empreendedorismo: estimulamos o pensamento criativo e a atuação autônoma. Atuação sem fronteiras: quebramos os limites organizacionais (áreas, empresas) para trabalhar em equipe e gerar melhores resultados. Sustentabilidade: consideramos as dimensões ambiental, social e econômica em todas as nossas decisões. Criação de valor: buscamos crescimento sustentável (rentabilidade, comprometimento, eficiência), com geração de valor para o acionista, nossos colaboradores e a sociedade.

Integridade. Fazemos o nosso trabalho com ética, honestidade, garantindo que a informação falada ou escrita seja clara, correta e confiável.
Excelência. Abordamos os desafios com planejamento e cuidado com os detalhes.

CENTRAL NACIONAL UNIMED

Cooperação: promover a intercooperação e a integração entre as áreas, colaboradores e singulares sócias e não sócias, concedendo o apoio necessário a fim de unificar e fortalecer o Sistema Unimed. Ética: operar com transparência em todas as esferas, sempre fundamentados pelas melhores práticas de governança corporativa. Compromisso com os clientes: proporcionar qualidade de vida aos nossos clientes, por meio do cuidado e da promoção da saúde com base em uma relação de respeito, empatia e confiança. Respeito aos colaboradores: inspirar e promover o bem-estar dos nossos colaboradores, respeitando a diversidade e a individualidade com foco no constante desenvolvimento humano. Inovação: facilitar a experiência dos beneficiários e o relacionamento com toda a cadeia suplementar, fomentando a conveniência, a conexão entre as pessoas e a melhoria contínua dos processos. Sustentabilidade: atuar com o foco em resultados positivos, visando à perenidade do negócio e à contribuição para o desenvolvimento da sociedade e a preservação do meio ambiente.

PB-LOG

Desenvolvimento sustentável: perseguimos o sucesso dos negócios com uma perspectiva de longo prazo, contribuindo para o desenvolvimento econômico e social e para um meio ambiente saudável nas comunidades onde atuamos. Integração: buscamos maximizar a colaboração e a captura de sinergias entre equipes, áreas e unidades, assegurando a visão integrada da companhia em nossas ações e decisões. Resultados: buscamos incessantemente a geração de valor para as partes interessadas, com foco em disciplina de capital e gestão de custos. Valorizamos e reconhecemos, de forma diferenciada, pessoas e equipes com alto desempenho. Prontidão para mudanças: estamos prontos para mudanças e aceitamos a responsabilidade de inspirar e criar mudanças positivas. Empreendedorismo e inovação: cultivamos a superação de desafios e buscamos incessantemente a geração e a implementação de soluções tecnológicas e de negócios inovadoras que contribuam para o alcance dos objetivos estratégicos da Petrobras. Ética e transparência: nossos negócios, ações, compromissos e demais relações são orientados pelos princípios éticos do Sistema Petrobras. Respeito à vida: respeitamos a vida em todas as suas formas, manifestações e situações e buscamos a excelência nas questões de saúde, segurança e meio ambiente. Diversidade humana e cultural: valorizamos a diversidade humana e cultural nas relações com pessoas e instituições. Garantimos os princípios do respeito às diferenças, da não discriminação e da igualdade de oportunidades. Pessoas: fazemos das pessoas e de seu desenvolvimento um diferencial de desempenho da Petrobras. Orgulho de ser Petrobras: nós nos orgulhamos de pertencer a uma empresa brasileira que faz a diferença onde quer que atue, por sua história, suas conquistas e por sua capacidade de vencer desafios.

WEG EQUIPAMENTOS

Companhia humana. Trabalho em equipe. Eficiência. Flexibilidade. Inovação. Liderança.

CELPA

Dedicação ao cliente: sempre nos colocamos no lugar do cliente; nosso compromisso é atender à sua demanda com qualidade, cortesia e sem atrasos; na dúvida, decidimos a favor do cliente. Ética e sustentabilidade: nossas ações e condutas são pautadas em honestidade, integridade e respeito; trabalhamos de forma sustentável, garantindo a continuidade dos negócios, da sociedade e do meio ambiente. Foco em gente: nosso principal ativo são as pessoas; desenvolvemos, delegamos responsabilidades e encorajamos as pessoas a assumirem desafios; estimulamos um ambiente que promova o autodesenvolvimento pessoal e profissional. Obstinação pelo lucro: buscamos, incansavelmente, ganhos de produtividade, redução de custos e o lucro; o lucro é a única fonte geradora de recursos que assegura a viabilidade, o crescimento da empresa e a melhoria contínua dos serviços. Segurança: primamos pela vida, pela integridade e pela saúde das pessoas; exigimos, com rigor, o cumprimento dos procedimentos de segurança. Ênfase na meritocracia: reconhecemos as pessoas que se destacam e obtêm os melhores resultados; remuneramos, promovemos e premiamos nossos colaboradores de acordo com o seu desempenho. Transparência: pautamos nossa atuação pela clareza e pela transparência na gestão; incentivamos a integração entre todas as áreas da empresa; disseminamos as informações para a sociedade e para todos que fazem a companhia.

KIMBERLY-CLARK

Autenticidade. Responsabilidade. Inovação. Respeito.

CEDAE

Comprometimento. Ética. Foco na rentabilidade. Excelência.

MONDELÉZ INTERNACIONAL

Nós somos parceiros de confiança e confiamos nos outros para tomarmos todas as nossas decisões. Então nós... inspiramos confiança e acreditamos que cabe a cada um de nós fazer o que é preciso para impulsionar o crescimento da Mondelez Internacional. Então agimos como donos, acreditamos que a complexidade esmaga o espírito humano e que a simplicidade é a essência da velocidade. Fazemos as coisas de forma simples, acreditamos que não podemos esperar para que tudo isso aconteça: nós temos que fazer isso acontecer agora! Discutimos decidimos e entregamos. Acreditamos em discussões honestas e feedbacks diretos e saudáveis como essenciais para tomar as decisões certas, de forma rápida. Dizemos as coisas como elas são, acreditamos no poder das diferentes pessoas e perspectivas e no poder da complementariedade. Por isso, somos abertos e inclusivos. Nós acreditamos que o que torna nosso local de trabalho ótimo são a paixão e a personalidade. Então nós lideramos com a cabeça e o coração.

AVON
Confiança. Respeito. Crença. Humildade. Integridade.

HOSPITAL SÃO PAULO
Equidade. Respeito. Ética. Qualidade.

ULTRAGAZ
Segurança: definir os padrões da indústria. Integração: colaboração como palavra-chave. Inovação: cultura de aprendizagem. Agilidade: sempre a frente dos competidores. Qualidade: atendimento confiável, seguro e no tempo certo das necessidades do cliente. Sustentabilidade: melhores competências e recursos em qualquer situação.

COPASA MG
Ética exemplar e transparência. Responsabilidade socioambiental. Valorização dos colaboradores. Excelência na prestação dos serviços. Inovação e disseminação do conhecimento.

FIC PETRÓLEO
Confiança: acreditamos em cada pessoa que faz parte do nosso negócio. Orgulho: investimos para que todos sintam-se parte de algo maior, a Família FIC. Agilidade: valorizamos a rapidez como diferencial. Resultado: crescemos focados na superação de resultados.

CARAMURU ALIMENTOS
Ética. Confiança e respeito mútuo. Simplicidade e transparência no relacionamento. Valorização e desenvolvimento de colaboradores. Disciplina e profissionalismo. Ousadia e criatividade. Perseverança. Respeito ao meio ambiente.

MONSANTO
Integridade: é o alicerce de tudo o que fazemos. Inclui honestidade, decência, consistência e coragem. Baseados nesses valores, estamos comprometidos com:

Diálogo: ouvir atentamente os diversos públicos e pontos de vista, promovendo o diálogo. Ampliar a nossa compreensão das questões referentes à tecnologia agrícola para melhor atender às necessidades e preocupações da sociedade. Transparência: assegurar que haja informações disponíveis, acessíveis e compreensíveis a todos. Compartilhamento: compartilhar conhecimento e tecnologia para promover o entendimento científico, melhorar a agricultura, o meio ambiente, as lavouras e ajudar os agricultores de países em desenvolvimento. Benefícios: trabalhar com uma base científica sólida e inovadora, aliada a uma gestão responsável e eficiente, para oferecer produtos de alta qualidade que beneficiem os agricultores e o meio ambiente. Respeito: respeitar as questões religiosas, culturais e éticas das pessoas em todo o mundo. A segurança de nossos funcionários, das comunidades onde atuamos, dos nossos clientes, dos consumidores e do meio ambiente é nossa prioridade. Agir como donos do negócio: ser transparente nas ações, estratégias e nos nossos balanços financeiros; construir forte relacionamento com nossos clientes e parceiros; administrar bem os recursos da nossa empresa; e assumir a responsabilidade para atingir as metas acordadas. Criar um ótimo ambiente de trabalho: assegurar a diversidade de pessoas e de pensamentos; incentivar a inovação, a criatividade e o aprendizado; trabalhar em equipe; reconhecer e recompensar os nossos profissionais.

COMIGO

Ética; honestidade; confiança e respeito mútuos; gestão participativa e relacionamento; valorização e desenvolvimento de colaboradores; profissionalismo; ousadia e pioneirismo; perseverança; integridade; respeito ao meio ambiente; transparência; e comprometimento.

LIQUIGÁS

Respeito à vida, às pessoas e ao meio ambiente. Ética e transparência. Orientação ao mercado. Superação e confiança. Resultados.

GLENCORE

Segurança: nossa primeira prioridade no local de trabalho é proteger a saúde e o bem-estar de todos os nossos funcionários. Por isso, adotamos uma abordagem proativa no que diz respeito à saúde e à segurança. Nossa meta é a melhoria contínua da prevenção de doenças e lesões ocupacionais. Empreendedorismo: nossa abordagem promove o mais alto nível de profissionalismo, dedicação pessoal e espírito empreendedor em todos os funcionários, não comprometendo nunca sua segurança e bem-estar. Isso é importante para nosso sucesso e os maiores retornos que pretendemos alcançar para todas as partes envolvidas. Simplicidade: nossa meta é alcançar nossos principais objetivos de forma eficiente como um caminho para obter os melhores retornos do setor, ao mesmo tempo mantendo uma ênfase clara em excelência, qualidade, sustentabilidade e melhorias contínuas em tudo aquilo que fazemos. Responsabilidade: reconhecemos que nossas atividades têm um impacto em nossa sociedade e meio ambiente. Somos profundamente comprometidos com o nosso desempenho em relação à proteção do meio ambiente, direitos humanos, saúde e segurança. Abertura: valorizamos relações e canais de comunicação abertos, com base em integridade, cooperação, transparência e benefício mútuo no que diz respeito aos nossos funcionários, clientes, fornecedores, governos e sociedade em geral.

SANEPAR

Responsabilidade: ser responsável por suas ações e decisões, em comprometimento com os objetivos da empresa. Inovação: buscar novas soluções, visando a eficiência e a universalização do saneamento ambiental. Competência: executar suas atribuições profissionais com o suporte de conhecimento, habilidades e atitudes assertivas. Respeito: agir de forma correta, respeitando a diversidade, a sociedade e o meio ambiente. Comprometimento: agir de forma dedicada e comprometida com os princípios, os valores, a visão e a missão da empresa. Profissionalismo: exercer suas atribuições com dedicação, ética e respeito. Transparência: atuar e informar de forma clara e verdadeira. Ética: agir de acordo com valores que norteiam uma conduta íntegra, transparente e honesta.

ELETROBRAS

Foco em resultados. Ética e transparência. Valorização e comprometimento das pessoas. Empreendedorismo e inovação. Sustentabilidade.

LOCALIZA

Valorização do cliente. Reconhecimento do desempenho dos colaboradores. Comportamento ético. Zelo pela imagem da empresa. Busca da excelência. Agregar valor à empresa.

COCAMAR

Confiabilidade, equidade, ética, pessoas, qualidade, rentabilidade, responsabilidade socioambiental, segurança e transparência.

ENERGISA MATO GROSSO

Inovação: para fazer a diferença. Estimulamos a criatividade que gera valor, seja para produzir algo completamente novo ou para trazer uma possibilidade de melhoria. Observar, questionar e experimentar com responsabilidade são parte da atitude proativa que nos diferencia. Compromisso: hoje e com o futuro. Agimos como cidadãos responsáveis, trabalhando para gerar riqueza, priorizando o respeito aos colaboradores, investidores, fornecedores e clientes. Antes de tudo, fazemos parte de uma comunidade e temos um compromisso com as gerações futuras. É imprescindível ter atitudes éticas e prezar pela verdade, acima de tudo. Clientes: simplificar a vida dos nossos clientes. Servimos a todos com respeito e dedicação sempre, construindo relacionamentos atenciosos e duradouros. Colocamo-nos no lugar de nossos clientes para entregar soluções ágeis e definitivas, que simplifiquem a vida e gerem valor para quem as utiliza. Pessoas: nossa energia está nas pessoas. Fazemos parte de um time vencedor em que podemos realizar, aprender e conquistar juntos. As oportunidades aqui dependem principalmente do mérito e do engajamento de cada um. Valorizamos a transparência, o trabalho cooperativo e o diálogo aberto e participativo. Se você pensa assim, é um dos nossos, queremos muito que você seja feliz aqui. Resultados: superação para atingir resultados. Queremos resultados extraordinários que gerem valor para nossos clientes, acionistas e colaboradores. Buscamos superar metas para que a Energisa esteja entre as melhores do setor em critérios de eficiência e serviços aos clientes. Segurança: em primeiro lugar. Nosso maior valor é a vida. Nos processos e atitudes, colocamos em primeiro lugar a saúde e a segurança das pessoas. Agimos com disciplina, investimos em prevenção e demandamos de todos a consciência permanente para reduzir riscos.

PFIZER

Foco no cliente. Apoio à comunidade. Respeito pelas pessoas. Desempenho. Colaboração. Liderança. Integridade. Qualidade. Inovação.

LOJAS CEM

Honestidade, integridade, organização, responsabilidade, dedicação ao trabalho, respeito ao cliente (interno e externo), foco nos resultados, menor custo-benefício, confiabilidade e controle, liderança pelo exemplo, cumprimento das obrigações sociais.

MRS

Atitudes responsáveis. Atendimento impecável das necessidades de nossos clientes, com eficiência de classe mundial. Alto desempenho de nossas equipes motivadas e comprometidas

APERAM

Liderança: uma empresa líder e ambiciosa, audaciosa e sustentável. Um catalisador não é um pioneiro em tudo que fez. É sermos mais ousados e audaciosos em nossa abordagem, permanecendo relevantes para o mercado. Somos uma força motriz estável que incentiva o desenvolvimento de novos padrões para a indústria. Promovemos soluções sustentáveis. Inovação: uma empresa inovadora e ativa, talentosa e criativa. Ser inovadora. Os nossos empregados são apaixonados e estão sempre dispostos a compartilhar seus conhecimentos e habilidades. Às vezes, isso significa desenvolver novas ideias ou aplicações;

outras vezes, implica ver as coisas de forma diferente, com um novo olhar, para encontrar a solução adequada, sem comprometer a qualidade. Agilidade: uma empresa ágil e rápida, adaptável e flexível. Ser ágil significa mover-se rapidamente e adaptar-se com tranquilidade às condições do mercado sempre em mudança. É também ser flexível de acordo com as exigências específicas de nossos clientes, sejam em termos de eficiência de custos, prazos de entrega ou características do produto.

BIOSEV

Comprometimento. Humildade. Diversidade. Empreendedorismo.

EATON

Fazemos de nossos clientes o foco de tudo o que fazemos. Reconhecemos as pessoas como o nosso maior valor. Confiamos no compromisso de todos em fazer a coisa certa. Tratamos todos com respeito e consideração. Respeitamos o orgulho e a autoestima dos outros. Somos honestos e éticos.

HEINEKEN

Paixão pela qualidade: desde o início, a Heineken dá a maior importância à qualidade. Essa dedicação define tudo o que fazemos. Divertimento para a vida: nós trazemos alegria para a vida. Nós trazemos alegria para os consumidores através da promoção responsável dos nossos produtos, e do patrocínio de eventos que são importantes pra eles. Respeito pelas pessoas e pelo planeta: temos raízes profundas nas comunidades locais onde operamos. Isso significa que nós tratamos as pessoas e os locais ao nosso redor com o maior cuidado. Marcas que as pessoas amam: as marcas que as pessoas adoram receberam um toque a mais, com destaque no amor. Se amamos as nossas marcas, as pessoas que compram também vão amá-las.

IVECO

Sustentabilidade: respeitamos os princípios econômicos, ambientais e sociais. Confiabilidade: entregamos o que prometemos em termos de produtos, serviços e atendimento. Compromisso com a inovação e a melhoria contínua de produtos e serviços. Espírito de equipe: funcionários, fornecedores, *dealers* e clientes formam um time focado em resultados. Performance: produtos e serviços que agregam valor aos negócios de nossos clientes.

CPFL PIRATININGA

Criação de valor: o Grupo CPFL cria valor em tudo o que faz. Ele existe para gerar valor para os seus acionistas e para os públicos com os quais interage. Compromisso: assegurar que as atividades empresariais e as condutas profissionais espelhem, com fidelidade, a transparência, a busca do cumprimento dos princípios e das diretrizes éticas da CPFL Energia e dos contratos, obrigações e pactos assumidos com seus públicos de relacionamento. Segurança e qualidade de vida: atuar permanentemente para controlar e minimizar os riscos associados aos seus processos de trabalho, produtos e serviços, e assegurar a integridade e o bem-estar físico e mental das pessoas com as quais se relaciona, em ambientes que estimulem a cooperação, a coesão, a difusão do conhecimento e o desenvolvimento profissional e humano. Austeridade: a CPFL considera a austeridade como um princípio administrativo de elevado valor ético, que deve orientar todas as ações das empresas do grupo. Nesse sentido, afirma que todos os seus recursos materiais ou financeiros devem ser utilizados com parcimônia, sem excesso ou desperdício, isso é, de modo racional e sustentável, na justa medida de sua utilidade para o atingimento dos objetivos empresariais. Sustentabilidade: preocupar-se com as consequências futuras de suas ações e decisões, buscando sempre controlar e evitar riscos que possam trazer ameaças à perenidade do Grupo CPFL, bem como efeitos não negociados com as comunidades onde atua e com os públicos de seu relacionamento. Confiança e respeito: estabelecer e manter relações de confiança, baseadas na lealdade, no respeito e no equilíbrio entre os seus próprios interesses e os interesses dos seus públicos de relacionamento. Superação: acreditar que tudo pode ser melhorado e realizado de forma inovadora, a fim de transcender as referências de mercado e superar as expectativas de seus públicos, buscando sempre desafios aparentemente intangíveis. Empreendedorismo: fazer de cada profissional da CPFL um agente de mudança que busque permanentemente estabelecer, no seu campo de atuação, vantagens competitivas, estando sempre atento para captar tendências futuras antes que se manifestem, atuando pioneiramente, apropriando-se de novos conhecimentos, processos e tecnologias, desenvolvendo um forte sentimento de propriedade em relação às suas atribuições e responsabilidades no Grupo CPFL.

ELETROSUL

Foco em resultados. Empreendedorismo e inovação. Valorização e comprometimento das pessoas. Ética e transparência. Sustentabilidade.

BRASKEM PETROQUÍMICA

Confianças nas pessoas, em sua capacidade e seu desejo de evoluir. Retorno aos acionistas e valorização do seu patrimônio. Autodesenvolvimento das pessoas, sobretudo por meio da educação pelo trabalho, assegurando a sobrevivência, o crescimento e a perpetuidade da organização. Satisfação do cliente, servindo-o com qualidade, produtividade e com responsabilidades econômica, social e ambiental. Parceria entre os integrantes que participam da concepção e da realização do trabalho, e dos resultados que geram reinvestimento para a criação de novas oportunidades de trabalho e para o desenvolvimento das comunidades.

SUPERMERCADOS MUNDIAL

Bom atendimento. Humildade. Integração. Menor custo de comercialização. Ética. Cidadania. Responsabilidade socioambiental.

CEMAR

Foco em gente. Ênfase na meritocracia. Obstinação pelo lucro. Dedicação ao cliente. Ética. Sustentabilidade. Transparência. Segurança.

EMBRAPA

Comprometimento: trabalhamos de forma engajada e responsável no cumprimento das nossas atividades. Cooperação: prezamos o trabalho em equipe, com colaboração e transdisciplinaridade. Equidade: acolhemos todos e valorizamos as diferenças na consecução dos nossos objetivos. Ética: Trabalhamos para o bem comum, com respeito ao próximo e integridade. Excelência: somos comprometidos com a realização do nosso trabalho e empenhados em entregar os melhores resultados com alto grau de qualidade. Responsabilidade socioambiental: buscamos soluções que possam devolver para a sociedade os investimentos realizados de forma comprometida com o meio ambiente. Flexibilidade: adaptamo-nos às mudanças e buscamos soluções criativas para as necessidades e os desafios da agricultura. Transparência: nossas ações são pautadas pela publicidade e pelo compartilhamento de informações para uma comunicação aberta com todos os interlocutores.

ROCHE

Foco no paciente: nós nos concentramos no desenvolvimento de medicamentos inovadores e testes de diagnóstico que ajudam os pacientes a ter uma vida melhor por mais tempo. Dois terços de todas as doenças ainda não são tratadas adequadamente ou não são tratadas. Essa necessidade médica é enorme e melhores diagnósticos e medicamentos podem fazer uma grande diferença na vida de milhões de pacientes e nas suas famílias. Medicina personalizada: nós combinamos as nossas forças em produtos farmacêuticos e diagnósticos com melhores tratamentos sob medida para os pacientes. Quando as diferenças genéticas podem ser identificadas, a eficácia e a segurança dos medicamentos pode ser melhorada consideravelmente. Para esse fim, temos uma estratégia de diagnóstico complementar para cada molécula que desenvolvemos. Excelência em ciência: nós nos esforçamos para atender às necessidades médicas não atendidas por meio da excelência na ciência. Avanços científicos e tecnológicos cada vez mais nos permitem descobrir exatamente qual é o mau funcionamento do corpo e desenvolver tratamentos para combater o problema. Nós nos concentramos em oncologia, imunologia, oftalmologia, doenças infecciosas e neurociência, mas nos mantemos flexíveis e seguimos a ciência à medida que novas perspectivas se tornam disponíveis. Acesso à saúde: nosso objetivo é levar os nossos medicamentos e testes de diagnóstico para tantas

APÊNDICE II. ROL DE DECLARAÇÕES DE VISÃO

pessoas necessitadas quanto for possível. Cada sistema de saúde tem diferentes desafios e personalizamos soluções para cada mercado. Trabalhamos com diferentes parceiros locais para reduzir as barreiras ao acesso à saúde e estabelecer formas inovadoras e sustentáveis para levar cuidados de saúde eficazes e acessíveis aos pacientes. Excelente ambiente de trabalho: estamos comprometidos em constantemente fortalecer e manter um excelente ambiente de trabalho, onde cada pessoa se sinta valorizada, respeitada e possa atingir o seu pleno potencial. Nossos colaboradores fazem o nosso negócio. Eles descobrem, desenvolvem e fabricam nossos medicamentos e garantem que eles cheguem aos pacientes que necessitam deles. Acreditamos que a chave para o nosso sucesso reside na nossa capacidade de atrair, reter e motivar uma força de trabalho altamente qualificada e diversificada

COPACOL

Ética. Honestidade. Lealdade. Respeito às diferenças. Responsabilidade. Cooperação.

QUEIROZ GALVÃO

Perpetuidade: conquistamos negócios que criam valor para acionistas, clientes, colaboradores e sociedade. Trabalho: o valor que enobrece e dignifica. Confiabilidade: agimos com ética, transparência e integridade em todas as nossas relações. Lealdade: integrar-se com profissionalismo e comprometimento. Qualidade: fazemos bem feito para fazermos uma única vez.

NOVARTIS

Inovação: experimentando e fornecendo soluções. Qualidade: tendo orgulho em fazer coisas ordinárias extraordinariamente bem. Colaboração: defendendo equipes de alto desempenho com diversidade e inclusão. Desempenho: priorizando e fazendo as coisas acontecerem com urgência. Coragem: comunicando-se, dando e recebendo feedback. Integridade: defendendo e aplicando altos padrões éticos diariamente.

JSL

Cliente: entender e atender, assegurando o relacionamento contínuo. Gente: faz a diferença em nosso negócio. Trabalho: nada se constrói sem ele. Simplicidade: objetividade nas ações, garantindo agilidade. Lucro: indispensável ao crescimento e à perpetuação.

GRANOL

Honrar e dignificar o nome do Brasil tanto no mercado interno como no externo. Respeitaras pessoas, tratando a todos com amizade, ética e honestidade, sejam eles clientes ou fornecedores, funcionários ou amigos. Cumprir rigorosamente todos os compromissos assumidos com qualquer pessoa ou instituição. Não discriminar funcionários, fornecedores, clientes e amigos pela raça, cor, sexo, religião, condição social ou qualquer deficiência. Apoiar, orientar e auxiliar funcionários, clientes e fornecedores em todas as suas ações que levem ao crescimento profissional, pessoal, e da própria empresa. Respeitar o meio ambiente, orientando funcionários de todos os níveis a adotarem atitudes e sistemas ecologicamente corretos na empresa e em suas próprias casas. Valorizar o nome conquistado pela Granol em mais de cinco décadas de tradição. Praticar religiosamente os princípios desta declaração.

BIOSEV BIOENERGIA

Comprometimento. Humildade. Empreendedorismo. Diversidade.

CITROSUCO

Sustentabilidade: ambiental, social e econômica. Geração de valor: foco em resultado. Integridade: confiabilidade, transparência, respeito e ética. Meritocracia: valorização e desenvolvimento das pessoas; reconhecimento pela performance. Empreendedorismo: busca constante por explorar oportunidades além dos recursos disponíveis; inconformismo permanente. Segurança e saúde: ambiente de trabalho seguro e saudável.

ATENTO

Compromisso: estamos comprometidos com o sucesso de nossos clientes. Paixão: trabalhamos com paixão, entusiasmo e com a ambição de sermos melhores a cada dia. Integridade: agimos com integridade, fiéis a nossos valores, defendendo o que acreditamos e assumindo a responsabilidade de nossas ações. Confiança: garantimos a confiança, a transparência e o respeito nas relações com todos os nossos grupos de interesse (clientes, funcionários, provedores, sociedade e acionistas).

EMBASA

Ética. Transparência. Sinergia. Valorização das pessoas. Responsabilidade socioambiental. Comprometimento.

DASA

Nossa régua é alta e cresce todo ano. Servir é nossa paixão. Temos obsessão pela excelência. A DASA é nossa. Somos todos donos. Recompensamos quem entrega e joga em time. Aqui somos transparentes e jogamos limpo. Somos rápidos e eficientes.

DOW AGRO

Colaboração. Produtividade. Responsabilidade. Autenticidade.

EDP ESPÍRITO SANTO

Segurança no trabalho para todos os nossos colaboradores e parceiros de negócio. Confiança dos acionistas, clientes, fornecedores e demais *stakeholders*. Iniciativa manifestada através dos comportamentos e atitudes das nossas pessoas. Excelência na forma como executamos. Inovação com o intuito de criar valor nas diversas áreas em que atuamos. Sustentabilidade visando à melhoria da qualidade de vida das gerações atuais e futuras.

BELAGRÍCOLA

Estímulo e valorização da produção agrícola: a produção agrícola, como fonte principal de sustento da população mundial, deve ser valorizada e estimulada ao crescimento por meio de sustentabilidade, tecnologia, informação e relacionamento. Em primeiro lugar, as pessoas: as pessoas — colaboradores, clientes e fornecedores — devem ser reconhecidas como elo essencial para movimentar a cadeia produtiva. Respeitá-las, lembrá-las de sua importância e incentivá-las à melhoria contínua nos campos pessoal e profissional é fundamental. Ética profissional: enfatizamos o respeito às leis, integridade nos relacionamentos e negociações, além da transparência na divulgação de resultados através de uma política de *compliance* que inclui mecanismos e processos para evitar que esses valores sejam atacados. Pesquisa e inovação: investimos continuamente em inovação e parcerias estratégicas que resultem em soluções de tecnologia de ponta para aumento de produtividade. Ambiente colaborativo: incentivamos a participação de nossos colaboradores em todos os níveis hierárquicos através de sugestões para a melhoria contínua de nossos produtos e serviços.

WHITE MARTINS

Segurança em primeiro lugar: estamos fortemente comprometidos com a segurança em todas as nossas atividades. A segurança de nossos produtos e serviços, a segurança no trabalho, a segurança na estrada e a segurança em nossos lares são nossa prioridade junto a funcionários, seus familiares, terceirizados e clientes. Alta integridade: reforçamos continuamente os mais altos padrões globais de integridade sobre os quais tem sido construída nossa reputação, incluindo honestidade, comportamento ético e total conformidade com as leis. Foco nos resultados: por meio do comprometimento individual, da colaboração e da inovação, nos esforçamos em gerar, de forma consistente, valor para nossos acionistas e outros públicos de interesse, por meio de excelência na execução, disciplina operacional e melhoria contínua. Satisfação do cliente: oferecemos produtos, tecnologias de aplicação e serviços que representam nossos mais altos padrões de qualidade e confiabilidade. Trabalhamos em parceria com nossos clientes, para que possam superar seus desafios e alcançar suas metas. As pessoas certas: valorizamos muito a atração e o desenvolvimento de pessoas talentosas, com históricos diversos e que trabalham arduamente para fazer a diferença no mundo e garantir o sucesso de nossa empresa. Responsabilidades ambiental e social: ajudamos clientes em todo o mundo a melhorar seu desempenho ambiental e reduzir sua pegada de carbono, ao mesmo tempo em que minimizamos nossas emissões de gases de efeito estufa e maximizamos nossas contribuições sociais e comunitárias.

NORSA

Paixão: somos apaixonados pela Solar e pela Coca-Cola. Valorizamos e consumimos nossos produtos e disseminamos o seu consumo. Defendemos a Solar em todas as situações, mesmo nas mais adversas. Nós gostamos do que fazemos e nos dedicamos além do esperado. Nos orgulhamos do nosso trabalho e temos muito entusiasmo! Inconformismo construtivo: mesmo com bons resultados não nos satisfazemos e buscamos sempre a superação em tudo que fazemos. Somos críticos e sempre vemos as oportunidades de melhorias. Agimos com transparência sempre informando dados e fatos importantes. Senso de propriedade: somos proativos na resolução de problemas. Valorizamos e cuidamos dos ativos e espaços da empresa. Trabalhamos com ética e respeito.

INTEGRADA

Espírito cooperativista: procuramos construir uma sociedade melhor, baseada em valores nobres de ajuda mútua, solidariedade, igualdade de direitos e deveres, responsabilidade, compromisso e participação democrática. Comportamento ético: objetivamos gerar o respeito e a admiração de todos ao agirmos com a maior consideração e preocupação pela lei, pelo meio ambiente e pelo tratamento justo às pessoas e conduzindo-nos de acordo com os princípios de honestidade, integridade e confiabilidade. Competitividade: identificamos e aprendemos oportunidades de modo a aperfeiçoar as maneiras de fazer as coisas e a implementação de mudanças em processos de trabalho visando assegurar o desempenho de alta performance e a consequente sustentabilidade dos negócios. Desenvolvimento humano: acreditamos que a cooperativa deve fornecer oportunidades para que cooperados e colaboradores desenvolvam seu potencial de forma completa, além de encorajá-los a praticar comportamentos de liderança e criatividade. Qualidade: produzir e fornecer produtos e serviços com excelência e qualidade, atendendo às regulamentações aplicáveis, através de colaboradores treinados, promovendo o crescimento contínuo e sustentável para servir seus clientes, cooperados, consumidores e fornecedores.

ALPARGATAS

Comprometimento: responsabilidade e compromisso com seu papel individual na realização dos objetivos e dos resultados finais da empresa, sejam resultados financeiros, de produto ou de serviços, privilegiando sempre o trabalho em equipe. Respeito às pessoas: construção de um ambiente meritocrático com boas condições de trabalho e oportunidades de desenvolvimento, estimulando a satisfação e o orgulho de pertencer. Empreendedorismo: foco no crescimento e na criação de valores, impulsionados pela iniciativa, inovação e transformação de ideias em oportunidades de negócio. Satisfação dos consumidores: conquista da lealdade dos consumidores em razão da clara percepção de superioridade da proposta de valor das suas marcas. Ética: comportamento baseado em princípios de honestidade, integridade e respeito às leis na condução dos negócios e dos relacionamentos.

EMS SIGMA PHARMA

Responsabilidade: ética e seriedade em todas as nossas atividades. Ousadia: inovar e aprimorar tudo o que fazemos. Simplicidade: trabalhar com objetividade, agilidade e inteligência. Excelência: busca constante do mais alto grau de eficiência. Valorização de pessoas: valorizamos quem se supera, atinge metas e quer crescer conosco.

CASTROLANDA

Transparência. Ética. Criatividade. Valorização das pessoas. Comprometimento. Liderança. União.

LATICÍNIOS BELA VISTA

Ética. Responsabilidades social e ambiental. Valorização das pessoas. Respeito. Empreendedorismo. Qualidade. Simplicidade. Segurança. Compartilhamento de ideias. Trabalho em equipe. Ambiente de trabalho agradável. Amor pelo que fazemos.

ELETROBRAS AMAZONAS

Foco em resultados. Ética e transparência. Valorização e comprometimento das pessoas. Empreendedorismo e inovação. Sustentabilidade.

ELDORADO BRASIL

Atitude de dono. Determinação. Disciplina. Disponibilidade. Simplicidade. Humildade. Franqueza.

HOSPITAL ALBERT EINSTEIN

Mitzvá, Refuá, Chinuch e Tsedaká, ou seja, boas ações, saúde, educação e justiça social são os preceitos judaicos que motivaram médicos da comunidade judaica a fundar a Sociedade Beneficente Israelita Brasileira Albert Einstein há sessenta anos. Somados aos valores organizacionais (honestidade, verdade, integridade, diligência, justiça, altruísmo, autonomia, profissionalismo e trabalho em equipe), norteiam as atividades e os colaboradores da sociedade.

ALBRAS

Coragem. Respeito. Cooperação. Determinação. Visão.

COOPERATIVA AGRÁRIA

Ética. Qualidade. Cooperação. Tradição. Senso de dono.

ALL MALHA NORTE

Pessoas fazem a diferença. Clientes são aliados e devemos cultivar relação de confiança. Lucro merecido como premissa. Austeridade: utilização cuidadosa de todos os recursos. Atuação sustentável: ambiental e socialmente responsável. Valor do compromisso e entusiasmo com o futuro. Disciplina de execução.

MULTIGRAIN

Negócio sustentável: olhar para o futuro. Colaboração entre equipes: uma só empresa com todos jogando juntos. Meritocracia: valorizar as pessoas pelos seus resultados. Responsabilidade: sentimento de dono, assumindo ações e decisões. Eficiência: fazer mais com menos, otimizando recursos. Foco em clientes e fornecedores: entendimento profundo de suas necessidades. Foco em resultado: disciplina para alcançar metas financeiras.

COOPERCITRUS

Cooperação como forma de fortalecimento mútuo. Gestão democrática da nossa organização. Participação dos associados e funcionários como sustentáculo do empreendimento cooperativo. Educação como processo de aperfeiçoamento da sociedade para melhoria da qualidade de vida e para despertar a consciência da cidadania e a responsabilidade social.

ELETRONUCLEAR

Foco em resultados. Empreendedorismo e inovação. Valorização e comprometimento das pessoas. Ética e transparência.

COOPERALFA

Integridade.

UNIMED DO ESTADO DE SP

Valorização dos médicos cooperados. Desenvolvimento dos colaboradores. Relacionamento sólido e sustentável com beneficiários, parceiros de negócio e prestadores de serviço. Atenção aos princípios cooperativistas. Transparência. Integração. Vigor. Atitude de dono. Simplicidade. Determinação. Franqueza. Disponibilidade. Humildade. Disciplina.

JOHNSON & JOHNSON

O que motiva e une o time da Jhonson & Jhonson é cuidar do mundo, uma pessoa de cada vez. Por isso, nós abraçamos a pesquisa e a ciência, trazendo ideias inovadoras, produtos e serviços para promover a saúde e o bem-estar das pessoas. Somos a maior e mais diversificada empresa do mundo no segmento de saúde e bem-estar.

CASA DA MOEDA

Ética. Transparência. Atitude para resultados. Qualidade. Inovação. Sustentabilidade. Comprometimento. Integração das equipes.

POTENCIAL PETRÓLEO

Responsabilidade social e ambiental. Idoneidade, ética e honestidade. Agilidade e Eficiência. Busca da melhoria contínua. Foco em resultados e sustentabilidade. Foco no cliente. Qualidade em produtos, serviços e processos.

MÓVEIS GAZIN

Valorizamos as pessoas e fazemos negócios sustentáveis.

DOW

Integridade. Respeito pelas pessoas. Proteção de nosso planeta.

VOTORANTIM METAIS ZINCO

Valores éticos que orientam uma conduta empresarial responsável. Negócios altamente competitivos. Busca de soluções criativas e inovadoras para seu portfólio. Pessoas motivadas para o alto desempenho.

3M

Agir com honestidade e integridade inflexíveis em tudo o que fazemos. Satisfazer nossos clientes com tecnologias inovadoras e qualidade superior, valor e serviço. Oferecer retorno atraente aos investidores por meio de crescimento sustentável e global. Respeitar o ambiente físico e social no mundo todo. Desenvolver e reconhecer a diversidade de talentos, as iniciativas e a liderança de nossos funcionários. Conquistar a admiração de todos os envolvidos com a 3M no mundo.

USINA CORURIPE

Respeito pelas pessoas: respeitar o ser humano em qualquer situação é uma prioridade da empresa, sempre. Segurança: valorizar a vida sempre, em todos os momentos, é uma filosofia que a empresa não abre mão. Sustentabilidade: ter rentabilidade econômica, ambiental e social. Isso é a base de sustentação da empresa. Ética: agir com ética e apresentar bom caráter são compromissos na relação com nossos diversos públicos. Qualidade: garantir a qualidade de nossos produtos através de processos avançados é compromisso de todos. Satisfação dos clientes: manter sempre clientes satisfeitos com a qualidade de nossos produtos, rapidez na entrega e excelência no atendimento.

CORSAN

Sustentabilidade. Responsabilidade social. Ética. Transparência. Produtividade, segurança e eficiência. Gestão compartilhada. Valorização das pessoas. Integração entre as áreas.

SÃO MARTINHO

Integridade e ética. Respeito pelas pessoas e pelo meio ambiente.

CPTM

Comprometimento e respeito: buscar sinergia com o outro no exercício das atividades diárias, considerando o ser humano, o bem público, a sociedade e o meio ambiente: Paixão e companheirismo: trabalhar com entusiasmo e senso de pertencimento, praticando a cordialidade nas relações interpessoais e o apoio mútuo. Trabalho integrado e cooperação: estar dedicado à própria atividade e coeso no trabalho em equipe, compartilhando conhecimento, experiências e melhores práticas. Modernidade e dinamismo: buscar a vanguarda, respondendo às demandas com celeridade. Excelência e resultado: crescer em exigência de qualidade profissional, praticando planejamento em todos os níveis, de modo a cumprir metas e atingir os resultados esperados. Transparência e integridade: desempenhar atividades conforme procedimentos normativos atuando com coerência e retidão. Disponibilizar para todo e qualquer cidadão informações publicadas sobre a gestão e as atividades da CPTM, através do Serviço de Informação ao Cidadão (SIC), conforme previsto na Lei federal nº 12.527/11. Inovação e desenvolvimento: buscar o aprimoramento contínuo na solução de problemas com espírito crítico e empreendedor. Competência e segurança: atuar com qualidade, eficiência e tempestividade na prestação de serviços, em total comprometimento com a segurança de empregados e usuários. Apresentação e Imagem.

HEINEKEN

Respeito: pelos indivíduos, pela sociedade e pelo meio ambiente: Nas comunidades onde mantém operações e está firmemente enraizada, a Heineken atua de maneira zelosa, abstraindo o que há de melhor das diferenças entre povos e culturas. A responsabilidade que sente pelo entorno moldou suas políticas ambientais e de consumo de álcool. A empresa reconhece a dignidade fundamental do homem e a Declaração Universal dos Direitos Humanos, e respeita as leis e os regulamentos de cada um de seus mercados. Divertimento: nós levamos divertimento para a vida: a Heineken se propõe a levar alegria aos seus consumidores, seja através da promoção responsável dos seus produtos ou dos patrocínios de eventos. Para o seu público interno, a empresa também reflete este valor: as pessoas gostam de trabalhar para uma empresa que mantém padrões elevados. "Nós gostamos de envolver os nossos clientes e parceiros para produzir as melhores cervejas e sidras." Paixão pela qualidade: uma prioridade para a Heineken. A dedicação pela qualidade tem definido tudo o que a empresa faz — do crescimento do portfólio ao encantamento dos clientes e consumidores, sempre através da inovação. É por essa razão que investe continuamente nas pessoas, em tecnologias e na melhoria da organização.

MRV

Ética e transparência. Pensar como o cliente. Geração de valor para o acionista. Time comprometido. Dividir o sucesso. Sustentabilidade.

EUROFARMA

Agilidade: dinamismo e simplicidade fazem parte do nosso DNA e, para nos mantermos competitivos, esses atributos devem estar presentes em todas as operações e processos da Cia. Comprometimento: a competência e o comprometimento com a empresa propiciam a valorização e o crescimento dos colaboradores. Por isso, sempre que possível, nossos talentos são prestigiados por meio de aproveitamento interno. Desenvolvimento sustentável: a boa gestão dos recursos humanos, financeiros e naturais, tem como base o desenvolvimento dos colaboradores, a solidez financeira, as práticas comerciais saudáveis e as ações para a preservação do meio ambiente — pontos fundamentais para o equilíbrio de nossas operações. Foco em saúde: o nosso modelo de negócios baseia-se na participação em todos os segmentos farmacêuticos, através de UNEG, subsidiárias e coligadas, mantendo permanente o diálogo, a atração e a formalização de parcerias estratégicas. Empreendedorismo: para nos anteciparmos ao futuro, criarmos novas e melhores formas de conduzir a empresa em todas as áreas, indo além da inovação inerente às atividades de P&D, nossas lideranças estão abertas ao "novo" e mantêm o espírito vanguardista da Cia. Ética: alinhado ao Código da Cia, leis e regulamentações vigentes, o comportamento dos nossos colaboradores é obrigatoriamente pautado pela ética e pela transparência em todas as ações e operações realizadas na empresa e em nome dela. Igualdade (diversidade): zelamos por um ambiente favorável e imparcial onde impera o respeito. Para isso, estabelecemos compromissos relacionados à diversidade, à justiça e à igualdade nas relações entre colaboradores e demais públicos. Reinvestimento: com a crença de que assumir riscos é parte integrante da atividade empresarial dinâmica e bem-sucedida, a geração de resultados positivos promove o crescimento da organização por meio do reinvestimento de recursos no próprio negócio. Respeito: nos orgulhamos de nossa trajetória, origens e capacidade de superação. Nossa história é construída de forma a refletir nosso compromisso com o crescimento de nossos colaboradores e com o desenvolvimento dos países em que atuamos, mantendo respeito aos povos e às culturas com os quais nos relacionamos. Resultado (desempenho ou performance): reconhecemos as diferentes contribuições para o alcance dos nossos objetivos e compartilhamos a riqueza gerada com colaboradores e sociedade, através de programas de meritocracia, ampliação do acesso e investimentos sociais.

ZEMA PETRÓLEO

Méritos de dedicação e trabalho. Respeito ao ser humano e ao meio ambiente. Consideração às pessoas dentro de seu diferencial competitivo. Busca da excelência com economia, simplicidade e humildade. Melhoria contínua, inovação e lucro como fatores de desenvolvimento. Honestidade e transparência em todas as ações.

FRISIA

Responsabilidade socioambiental. Fidelidade. Ética. Empreendedorismo. Competência. Geração de resultados.

AJINOMOTO

Excelência: para nós, um produto de qualidade é resultado de um alto nível de exigência, uma profunda dedicação e uma grande devoção a um resultado superior. Empatia: procuramos conhecer intimamente o dia a dia de um restaurante para oferecer soluções através da entrega de produtos e serviços. Cumplicidade: nosso compromisso é estar sempre presente, sendo o parceiro com o qual nosso cliente pode contar. Longevidade: acreditamos que uma boa relação se constrói aos poucos e pode levar tempo para dar resultados. Não temos pressa, caminhamos juntos. Transparência: valorizamos relações de confiança que se baseiam em transparência. Modernidade: estamos conectados com as necessidades do seu tempo e é essa compreensão que inspira o desenvolvimento de produtos inovadores.

SUPERMERCADO SAVEGNAGO

Ética e transparência no relacionamento com clientes, fornecedores, funcionários e acionistas. Qualidade no atendimento, produtos e serviços oferecidos. Responsabilidade e respeito com o meio ambiente e a sociedade. Melhoria contínua e inovação nos processos e procedimentos. Sustentabilidade e empreendedorismo como base da cultura e do crescimento da empresa.

UNIMED PORTO ALEGRE

Cooperação. Excelência no cuidado ao cliente. Atuação do médico com qualidade e dignidade. Trabalho gerando realização. Atitude inovadora. Responsabilidade socioambiental. Ética e transparência.

ALGAR AGRO

Clientes são nossa razão de existir. Valorização dos talentos humanos. Integridade. Sustentabilidade. Crença no Brasil.

ANGELONI

O Angeloni é uma empresa cidadã, preocupada com os direitos e a dignidade de todos os que se relacionam com a sua atividade. Busca sempre contribuir com seus colaboradores e com a comunidade na qual está inserida. Reconhece como ninguém o quanto vale um produto que não comercializa, mas que é essencial para o seu sucesso: os funcionários. Por isso, o Angeloni está sempre desenvolvendo projetos de valorização e desenvolvimento de sua equipe, assim como projetos de cunho social que envolvem toda uma comunidade trabalhando em prol de um objetivo comum: ajudar as inúmeras entidades assistenciais e famílias carentes existentes em Santa Catarina e no Paraná.

SUPERMERCADO LÍDER

Comprometimento, respeito, determinação, qualidade e simplicidade.

MARISA LOJAS

Ética: nossa conduta e nossas decisões são pautadas pelos valores éticos da sociedade, abrangendo os níveis sociais, legais, organizacionais e individuais. Respeitamos as regras morais e de boa convivência social entre as pessoas com quem interagimos no dia a dia. Seguimos, e obedecemos, as leis em vigor no país. Observamos as normas da empresa, os princípios corporativos e o código de conduta estabelecidos. Acreditamos nos princípios descritos acima e os praticamos, por ser essa a única forma de dar existência à ética. Respeito às pessoas: respeitamos as pessoas, independentemente de sexo, idade, formação, origem, posição social e credo. Acreditamos na diversidade de ideias, talentos e opiniões e na personalidade individual de nossos colaboradores. Encaramos com naturalidade as diferenças ou eventuais divergências e incentivamos o desenvolvimento individual. Valorizamos todas as pessoas, não só aquelas que trabalham na Marisa, mas também aquelas com quem nos relacionamos fora da empresa — clientes, fornecedores e parceiros no negócio. Compromisso com os clientes: o foco de nossa atuação são nossos clientes, para os quais oferecemos produtos de qualidade que seguem as tendências de moda e têm a melhor relação custo-benefício. Nosso sucesso depende de nossa capacidade de identificar, entender e trabalhar os comportamentos relacionados a estilos de vida e à moda de todos os consumidores de produtos e serviços Marisa. Procuramos identificar oportunidades de desenvolvimento de novos produtos, formatos de loja, experiências de compra e formas de atendimento. Comprometimento com o resultado: nosso sucesso é fruto de muito trabalho e total comprometimento de todas as pessoas que atuam na Marisa com o resultado da empresa. Fazemos sempre o melhor da melhor forma possível. Construímos e implementamos planos de trabalho estruturados que nos indicam claramente os caminhos a serem trilhados e quais ações devem ser empreendidas para concretizar nossa ambição estratégica. Perseguimos constantemente o atendimento e a superação de nossas metas e objetivos corporativos, funcionais e individuais. Meritocracia: valorizamos e reconhecemos os colaboradores da Marisa pelos resultados do trabalho e mérito pessoal. Acreditamos que a meritocracia proporciona maior justiça e transparência nos processos de avaliação de desempenho e definição de recompensas e/ou promoções. Agilidade/antenados: agilidade é fundamental para o sucesso no varejo. Encaminhamos nossas ações e decisões com o senso de urgência e rapidez demandado pela dinâmica do setor em que trabalhamos. Somos uma empresa atenta, bem informada, ligada aos acontecimentos que podem impactar nossas atividades no presente e influenciar as tendências futuras de nosso negócio. Inovação: inovação para a Marisa é o desenvolvimento e a exploração (bem-sucedida) de novas ideias, que resultam em crescimento de faturamento, melhoria no atendimento a clientes e no ambiente de trabalho e satisfação de nossos colaboradores, acesso a novos mercados, redução de custos e aumento das margens de lucro, entre outros benefícios. Usamos a criatividade para inovar nossos produtos, formatos de lojas, processos e gestão, diferenciando a Marisa em um ambiente de competição intensa.

AGREX DO BRASIL

Fazer acontecer. Clientes. Pessoas. Inovação. Simplicidade.

FRIMESA

Encantar o cliente, razão da nossa existência. Respeitar e conservar o meio ambiente, praticando ações preventivas. Agir com honestidade nas relações com nossos públicos. Ter comprometimento com os resultados. Ser criativo e inovador para ampliar as soluções.

L'ORÉAL BRASIL

Paixão. Inovação. Espírito empreendedor. Mente aberta. Excelência. Responsabilidade e respeito.

MULTIPLUS

Simplicidade. Agilidade. Confiança. Diversão. Inovação.

ACSC

Preservação da vida. Humanização. Dignidade. Transparência. Sustentabilidade.

ALLIED

Priorizar o cliente. Foco em resultado. Senso de urgência. Respeito, transparência e integridade. Meritocracia.

SERPRO

Segurança. Excelência. Responsividade. Proatividade. Responsabilidade. Orgulho.

PANVEL FARMÁCIAS

Trabalho em equipe. Excelência no atendimento. Ética. Inovação. Agilidade. Orientação para o resultado.

SERVIMED

Orientação para o cliente. Foco em resultados. Disposição para mudanças. Relacionamento. Valorização às pessoas. Comunicação. Organização.

SERASA EXPERIAN

Ser ético: tem como comportamento fazer o que é certo. Essa atitude e esse comportamento são mediados pelos seguintes valores: integridade, confiabilidade, imparcialidade, seriedade, sigilo e cidadania. Ser gente: traz como base comportamental fazer da empresa um melhor ambiente. A mediação entre atitude e comportamento se faz por meio de respeito, desenvolvimento, participação, geração de oportunidades, simplicidade e desempenho. Ser empreendedor: fazer acontecer com responsabilidade, comportamento sustentado sobre valores como superação, comprometimento, criatividade, orientação para resultados, perenidade e geração de valor. Ser excelência: comportar-se de forma a fazer as melhores escolhas. Os valores embutidos nessa atitude e nesse comportamento são: foco no cliente, qualidade, produtividade, competência, tecnologia e inovação.

COOP

Promovemos o cooperativismo, proporcionando benefícios aos cooperados como forma de retribuir sua fidelidade e seu nível de negócios com a Coop. Buscamos superar as expectativas dos nossos clientes pela melhoria contínua dos nossos serviços, da praticidade e do ambiente de loja, praticando preços competitivos. Proporcionamos aos nossos colaboradores um ambiente de trabalho participativo e que lhes permite aprimorar-se continuamente, inclusive no cooperativismo. Mantemos com nossos fornecedores um relacionamento baseado em benefício mútuo. Promovemos ações sociais, assistenciais, educativas e de preservação ambiental nas comunidades em que estamos presentes. Praticamos uma gestão responsável, visando assegurar nossa perenidade.

EMPRESAS COM PROPÓSITO

OXITENO NORDESTE

Transparência: o diálogo franco e aberto é estimulado em toda a organização. Os profissionais têm acesso às informações corporativas por meio de canais de comunicação (impressos, eletrônicos e presenciais). Incentivando a transparência, o Diálogo Oxiteno é o canal direto entre os funcionários e o presidente da companhia. Melhoria contínua: a cada dois anos, realizamos a Pesquisa de Clima Organizacional. Os resultados são divulgados e todos os funcionários participam da elaboração de planos de ação. Essas atitudes permitem que a busca pela inovação e pela evolução sejam perpetuadas. Responsabilidade social: apoiamos e desenvolvemos ações que visam garantir práticas de colaboração socialmente responsáveis. O cuidado com o ambiente de trabalho, a saúde e a segurança de nossos profissionais fazem parte desse compromisso. Ética: nosso código de ética orienta as questões relacionadas a valores e conduta, tanto nos relacionamentos pessoais como nos negócios. As práticas de trabalho infantil, trabalho forçado e discriminação de qualquer natureza não são toleradas. Desafio e desenvolvimento: os mercados em que atuamos proporcionam constantes desafios, o que estimula naturalmente o desenvolvimento profissional. Por meio de programas de capacitação e desenvolvimento individual, todos os funcionários da Oxiteno têm a oportunidade de aprimorar suas competências e evoluir em suas carreiras. Política de remuneração: a Oxiteno mantém um padrão de remuneração competitivo nas localidades onde atua, garantindo condições adequadas para atração, retenção e recompensa de seus talentos.

FLEURY MEDICINA E SAÚDE

Excelência. Respeito. Interdependência. Solidariedade. Voltado ao cliente. Integridade. Inovação. Entusiasmo.

SANEAGO

A Saneago somos nós. Respeito aos clientes. Busca contínua pela excelência profissional. Rapidez e competência nas respostas. Ética interna e externa. Gestão transparente. Harmonia, justiça e lealdade. Liberdade de expressão.

ANDRADE GUTIERREZ

Dedique-se às pessoas: gastar tempo com gente; atrair, recrutar e desenvolver gente boa. Seremos julgados pela qualidade dos nossos times. Cuidar de gente é responsabilidade intransferível. Desenvolver um sucessor melhor que nós mesmos. Sempre buscar e compartilhar informações com o time. Seja meritocrático: promover talentos mais rápido que na concorrência. Intolerância com falta de aderência à cultura. As melhores oportunidades serão das melhores pessoas. Remunerar o desempenho de forma diferenciada. Ser justo com as pessoas. Tenha espírito de dono: donos assumem a responsabilidade. Comprometimento. Tudo tem que ter um dono. Considere sempre o longo prazo.

Pense grande: espírito empreendedor. Ser criativo. Acreditar em nós mesmos como companhia e como indivíduos. Busque o autodesenvolvimento: invista em seu conhecimento. Leia, estude, cresça — não espere. Quem dispara sua promoção é você mesmo. Faça e exija tudo bem feito e com qualidade: busque e dissemine as melhores práticas. Tenha capricho no seu trabalho. Busque simplicidade e objetividade. Trabalhe duro: seja disciplinado. Faça o que tem que ser feito hoje. Termine o que começou. Entenda profundamente nossos clientes e transforme isso em valor: o cliente dita a nossa estratégia. Atender/superar expectativas. Parceria e proximidade com o cliente. Cultive relacionamentos de longo prazo: esteja atento e crie novas oportunidades. Mantenha uma rede de contatos. Cultive e proteja nossa reputação: zele pela marca Andrade Gutierrez. Entregamos o que prometemos. Promova a empresa e sua imagem. Lute incansavelmente por rentabilidade: identifique e minimize riscos. Busque redução de custos constantemente. Seja criativo no uso de nossos diferenciais. Defenda e dissemine nossa cultura, todos os dias, em todas suas ações: aja como líder sendo o embaixador da cultura. Lidere pelo exemplo pessoal. Crie a situação para tal.

BELGO BEKAERT ARAMES

Liderança: pensar na frente e transformar o futuro com medidas que contribuam para a melhoria contínua, valorizando o trabalho em equipe e obediência às leis e a outros requisitos acordados. Qualidade e sustentabilidade: controlar e monitorar os processos para proporcionar aos clientes sempre o melhor. Preservar o meio ambiente para as futuras gerações por meio de práticas sustentáveis como a gestão das emissões líquidas e sólidas, o uso racional dos recursos naturais e a promoção do crescimento de empregados, fornecedores e comunidades, buscando a satisfação dos clientes e acionistas. Saúde e segurança: identificar e gerenciar os riscos operacionais prevenindo acidentes, lesões e doenças ocupacionais, conscientizando cada um sobre sua responsabilidade. Promover a saúde e o bem-estar dos trabalhadores próprios e terceiros, eliminando incidentes com enfoque no "Acidente Zero".

VOLVO

No Grupo Volvo, negócios só podem existir com base em princípios éticos e valores muito bem definidos. São eles que norteiam todos os passos da organização, dando consistência às políticas e direcionamento às práticas. Por isso, a Volvo busca, constantemente, a disseminação e o mais profundo entendimento de seus princípios fundamentais, compromissos e objetivos. Sua missão, visão, valores corporativos, o código de conduta e o The Volvo Way — o documento que abrange a filosofia e a cultura da organização — são parâmetros que guiam a companhia, no presente e para o futuro. Para a Volvo, é assim que se constrói uma empresa verdadeiramente cidadã.

INNOVA

Sentimento de dono. Foco no cliente. Liderança. Foco no resultado. Inovação.

DPASCHOAL

Ética. Servir. Técnica. Simplicidade. Paixão.

P&G

A P&G é o resultado dos esforços de seus colaboradores. Atraímos e recrutamos os melhores profissionais no mundo inteiro. A organização promove e recompensa seus funcionários por mérito. Agimos com a convicção de que todos são nosso maior patrimônio. Valores da P&G. Liderança: somos todos líderes em nossas áreas de responsabilidade, com o forte compromisso de entregar resultados de ponta. Temos uma visão bem clara de aonde queremos chegar. Direcionamos nossos recursos para atingir objetivos e estratégias de liderança. Desenvolvemos a capacidade de realizar nossas estratégias e eliminar barreiras organizacionais. Propriedade: assumimos a responsabilidade pessoal de satisfazer as necessidades do negócio, melhorar nossos sistemas e ajudar as pessoas a aumentarem sua produtividade. Agimos todos como proprietários, tratando o patrimônio da companhia como nosso e visando sempre a seu sucesso a longo prazo. Integridade: tentamos sempre fazer a coisa certa. Somos honestos e diretos uns com os outros. Operamos dentro das regras e do espírito da lei. Preservamos os valores e os princípios da P&G em cada ação e decisão. Paixão pela vitória: temos a determinação de sermos os melhores na realização do que mais importa. Temos uma insatisfação sadia com o status quo. Temos um desejo contínuo de melhorar e vencer no mercado. Confiança: respeitamos nossos colegas da P&G, clientes e consumidores, e os tratamos como queremos ser tratados. Confiamos na capacidade e na intenção de cada um. Acreditamos que as pessoas trabalham melhor quando existe um ambiente baseado em confiança.

VLI MULTIMODAL

Pessoas diferenciadas em relação à segurança. Buscar resultados de forma persistente e consistente. Pessoas integradas e valorizadas multiplicam resultados. Empreender, criar e melhorar com paixão. Respeito às pessoas sempre. Nossas ações fazem diferença para o cliente. Pessoas inconformadas, com atitude certa para resolver. Fazer mais com menos, com simplicidade.

INTERCEMENT

Respeito: às pessoas e ao meio ambiente. Agir sempre de forma correta e justa em relação a seus acionistas, profissionais, clientes, fornecedores, governos, às comunidades e à sociedade em geral. Atuar com responsabilidade em relação ao meio ambiente. Transparência: fornecer informações claras e abrangentes sobre atividades, realizações, políticas e desempenho, de forma sistemática e acessível. Qualidade e inovação: garantir aos clientes a melhor qualidade possível na execução de serviços ou no fornecimento de produtos e investir continuamente no aperfeiçoamento de suas atividades e de seus profissionais. Atuação responsável: atender ao estabelecido na legislação dos países e regiões onde atua; corresponder aos valores aqui definidos; agir de forma íntegra e de acordo com as normas universais de boa convivência humana, sem discriminação de raça, sexo, credo, religião, cargo, função ou outra. Foco no resultado: buscar sempre maximizar o desempenho como forma de garantir sua perenidade, seus investimentos, retorno aos acionistas e condições adequadas aos profissionais.

ATLAS SCHINDLER

Segurança. Integridade e confiança. Qualidade. Criar valor para o cliente. Compromisso. Desenvolvimento das pessoas.

GRENDENE

Lucro: o lucro é essencial e insubstituível para a continuidade da Grendene e a manutenção dos empregos. Competitividade: produtividade crescente — custos e despesas em exame e redução constante. Inovação e agilidade: antecipar-se às dificuldades, inovar e fazer melhor. Ética: integridade, respeito e transparência — pensar, falar e agir.

TUPY

Pessoas. Saúde e segurança. Excelência econômica. Meio ambiente e comunidade. Orientação ao cliente. Integridade. Comprometimento. Comunicação. Aprendizagem e inovação.

KINROSS BRASIL MINERAÇÃO

Pessoas em primeiro lugar, saúde e segurança são valores para a empresa, seja entre empregados, parceiros, fornecedores ou nas comunidades em que opera. É um princípio da Kinross tratar as pessoas sempre de forma justa e respeitosa, procurando constantemente oferecer oportunidades de desenvolvimento profissional e crescimento pessoal. A empresa busca estimular e manter um ambiente de trabalho que celebra e apoia a diversidade, ao mesmo tempo em que se mantém sensível às culturas, costumes e práticas locais. Cidadania corporativa exemplar: a responsabilidade socioambiental é um dos pilares da atuação da Kinross. A empresa está comprometida com os mais altos padrões de ética e governança corporativa na indústria, valorizando a integridade e a transparência em tudo que faz. Assim, é uma diretriz da Kinross reduzir qualquer impacto adverso que suas atividades possam causar ao meio ambiente e à comunidade, bem como voltar seus esforços para contribuir com a melhoria da qualidade de vida da população. Esse compromisso é traduzido em atitudes e projetos voltados para o diálogo, a capacitação profissional, a geração de renda e desenvolvimento, a preservação e a educação ambiental. Cultura de alto desempenho: a Kinross orienta-se para o alcance de resultados e o cumprimento dos objetivos de seu negócio. A empresa valoriza a inovação, a adaptabilidade e a responsabilidade da equipe, e deseja que seus empregados sejam conhecidos por sua paixão, sentido de urgência, habilidade, iniciativa e trabalho em equipe. Por isso, valoriza e recompensa a excelência ao mesmo tempo em que tem como objetivo central o aperfeiçoamento contínuo das competências de seu time. Rigorosa disciplina financeira: a Kinross trata com prudência e disciplina o investimento dos seus acionistas, buscando sempre maneiras novas e mais eficientes de utilizar os seus recursos.

VOTORANTIM SIDERURGIA

Ter sustentabilidade como estratégia, orientando governança, gestão, educação, decisões e investimentos — criando valor. Evoluir consistentemente os resultados econômicos, sociais e ambientais, buscando eficiência e confiabilidade nas operações, de acordo com padrões de classe mundial. Ser reconhecida como empresa que atrai, desenvolve e retém talentos para a geração de valor e a construção de uma sociedade justa e inclusiva. Ter compromisso com o bem-estar, a saúde e a segurança de nossos empregados, clientes, parceiros e meio ambiente, atuando na prevenção de incidentes ambientais, ocupacionais e doenças do trabalho. Contribuir para o desenvolvimento das comunidades em que atuamos. Incentivar a cooperação e a participação de todos os empregados e partes interessadas na construção de parcerias e trabalho conjunto, visando a geração de valor mútuo. Atender às expectativas e aos requisitos dos clientes, garantindo a qualidade dos produtos e a excelência no atendimento.

ACHÉ

Integridade. Respeito às pessoas. Respeito ao meio ambiente. Espírito empreendedor. Inovação. Crescimento sustentável.

BEIRA RIO

Satisfazer clientes e consumidores. Formar colaboradores. Desenvolver fornecedores. Contribuir para o bem-estar social através do pagamento de impostos. Fortalecer o desenvolvimento da comunidade local. Garantir segurança aos investidores.

AUTOBAN

Desprendimento: o caminho para o crescimento das pessoas e da empresa. Integridade: fundamento das relações pessoais e profissionais. Ousadia: proatividade, criatividade e persistência para buscar desafios e superar limites. Respeito: pelo outro, pela vida e pela natureza. Autonomia: liberdade de ação com responsabilidade.

REDEFLEX

Ética: somos justos em nossas decisões. Comprometimento: somos parceiros de negócios. Relacionamento: mantemos um clima organizacional salutar. Empreendedorismo: buscamos a inovação e novos negócios sempre. Simplicidade: estamos sempre de portas abertas para ouvir. Austeridade: otimizamos os recursos fazendo mais com menos.

ENERGISA M. GROSSO DO SUL

Compromisso. Inovação. Clientes. Pessoas. Resultados. Segurança.

ATEM'S DISTRIBUIDORA

Relacionamentos baseados na confiança e na honestidade. Ética e transparência. Comprometimento com o resultado e com a excelência em tudo o que fazemos. Autonomia do indivíduo e responsabilidade dos atos. Respeitamos e valorizamos a segurança e o meio ambiente.

CONSTRUTORA OAS

Orientação para resultados. Competência profissional. Garra. Confiança.

POSTAL SAÚDE

O marco de um novo tempo que se inicia, pautado na transparência e no comprometimento de disponibilizar serviços e profissionais altamente qualificados para cuidar do bem mais precioso que você possui na vida: sua saúde!

SUPERMERCADO BAHAMAS

Trabalho com ética. Responsabilidade socioambiental. Humildade. Empreendedorismo (inovação). Transparência. Cidadania. Comprometimento. Relacionamento.

CCR METRÔ BAHIA

Desprendimento: o caminho para o crescimento das pessoas e da empresa. Integridade: fundamento das relações pessoais e profissionais. Ousadia: proatividade, criatividade e persistência para buscar desafios e superar limites. Respeito: pelo outro, pela vida e pela natureza. Autonomia: liberdade de ação com responsabilidade.

DEDIC

Comprometimento. Honestidade. Segurança. Inovação. Transparência. Dedicação. Parceria. Valorização. RH. Ética.

SHELL BRASIL

Estabelecemos globalmente elevados padrões de desempenho e de comportamento ético. Os Princípios Gerais de Negócio, o Código de Conduta e o Código de Ética da Shell ajudam a todos na Shell a agir de acordo com nossos valores essenciais de honestidade, integridade e respeito pelas pessoas, além de atuar em conformidade com as legislações e regulamentações vigentes.

CAMARGO CORRÊA

Respeito às pessoas e ao meio ambiente: agir sempre de forma justa e correta em relação a acionistas, profissionais, clientes, fornecedores, governos, comunidades locais e sociedade em geral. Atuar com responsabilidade em relação ao meio ambiente. Atuação responsável: atender ao que é estabelecido na legislação, onde quer que atuemos, agindo de forma íntegra. Respeitar a diversidade de acordo com as normas universais de boa convivência humana, sem discriminação de raça, credo, religião, cargo, função ou outra. Transparência: fornecer informações claras e abrangentes sobre as atividades, as realizações, as políticas e o desempenho do grupo, de maneira sistemática e acessível. Foco no resultado: buscar sempre maximizar o desempenho do grupo, como forma de garantir sua perenidade, seus investimentos, o retorno aos acionistas e as condições adequadas aos profissionais. Qualidade e inovação: garantir a qualidade de serviços e produtos e investir continuamente no aperfeiçoamento dos profissionais e das empresas.

ABRATEL

Ética. Credibilidade. Inovação. Responsabilidade socioambiental. Respeito à Sociedade. Qualidade. Excelência. Transparência. Equilíbrio.

CONAB

Qualidade e regularidade na prestação de serviços públicos. Confiabilidade das Informações. Responsabilidades social e ambiental. Comprometimento e valorização do corpo funcional. Valorização do produtor rural. Compromisso com a sociedade.

CENIBRA

- Ética: praticar a verdade e o respeito em todos os relacionamentos.
- Compromisso com resultados: valorizar a inovação, a competência e o comprometimento dos profissionais.
- Excelência: trabalhar com qualidade, confiabilidade e competitividade.
- Sustentabilidade: garantir a competitividade, atendendo à sociedade e preservando a natureza.
- Espírito empreendedor: agir no presente com visão de futuro.

EDP COMERCIALIZADORA

Segurança no trabalho. Confiança. Iniciativa. Excelência. Inovação. Sustentabilidade.

HOSPITAL SÍRIO-LIBANÊS

Busca. Calor humano. Excelência. Solidariedade.

CEG RIO

Orientação ao cliente: dedicamos nossos esforços a conhecer e satisfazer as necessidades de nossos clientes. Queremos proporcioná-los um serviço excelente e ser capazes de dar-lhes uma resposta imediata e eficaz. Compromisso com os resultados: elaboramos planos, fixamos objetivos coletivos e individuais e tomamos decisões em função de seu impacto na consecução dos objetivos de nossa visão, assegurando o cumprimento dos compromissos adquiridos. Sustentabilidade: desenvolvermos nossos negócios com um horizonte estratégico que transcende os interesses econômicos imediatos, contribuindo para o desenvolvimento mediante a criação de valor econômico, meio--ambiental e social, tanto a curto como a longo prazos. Interesse pelas pessoas: promovemos um entorno de trabalho respeitoso com nossos empregados e implicando em sua formação e desenvolvimento profissional. Propiciamos a diversidade de opiniões, perspectivas, culturas, idades e gêneros no seio de nossas organizações. Responsabilidade social: aceitamos nossa responsabilidade social corporativa, agregando à sociedade nossos conhecimentos, capacidade de gestão e criatividade. Dedicamos parte de nossos benefícios à ação social, mantendo um diálogo permanente com a sociedade para conhecer suas necessidades e procurar sua satisfação, de tal forma que incremente a credibilidade e o prestígio do grupo. Integridade: todas as pessoas do grupo devem comportar-se com honestidade, retidão, dignidade e ética, contribuindo assim ao aumento da confiança da sociedade em relação à nossa empresa. A direção do grupo atuará com transparência e responsabilidade ante todas as partes interessadas.

COSERN

Segurança: colocamos as vidas das pessoas em primeiro lugar. Pessoas: valorizamos e inspiramos as pessoas. Respeito pelo cliente: geramos valor para nossos clientes, por meio de serviços de qualidade e atendimento de suas necessidades. Inovação e empreendedorismo: estimulamos o pensamento criativo e a atuação autônoma. Atuação sem fronteiras: quebramos os limites organizacionais (áreas, empresas) para trabalhar em equipe e gerar melhores resultados. Sustentabilidade: consideramos as dimensões ambiental, social e econômica em todas as nossas decisões. Criação de valor: buscamos crescimento sustentável (rentabilidade, comprometimento, eficiência), com geração de valor para o acionista, nossos colaboradores e a sociedade. Integridade:

Fazemos o nosso trabalho com ética e honestidade, garantindo que a informação falada ou escrita seja clara, correta e confiável. Excelência: abordamos os desafios com planejamento e cuidado com os detalhes.

SOLUÇÕES USIMINAS

Pessoas: a Usiminas confia nas pessoas e aplica os conceitos de autonomia, cooperação e compromisso. Consistência: a Usiminas é confiável, estável e sólida. Tem continuidade em suas ações e foco em resultados. Técnica: a Usiminas tem domínio do saber e do fazer, além de conhecimento profundo, experiência e destreza inquestionáveis para executar e solucionar. Capricho: o olhar da Usiminas é particular, desde o detalhe ao todo. Abertura: a Usiminas é receptiva e transparente. Tem curiosidade e disposição para a construção e a realização de ideias. Sustentabilidade: a Usiminas acredita que o futuro é construído com base nas decisões e ações de agora. Resultados: a Usiminas estabelece metas individuais e coletivas desafiadoras, que refletem o potencial da companhia e contribuem para ampliar os resultados empresariais.

TAURUS

Pessoas motivadas: formar equipes movidas pelo desafio de fazer mais e melhor. Inovação: a busca incessante por soluções voltadas para o aperfeiçoamento da funcionalidade e da efetividade dos nossos produtos. Segurança: bem maior que orienta nossas ações e atitudes na relação com nossos colaboradores, clientes e comunidades. Compromisso e respeito: aos nossos clientes, razão da nossa existência, a quem dedicamos nossos melhores esforços para atender às suas expectativas. Ética e transparência: valor inegociável, que garante o cumprimento das normas e legislações ambientais, trabalhistas e todas as demais aplicáveis às nossas operações. Orgulho: de contribuir para o desenvolvimento do nosso país e da nossa sociedade.

LDC SUCOS

Comprometimento: nosso comprometimento está na forma como construímos relacionamentos baseados em confiança com nossos parceiros em todas as fases da cadeia de valor, mantendo os mais elevados padrões éticos ao buscar excelência. Humildade: nossa posição de liderança nos torna plenamente conscientes de nossa responsabilidade de agir com integridade e questionar continuamente a forma como trabalhamos, para nos engajarmos e aprendermos sempre com nossos clientes, parceiros e comunidades. Diversidade: nossa perspectiva global promove o respeito à diversidade em todos os aspectos do nosso negócio e em todas as comunidades em que atuamos. Empreendedorismo: nosso espírito empreendedor impulsiona o crescimento, apoiando as pessoas a terem iniciativas com base em forte gestão de risco para permitir a tomada de decisão rápida, clara e embasada.

EDF NORTE FLUMINENSE

Redução e controle dos impactos sobre o meio ambiente: ampliar o conhecimento científico dos aspectos relacionados ao meio ambiente e à sociedade nas regiões dos empreendimentos. Gerenciar os resíduos, reduzindo o consumo e, sempre que possível, reutilizando-os e os reciclando antes de descartá-los. Investir em fontes de energia complementares renováveis. Contribuir para a melhoria contínua da qualidade ambiental e atuar de forma preventiva pela definição de políticas, programas e práticas que protejam as pessoas e o meio ambiente. Conservação da biodiversidade e dos recursos naturais: incentivar o desenvolvimento de projetos de conservação do meio ambiente. Estimular projetos de melhoria da eficiência energética e o uso racional de energia. Promover o uso racional da água e dos demais recursos naturais. Respeito às comunidades: apoiar iniciativas que promovam o desenvolvimento sustentável das comunidades locais. Apoiar e promover a preservação do patrimônio histórico e cultural. Educação e saúde como elementos de transformação social: priorizar ações que promovam o desenvolvimento educacional e sanitário das populações abrangidas pelos empreendimentos. Promover a conscientização das comunidades sobre os princípios de equilíbrio ambiental. Transparência e diálogo: manter diálogo contínuo com as populações sobre os seus direitos e deveres antes e durante a construção e operação dos empreendimentos. Informar à sociedade a maneira como os recursos naturais são empregados na construção e operação das usinas. Estabelecer uma política de portas abertas e comunicação de mão dupla, colocando à disposição dos interessados canais de informação. Publicar Relatório Anual de Responsabilidade Socioambiental.

MAHLE

Como uma empresa com atividades mundiais, estamos permanentemente competindo por clientes novos e existentes. Diariamente enfrentamos o grande desafio de garantir a existência e o crescimento contínuo de nossa empresa. Somente atingindo objetivos ambiciosos de lucro garantimos a continuidade da nossa independência e, consequentemente, de nossos empregos. Campo de atuação: como fornecedor de componentes e sistemas para acionamentos automotivos e aplicações industriais, somos sempre um parceiro confiável para nossos clientes. Desenvolvemos e fabricamos produtos considerados padrões de excelência em todos os mercados. Queremos também defender e estender nossa liderança no futuro. É nosso objetivo conduzir a competição pela ponta. Clientes/Fornecedores, liderança tecnológica, qualidade, credibilidade dos fornecimentos e otimização de custos são as chaves para o sucesso empresarial. Esforçamo-nos, diariamente, para satisfazer as necessidades dos nossos clientes. Por meio da melhoria contínua de nossos produtos e serviços, bem como nossa disposição para a inovação, conseguimos uma satisfação permanente dos nossos clientes. A busca por melhoria contínua deve ser estendida aos nossos fornecedores. Somente junto a eles seremos competitivos a longo prazo. Colaboradores motivados são o motor da nossa empresa. Por isso, estimulamos a responsabilidade no posto de trabalho, bem como a disposição para a cooperação entre os colaboradores, o trabalho em equipe e a eficiência individual. Como empresa com atividades internacionais, nossos colaboradores cooperam além das fronteiras de países e continentes. Nós apoiamos essa cooperação e a competição justa entre as várias empresas e unidades do grupo. Nós visamos uma cultura empresarial cooperativa que mantenha a comunicação aberta e um modo de trabalho orientado à equipe. Entendemos segurança do trabalho e proteção da saúde como tarefas que visam a proteção dos nossos colaboradores. Financiamento: a existência, o lucro e o crescimento da nossa empresa são nossos objetivos. O financiamento necessário para nossos ativos efetua-se por meio de recursos financeiros próprios e externos em uma relação equilibrada, com ênfase nos recursos próprios. Em resumo, pretendemos praticar uma política financeira de liquidez e cambial de pouco risco e custos favoráveis, que corresponda aos interesses dos nossos acionistas. Atividades financeiras não devem causar riscos. Os riscos resultantes dos negócios operacionais devem ser limitados ou impossibilitados por meio de medidas financeiras. Sociedade: seguindo a ideia dos fundadores da nossa empresa, queremos apoiar, com o sucesso do nosso trabalho, os vários projetos sociais de nosso sócio principal. Nós somos um parceiro de confiança também para os projetos de longo prazo. Os interesses empresariais do nosso sócio principal são considerados por meio da MABEG (MAHLE Beteiligungs-Gesellschaft). Meio ambiente: a preservação do nosso meio ambiente é uma preocupação especial. Consequentemente, nos preocupamos, já na fase de desenvolvimento e planejamento dos nossos produtos e processos, com o consumo reduzido de recursos e a proteção do nosso espaço natural. Nossos produtos atendem a esses requisitos, tanto na sua produção como na sua utilização. Todos os colaboradores são comprometidos com a questão ecológica. Riscos: consideramos o reconhecimento, a avaliação, o domínio e o monitoramento de riscos, das tarefas prioritárias da gestão e do processo de liderança. Com a integração da gestão de risco no sistema de gestão da MAHLE, enfatizamos o significado dessa tarefa para a empresa.

MICROSOFT MOBILE

Integridade e Honestidade. Abertura e Respeito. Vontade de abraçar grandes desafios. Atitude crítica. Responsabilidade. Paixão por tecnologia, parceiros e clientes.

FIBRIA-MS

Solidez: buscar crescimento sustentável com geração de valor. Ética: atuar de forma responsável e transparente. Respeito às pessoas e disposição para aprender. Empreendedorismo: crescer com coragem para fazer, inovar e investir. União: o todo é mais forte.

NETSHOES

Paixão. Inovação sem limites. Foco no resultado. Olhar de dono. Valorização das pessoas. Agilidade. Simplicidade.

LIVRARIA SARAIVA

Confiança. Integridade. Compromisso com a qualidade. Entusiasmo. Determinação. Rentabilidade. Meritocracia. Juntos.

ANGLO GOLD ASHANTI

Segurança é nosso primeiro valor. Tratamos uns aos outros com dignidade e respeito. Valorizamos a diversidade. Somos responsáveis pelas nossas ações e cumprimos nossos compromissos As comunidades e regiões onde a AngloGold Ashanti mantém suas operações devem se tornar melhores em função da presença da empresa. Respeitamos o meio ambiente.

TECBAN

Resultados. Ética. Valorização das pessoas.

CLAMED FARMÁCIAS

Conduzir os negócios de forma ética, visando atingir a lucratividade necessária ao desenvolvimento sustentável da empresa. Estabelecer com seus colaboradores uma relação justa, de responsabilidade e comprometimento. Ser uma empresa cidadã responsável.

RUFF

Ética e integridade nos relacionamentos e na condução de negócios. Qualidade de produtos e serviços. Zelo com o meio ambiente. Estímulo ao desenvolvimento das pessoas. Responsabilidade social. Busca da melhoria contínua. Comprometimento com a geração de lucros.

M&G POLÍMEROS

Respeito ao valor das pessoas: oferecendo desenvolvimento profissional e políticas que apoiem a igualdade de oportunidades e o respeito mútuo. Respeito aos clientes através do atendimento às exigências acordadas e da melhoria da qualidade de seus processos e produtos, a um custo competitivo. Respeito à concorrência leal. Preservação do meio ambiente: evitando poluição e observando os princípios de desenvolvimento sustentável. Interação da organização com a comunidade social: reconhecendo a importância da responsabilidade social corporativa. Saúde e segurança de seus empregados e parceiros.

Cumprimento das leis e de outras exigências regulamentares em todos os países onde o Grupo M&G opere. Transparência através de comunicações e condutas precisas e profissionais. Confidencialidade das informações que forem confiadas ao grupo com relação à sua própria propriedade intelectual, à de seus clientes, fornecedores e de outros com quem mantenha negócios.

LARCO DISTRIB. DE COMBUSTÍVEL

A Larco prima pela ética e pelo compromisso com seus colaboradores e a sociedade em geral, participando ativamente no desenvolvimento de projetos de responsabilidade social. Além de distribuir combustível para todo o território nacional, nosso compromisso é levar mais agilidade e rentabilidade com segurança para nossos clientes.

ALCOA

Agir com integridade. Operar com excelência. Cuidado com as pessoas. Na Alcoa, os valores sempre foram uma base da nossa empresa, que regem a forma como atuamos, operamos e interagimos com nossos clientes, comunidades e entre eles. Tenham uma breve e memorável simplicidade, os nossos valores são um simples reflexo de quem somos: milhares de indivíduos comprometidos em todo o mundo que compartilham a mesma visão... para ganhar, sendo o melhor no que fazemos e trilhando o caminho certo. Isso significa que nós: somos abertos, honestos e responsáveis. Fazemos o que dissemos que faríamos. Nós continuamos implacavelmente com resultados excelentes e sustentáveis. E nós transformamos as ideias criativamente em valor. Cuidado com as pessoas. Nós tratamos todas as pessoas com dignidade e fornecemos uma cultura de trabalho diversificada e inclusiva. Trabalhamos com segurança, promovemos o bem-estar e protegemos o meio ambiente.

CGG TRADING

Buscamos excelência na gestão, somos empreendedores, temos senso de propriedade, respeitamos nossos clientes e nossa gente, somos íntegros e agimos com simplicidade.

CESP

Atuar no setor de energia: realizar estudos, planejamento, projetos, construção, operação, manutenção e comercialização de energia de seus sistemas de produção. Excelência: qualidade, confiabilidade, competência técnica e de gestão. Sustentabilidade empresarial: é alcançar a excelência na disponibilização da energia, obtendo os melhores resultados econômicos, sociais e ambientais, sem comprometer o atendimento das necessidades das futuras gerações.

UPL DO BRASIL

1. Respeito às pessoas e aos objetivos da empresa.
2. Espírito de equipe: o trabalho em equipe fortalece a empresa.
3. Comprometimento: ser comprometido com os resultados da empresa.
4. Simplicidade: não complicar o que não precisa.
5. Iniciativa: não deixar para depois o que pode fazer agora.
6. Credibilidade: que as ações confirmem as palavras.
7. Responsabilidade: responsabilidade não se delega, portanto, assuma seu comportamento e suas ações, assim como os da sua equipe.

FMC QUÍMICA

Enfocar e investir nos negócios que já possuímos. Impulsionar a inovação. Ir aonde há crescimento. Tomar atitudes como uma única FMC, onde isso faz a diferença. Agir com segurança, ética e responsabilidade.

CA TECHNOLOGIES

Futuro. Retribuição. Sustentabilidade.

J. MACÊDO

Ética: estabelecer relações de confiança, agir com senso de justiça e com respeito pelas pessoas e pelo negócio. Inovação: perseguir a visão da empresa, com ousadia, atitude empreendedora, senso de urgência e foco em resultados. Respeito pelas pessoas: valorizar um ambiente cooperativo, harmônico e saudável entre as pessoas, recompensando desempenhos diferenciados e retendo talentos. Compromisso com o negócio: compartilhar ideias, defender nossas marcas e buscar a excelência no atendimento aos clientes.

PETROVIA

- Integridade social.
- Disciplina corporativa e funcional.
- Agilidade.
- Trabalho em equipe.
- Foco no atendimento ao cliente.
- Orientação e ampla divulgação dos resultados e ações.
- Desenvolvimento e incentivo ao talento humano.

PIF PAF

Respeito: estabelecer relações pautadas pela igualdade, honestidade, ética e senso de justiça. Transparência: assegurar informações claras e exatas para a prática de justiça, confiança e respeito. Atitude: ter iniciativa para agir com coragem e simplicidade, buscando inovação. Excelência: buscar a melhoria contínua dos resultados de cada processo com foco na satisfação do cliente.

Austeridade: atuar com responsabilidade e criatividade na utilização de recursos com foco em resultado.

CAESB

Ética. Qualidade. Satisfação do cliente. Responsabilidade social e ambiental. Valorização dos colaboradores. Sustentabilidade econômico-financeira.

COPEBRÁS

Segurança. Integridade. Respeito. Autonomia. Responsabilidade. Ambição.

ZONA SUL

Ética. Inovação. Agilidade. Humildade. Compromisso com os clientes. Diferencial de atitudes. Credibilidade. Eficiência.

EXTRAFARMA

Atuamos com espírito de servir aos nossos clientes. Cultivamos relações de parcerias internas e externas de longo prazo. Buscamos excelência em varejo, com atendimento humanizado, fazendo mais e melhor a cada dia. Somos uma equipe de alto desempenho. Valorizamos simplicidade e humildade. Agimos como empreendedores e donos da empresa. Somos orientados para resultados.

NUFARM

Agregar valor ao negócio. Atender aos requisitos de qualidade, buscando a satisfação dos clientes, acionistas, empregados e fornecedores. Promover a melhoria contínua. Assegurar a capacitação de nossos empregados. Garantir atendimento às legislações, normas e demais requisitos aplicáveis. Aprimorar relacionamentos com a comunidade na qual estamos inseridos.

COMPESA

Ética e disciplina: agir com integridade, disciplina, responsabilidade, profissionalismo, proatividade e transparência. Compromisso: desenvolver suas atividades de acordo com a missão e a visão da empresa e com foco em resultados. Integração, participação e valorização: valorizar o capital humano, num ambiente cooperativo harmônico e saudável. Satisfação do cliente e modicidade tarifária: prestar um serviço com qualidade e menor custo. Qualidade e produtividade: promover a melhoria contínua e a modernização dos serviços prestados. Responsabilidade social: conscientização do valor social dos serviços prestados e interação com a sociedade.

UNIDASUL

Integridade e ética nas nossas relações pessoais e comerciais. Eficiência e eficácia permanente em todos os processos. Organização competente focada em resultados. Pessoas talentosas e comprometidas com o nosso negócio.

ENERGISA PARAÍBA

Vida: todos os dias... zelamos pela vida de todos cuidando uns dos outros. Cumprimos à risca cada procedimento de segurança. Não vale de jeito nenhum... omitir-se diante de atos e condições inseguros. Acreditar que não vai acontecer com a gente. Pessoas: todos os dias... valorizamos pessoas, com respeito e meritocracia. Agimos como donos e promovemos um ambiente de confiança e autonomia. Não vale de jeito nenhum... discriminação de qualquer natureza. Deixar de ouvir e de respeitar opiniões diferentes. Cliente: todos os dias... somos movidos a entender e a servir o cliente Agimos pela excelência da experiência do cliente. Não vale de jeito nenhum... prometer o que não se pode entregar. Usar a regulação como escudo. Inovar: todos os dias... experimentamos, erramos e ajustamos rapidamente. Valorizamos boas ideias, sem fronteiras e sem hierarquia. Não vale de jeito nenhum... desistir das novas ideias que geram valor. Criar barreiras para quem propõe o diferente. Compromisso: todos os dias... decidimos com foco no hoje e no futuro. Trabalhamos para e com a comunidade. Não vale de jeito nenhum... agir sem transparência, integridade e ética. Fazer diferente do que se fala. Resultados: todos os dias... somos ousados nos objetivos e inovadores nas soluções. Trabalhamos como time pelos mesmos objetivos. Não vale de jeito nenhum... gerar resultados a qualquer custo. Cumprir o plano sem ganhar o jogo.

PRÓ-SAÚDE

Clientes: simplificar a vida dos nossos clientes. Pessoas: nossa energia está nas pessoas. Resultados: superação para atingir resultados. Segurança: em primeiro lugar. Inovação. Profissionalismo: competência técnica e responsabilidade pessoal para atingir os objetivos definidos. A Pró-Saúde coloca o seu público em primeiro lugar, por isso tem como valores primordiais a filantropia e a responsabilidade social. Qualidade: criação e aperfeiçoamento constante de produtos e serviços, sempre considerando e visando a satisfação dos clientes internos e externos. Responsabilidade social: valorização e respeito ao ser humano e ao meio ambiente. Desde 2003, a Pró-Saúde vem adotando em seu modelo de gestão valores que visam fortalecer o relacionamento entre o público e a comunidade por meio de um serviço de qualidade e apoio para o desenvolvimento social. Ética, transparência e respeito em todas as relações, marcadas pelo sigilo profissional.

ALL MALHA PAULISTA

Pessoas fazem a diferença. Clientes são aliados e devemos cultivar relação de confiança. Lucro merecido como premissa Austeridade: utilização cuidadosa de todos os recursos. Atuação sustentável: econômica, ambiental e socialmente responsável. Valor do compromisso e entusiasmo com o futuro. Disciplina de execução.

AES TIETE

Energia. Segurança. Integridade. Agilidade. Excelência. Realização.

GIASSI SUPERMERCADO

A rede Giassi Supermercados é uma empresa que está ligada ao lado humano do seu fundador, Zefiro Giassi. A Giassi & Cia Ltda. sempre procurou participar dos projetos que impulsionam o bem estar de toda comunidade catarinense, realizando inúmeras ações em todas as suas lojas. Ações como o Troco Solidário, que recebem doações de clientes em toda rede. O projeto iniciado em 2009, colabora com 40 entidades beneficentes em Santa Catarina. Frutas e verduras que estão em bom estado, mas não possuem um aspecto ideal para a área de venda, também têm destino certo às instituições. O Giassi sempre pensa em quem precisa, colocando em prática trabalhos sociais e apoiando colaboradores nas relações de amizade, união e ajuda nas causas sociais.

GAROTO

- Ética e respeito.
- Humildade e confiança.
- Comprometimento e foco no trabalho.
- Flexibilidade e trabalho em equipe.
- Energia e paixão pelo que faz.

CCPR

Integridade. Excelência. Simplicidade. Gestão de pessoas. Lucratividade.

UNIMED FORTALEZA

Cooperativismo. Valorização de clientes e colaboradores. Ética. Inovação. Responsabilidade social.

COMERCIAL CARVALHO

Satisfazer nossos clientes: nossos clientes são a razão de tudo que fazemos, e por isso a nossa dedicação é integral a eles. Conduta ética: nossas ações são pautadas em atitudes de transparência, respeito e integridade na condução do nosso negócio, mantendo uma postura de empresa cidadã, conciliando os interesses de todos: sociedade civil, clientes, fornecedores e colaboradores, respeitando o meio ambiente. Compromisso com a nossa gente: buscamos ter e manter as melhores pessoas, dando a elas oportunidade de crescimento e de desenvolvimento. Liderança presente: estamos presente onde as coisas acontecem, junto às nossas pessoas e aos nossos clientes, pois acreditamos que para liderar é preciso conhecer e entender as pessoas, os processos e os mercados.

ADAMA BRASIL

Criar simplicidade. Paixão. Fortalecer pessoas. Fazer acontecer.

COASUL

Honestidade. Responsabilidade. Justiça. Cooperação. Ética.

VSB

Manter-se na liderança do mercado de tubos por meio da confiança de seus clientes no atendimento da qualidade, prazo e preço. Praticar uma gestão ética e socialmente responsável. Promover a saúde e a segurança do trabalho. Preservar o meio ambiente e prevenir a poluição. Apoiar e melhorar o desempenho energético. Cumprir a legislação e as normas aplicáveis. Melhorar continuamente o seu desempenho.

USINA COLOMBO

Pioneirismo e inovação. Foco no cliente. Valorização e respeito ao capital humano. Valorização e respeito aos recursos naturais.

POSITIVO INFORMÁTICA

Foco no cliente: existir em função do cliente. Colocar-se no lugar do cliente, buscando entender suas necessidades e superar suas expectativas. Priorizar as ações e as atitudes que valorizem o cliente. Pessoas e equipes: respeitar o indivíduo, estimular a diversidade e valorizar o trabalho em equipe. Fazer acontecer: ser proativa, encontrar alternativas para vencer as barreiras e cumprir com o que foi prometido. Ética: atuar com honestidade, transparência e responsabilidade. Cumprir com o combinado. Simplicidade: atuar de forma prática e objetiva. Excelência: paixão por fazer sempre o melhor. Aprender com os erros e valorizar os acertos. Estimular a inovação e a contínua superação. Otimizar o retorno sobre todos os investimentos realizados.

REFINARIA RIOGRANDENSE

Atuar com ética. Agir com profissionalismo. Buscar qualidade e segurança nas operações e no ambiente de trabalho. Cultivar a cooperação, a liberdade de expressão e o comprometimento. Visar a sustentabilidade com responsabilidade social e ambiental.

SAPORE

Qualidade de produtos e serviços. Trabalho em equipe. Criatividade e inovação. Encantar nossos clientes. Estabelecer e manter relações saudáveis e duradouras. Qualidade de vida. Sustentabilidade. Integridade.

ELETROBRAS RONDÔNIA

Foco em resultados. Empreendedorismo e inovação. Valorização e comprometimento das pessoas. Ética e transparência.

MAGNESITA

Cliente. Gente. Meritocracia. Ética. Lucro. Gestão e método ágil. Transparência. Respeito por segurança, meio ambiente e comunidades.

PAQUETÁ CALÇADOS

Trabalho. Respeito às pessoas. Integridade. Empreendedorismo. Perpetuidade do negócio.

USAÇÚCAR

Integração: incentivamos a troca de informações e aproveitamento de experiências, otimização de recursos entre áreas, equipes e unidades, buscando a integração, a uniformização, a melhoria de cada uma de nossas práticas e resultados. Resultados: buscamos a melhoria contínua com controle dos resultados por indicadores de desempenho, promovendo um ambiente de alta performance, com mecanismos de reconhecimento das pessoas e equipes de trabalho. Parceiros e fornecedores: reconhecemos nossos parceiros e fornecedores como partes integrantes no processo de atendimento, desenvolvimento e melhoria de nossos resultados. Prontidão para mudanças: inspiramos e criamos condições favoráveis para implementação de mudanças que agreguem valor à organização. Empreendedorismo e inovação: estimulamos a superação de desafios, com geração e aplicação de inovações tecnológicas que contribuam para o alcance dos objetivos estratégicos e o crescimento contínuo da empresa. Ética e transparência: nossos negócios, compromissos e ações são fundamentados nos princípios da ética e transparência. Respeito à vida: respeitamos a vida, buscando na gestão da empresa a excelência da segurança na saúde e no meio ambiente. Diversidade humana: respeitamos a diversidade humana nas relações com pessoas e instituições, garantindo os princípios do respeito às diferenças, a não discriminação e a igualdade de oportunidades de integração e evolução. Pessoas: constituem o grande pilar no desempenho da nossa organização. Orgulho de ser USAÇÚCAR: nos orgulhamos de pertencer a uma empresa brasileira, de fazer parte de sua história, de suas conquistas e por sua capacidade de vencer desafios.

COTRIJAL

Confiança. Cooperação. Fazer bem feito. Foco em resultado.

TBG

Comprometimento. Respeito. Entusiasmo. Simplicidade.

COPERCAMPOS

Temos fé e acreditamos:
- Na providência Divina.
- Na força da união e da solidariedade.
- Na parceria e na cooperação.
- Na ética e na valorização do ser humano.
- Numa melhor distribuição das riquezas geradas.
- No desenvolvimento socioeconômico e cultural do associado, de sua família e das comunidades.
- Na integridade e na competitividade.
- Na confiança e no comprometimento.
- No desenvolvimento inovador e tecnológico.
- Na responsabilidade social e ambiental.

HERING

Respeito aos clientes: encantar o cliente com produtos e serviços que superem suas expectativas. Sustentabilidade: ser economicamente rentável, promovendo a responsabilidade socioambiental. Integridade e ética: agir com transparência e ética, respeitando as regras da sociedade. Inovação e abertura a mudanças: pesquisar e monitorar o mercado, buscando reinventar-se. Comprometimento: atitude para alcançar as metas de acordo com a visão estratégica da empresa.

TIGRE

Confiança: produtos referência no mercado da construção, com qualidade insuperável e soluções completas, garantindo tranquilidade em todo tipo de obra. Integridade: uma marca sólida, que atua de forma ética, íntegra e comprometida. Inovação: liderança e diferenciação em todos os segmentos de atuação, com uma atitude criativa e inquieta, buscando sempre o desenvolvimento de novos produtos e soluções. Relacionamento: a marca parceira de todos os nossos públicos (clientes, revendedores, profissionais da obra e colaboradores), reconhecida por construir relações próximas e verdadeiras. Sustentabilidade: entendimento do seu papel no mundo e na sociedade, através do desenvolvimento e da promoção de ações sustentáveis e de responsabilidade social.

COPAGRIL

Ética. Cooperação. Qualidade. Atendimento. Sustentabilidade econômica, social e ambiental.

VOTORANTIM CIMENTOS

- Solidez: buscar crescimento sustentável com geração de valor.
- Ética: atuar de forma responsável e transparente.
- Respeito: respeito às pessoas e disposição para aprender.
- Empreendedorismo: crescer com coragem para fazer, inovar e investir.
- União: o todo é mais forte.

TRW

A satisfação do cliente é essencial. A TRW entrega valor superior aos clientes por meio da qualidade, da confiança e da tecnologia. A empresa cresce e prospera, à medida que atende às necessidades dos clientes com performance superior à dos concorrentes, custo competitivo e atuação socialmente responsável.

ABBOTT

Assistência inovadora e o desejo de fazer uma diferença expressiva em tudo o que fazemos.

FRANGOS CANÇÃO

Gostamos de desafios. Saúde e segurança. Foco em resultados. Ética. Fazemos diferente. Gente que faz a diferença. Qualidade. Comprometimento. Sonhamos grande.

USINA DELTA

Empreendedorismo, inovação constante, excelência e qualidade em serviços e produtos. Trabalho em equipe, respeito ao meio ambiente, ao ser humano e foco no cliente.

ANGLO AMERICAN

Segurança: está sempre no topo da nossa lista e por uma razão óbvia. Acreditamos verdadeiramente que todos os acidentes podem ser prevenidos e que, trabalhando juntos, podemos tornar a segurança o nosso modo de vida, dentro e fora do local de trabalho. Preocupação e respeito: sempre tratamos as pessoas com respeito, dignidade e cortesia — independentemente de sua formação, estilo de vida ou posição. E estamos construindo confiança com uma comunicação aberta e recíproca a cada dia. Integridade: isso significa ter uma abordagem honesta, justa, ética e transparente em tudo o que fazemos. Estamos dispostos a fazer o que é correto, mesmo correndo o risco de não sermos populares. Responsabilidade: somos responsáveis por nossas decisões, ações e resultados. Cumprimos o que prometemos e reconhecemos nossos erros. Acima de tudo, nunca nos isentamos da culpa. Colaboração: ninguém aqui trabalha por conta própria. Somos uma empresa com uma ambição conjunta — todos trabalhando juntos para tomar decisões e fazer as coisas de forma mais eficaz. Inovação: desafiar o modo como as coisas sempre foram feitas é nossa prioridade. Desenvolvendo ativamente novas soluções, incentivando novos modos de pensar e encontrando novas maneiras de trabalhar, estamos melhorando os negócios de maneira significativa.

LABORATÓRIO CRISTÁLIA

Inovação. Respeito. Qualidade. Excelência com simplicidade.

HUAWEI

Banda larga ubíqua. Inovação ágil. Experiência inovadora.

STATOIL

Coragem. Abertura. Colaboração. Cuidado.

USINA DA PEDRA

Integridade: presente em nossas ações. A conduta íntegra pauta a convivência com todos os públicos com os quais nos relacionamos. As relações duradouras e estáveis que mantemos são resultado desse princípio que fortalece a empresa e valoriza suas conquistas. Unidade: espírito de equipe. A colaboração e o trabalho em equipe são fundamentais para o desenvolvimento das empresas. Reunir pessoas de várias idades, com experiências distintas, com histórias de vida diferentes de forma produtiva é uma condição que orienta as ações do grupo. Produtividade: desafio permanente. Promover ganhos de produtividade, visando o crescimento e a competitividade é o desafio que nos fortalece. Solidez: compromisso com o futuro. É com os olhos no futuro que a Pedra Agroindustrial se solidifica. São mais de sete décadas de dedicação de milhares de pessoas, de várias gerações que acreditam na força criadora do trabalho.

HOSPITAL SANTA MARCELINA

Derivam dos valores institucionais éticos, humanitários e cristãos. A espiritualidade. O respeito. A hospitalidade. A alta performance. O aprendizado organizacional. A responsabilidade social.

HOSPITAL N. S. CONCEIÇÃO

Compromisso com o usuário. Equidade. Estímulo à inovação. Estímulo à produção e à socialização do conhecimento. Integralidade. Participação.

Responsabilidade social. Sustentabilidade. Transparência. Universalidade. Valorização do trabalho e do trabalhador.

MRN

Praticar um modelo de gestão participativa e transparente como meio de administração. Respeitar o meio ambiente, estabelecendo medidas para prevenção e controle de todas as formas de poluição, desenvolvendo e aplicando tecnologia voltada para a eliminação, o aproveitamento e a minimização de resíduos, bem como implementando ações de recuperação de áreas impactadas pelas operações. Proporcionar ambiente de trabalho saudável, seguro e confortável aos seus empregados e aos empregados das empresas contratadas. Manter um clima organizacional onde a credibilidade e o respeito à pessoa sejam permanentes e espontâneos. Promover a comunicação com seus diversos públicos, de modo a fortalecer e preservar a sua imagem. Valorizar seus recursos humanos, promovendo o seu permanente desenvolvimento profissional e pessoal. Fazer o aproveitamento racional de suas reservas de minério, o que lhe garante a existência. Promover o tratamento adequado para todos os riscos da organização, de modo a minimizá-los. Contribuir para o desenvolvimento socioeconômico regional, com ações e programas nas áreas de geração de renda, saúde, meio ambiente e educação.

BURGER KING

Meritocracia. Foco no cliente. Visão de dono. Alegria. Ética. Simplicidade.

ELETROBRAS DISTRIBUIÇÃO PIAUÍ

Foco em resultados. Empreendedorismo e inovação. Valorização e comprometimento das pessoas. Ética e transparência.

ODONTOPREV

Queremos que todos que interagem com a OdontoPrev sintam que esta é uma organização que vale a pena. Para tanto, acreditamos ser fundamental que:

- Nossos serviços sejam da mais alta qualidade e competência técnica.
- Nosso relacionamento seja baseado em respeito, transparência, integridade e confiança.
- Nossos desafios sejam enfrentados de forma participativa, flexível e com firmeza de propósitos.
- Nosso sucesso seja reconhecido e compartilhado com aqueles que efetivamente contribuem.
- Haja compromisso constante, foco e competência na busca de resultados.

SLC AGRÍCOLA

Integridade. Paixão pelo que faz. Relações duradouras. Resultados sustentáveis.

AVIBRAS

Ambiente saudável: garantir que a empresa é um bom lugar para o trabalho e para realização dos colaboradores. Sustentabilidade: obter lucros justos, servindo à sociedade e sendo útil à nação com sustentabilidade econômica, social e ambiental. Segurança: praticar com rigor a segurança no sentido amplo — segurança no trabalho, segurança patrimonial, segurança de informações e segurança quanto a acidentes de percurso. Qualidade: ter atenção para fazer correto da primeira vez. A qualidade nasce com quem faz! Praticar qualidade em todas as nossas atividades. Buscar excelência em todas as nossas responsabilidades. Respeito às pessoas: valorizar o patrimônio humano que se identifica com a cultura da empresa e que se mantém permanentemente atualizado, inovador, produtivo, constituindo-se em exemplos vivos que evoluem sem revolucionar. Espírito de equipe: trabalhar só e em equipe, com respeito mútuo, sem vedetismo, com zelo e vontade. Praticar diálogo franco. Inovação: manter-se em permanente estado de alerta e com fontes de vantagens competitivas para explorar oportunidades de uso e comercialização de sua tecnologia em novos nichos de mercado, respondendo com rapidez e qualidade às solicitações dos clientes. Solidez: manter sua estrutura organizada para crescimento sólido, repudiando aventuras que coloquem em risco sua sobrevivência. Tecnologia estratégica: diversificar mercados e estabilizar faturamento, com base em conhecimentos e tecnologias desenvolvidas. Diretrizes para o sucesso: utilizar Procedimentos Internos (PIs) de forma criativa, proativa, como receita de sucesso em busca de soluções atualizadas. Enfocar resultados e colaboração, assumindo os objetivos da empresa como de nossa propriedade. Valorização dos valores: comprometimento com os valores da empresa. Onde quer que estejamos, seremos sempre profissionais Avibras. Foco em resultados: atuar de forma integrada e planejada, visando a otimização do tempo e os recursos para atingirmos nossas metas e prazos com qualidade. Harmonia com o meio ambiente: comprometimento em adotar as melhores práticas ambientais e conservação da biodiversidade em suas unidades fabris. Sinônimo de respeito e interação harmoniosa com o meio ambiente. Conduta dos negócios: compromisso de conduzir seus negócios com integridade e aplicação efetiva do Código de Ética e de Conduta, além dos Manuais de Gestão, Procedimentos Internos (PIs) e Instrução de Trabalho (ITR). Melhoria contínua de *compliance* e dos sistemas preventivos anticorrupção.

RANDON

Cliente satisfeito: conquistar e manter clientes, antecipando e atendendo às suas expectativas. Lucro, meio de perpetuação: o lucro é a base para geração de empregos e riqueza em benefício de toda a sociedade. Qualidade, compromisso de todos: fazer da qualidade em todas as atividades nosso ponto forte. Tecnologia competitiva: desenvolver, absorver e fixar tecnologia criativa, inovadora e competitiva. Homem valorizado e respeitado: respeitar o ser humano como destinatário final de tudo o que fazemos. Ética, questão de integridade e confiabilidade: manter tudo o que fazemos em base ética elevada. Imagem, patrimônio a preservar: desenvolver e preservar a boa imagem é compromisso de todos, no trabalho, nas relações sociais e nas relações com o meio ambiente. A Randon somos todos nós. Trabalhar em parceria, com dedicação, criatividade, competência e espírito de uma organização única.

THYSSENKRUPP

Oferecer bons serviços e produtos de qualidade para buscar a satisfação total, além de reverter em resultados positivos para clientes, fornecedores e funcionários.

BRASILGÁS

Talentos: ter pessoas como o diferencial competitivo. Clientes: marca de maior valor percebido. Paixão pelo cliente. Custos: ser o operador de menor custo.

SISTEMA PRODUTOR SÃO LOURENÇO

Temos fome por aprender e inovar. Nos preparamos para os desafios com alicerce em equipes e parceiros. Cuidamos das relações com ética, confiança e segurança. Assumimos responsabilidade e realizamos.

AMAGGI AGRO

Integridade: ser ético, justo e coerente com o que pensa, fala e faz. Respeito ao meio ambiente: ser referência na gestão socioambiental. Simplicidade: concentrar-se no essencial, incentivando a agilidade e a desburocratização. Humildade: demonstrar respeito por todas as pessoas, mantendo o bom senso nas relações profissionais e pessoais. Gestão participativa: estimular a participação, promovendo o reconhecimento e o crescimento profissional, envolvendo as pessoas nos processos importantes da empresa. Comprometimento: "Vestir a camisa." Ter paixão e orgulho pelo trabalho e se empenhar pelo sucesso da empresa. Inovação e empreendedorismo: manter na organização pessoas criativas, participativas, ousadas, talentosas e entusiasmadas, que fazem a diferença no mercado competitivo. Respeito aos nossos parceiros: cultivar as boas relações comerciais, mantendo o compromisso de ser uma empresa admirada e respeitada por todos.

BERNECK

Estar atenta às solicitações e às necessidades dos clientes e consumidores. Buscar excelência nos produtos que fabrica. Promover responsabilidade social através de ações e atitudes. Promover a integração e o desenvolvimento do trabalho em equipe. Buscar constantemente o desenvolvimento de seus negócios e da valorização da sua marca. Respeitar a saúde e a segurança dos colaboradores, tendo transparência nas relações, estimulando o desenvolvimento pessoal e profissional, a criatividade e a participação de todos. Liderar pelo exemplo.

A. C. CAMARGO CÂNCER CENTER

Ética. Conhecimento. Resolução. Inovação. Foco no paciente. Humanidade. Sustentabilidade.

TAESA

Transparência. Comportamento ético e respeitoso. Segurança. Foco no resultado. Sustentabilidade. Espírito de excelência. Promover o crescimento das pessoas. Vencer como equipe. Comprometimento. Inovação.

BAHIAGÁS

Ética. Inovação. Segurança. Trabalho em equipe. Orientação para o cliente. Compromisso com resultados. Responsabilidade socioambiental. Respeito às pessoas e à diversidade.

OMINT SAÚDE

A importância fundamental de seu pessoal e de seu desenvolvimento, tanto no seu aspecto profissional como no ético. O conceito de trabalho profissional. A importância fundamental do nível ético dos seus funcionários e o desenvolvimento de suas virtudes morais. A ênfase no planejamento estratégico. A ênfase em satisfazer as necessidades dos beneficiários dos seus serviços. A ênfase em programas de qualidade de vida e programas de medicina preventiva.

BENEFICÊNCIA PORTUGUESA S. PAULO

Saúde está em primeiro lugar: com uma visão holística do tratamento, buscamos o bem-estar e a recuperação de nossos pacientes acima de tudo. Credibilidade se cultiva: construímos reputação com base na excelência dos serviços, em atitudes transparentes, éticas e íntegras. Nutrimos relações verdadeiras, sustentáveis, para durar. Faz bem fazer o bem: acreditamos que, para criarmos um mundo melhor e uma sociedade mais justa, não basta cada um fazer a sua parte. É preciso ir além. A filantropia está em nosso DNA. Estamos sempre em movimento: lidar com vidas humanas exige constante atualização e renovação — do conhecimento, de infraestrutura e de formas de pensar. Em um mundo sempre em evolução não podemos parar nunca. A colaboração nos leva mais longe: juntos alcançamos resultados mais robustos, eficientes e inovadores. Valorizamos alianças e parcerias que nos tornam mais abrangentes e completos. Vida contagia: vida atrai mais vida. Multiplica, floresce e se renova. Lidar com vidas humanas nos inspira e anima.

VBR

Manter-se na liderança do mercado de tubos por meio da confiança de seus clientes no atendimento de qualidade, prazo e preço. Praticar uma gestão ética e socialmente responsável. Promover a saúde e a segurança do trabalho. Preservar o meio ambiente e prevenir a poluição. Apoiar e melhorar o desempenho energético. Cumprir a legislação e as normas aplicáveis. Melhorar continuamente o seu desempenho.

SODEXO

Espírito de serviço. Espírito de equipe. Espírito de progresso.

COTRISAL

Visão empreendedora, adequação às mudanças tecnológicas, profissionalismo, inovação e competitividade nos processos de gestão.

HCPA

Respeito à pessoa: reconhecer o direito de cada um de tomar decisões e agir em um ambiente de acolhida, valorização, confiança e respeito às individualidades. Competência técnica: promover o aprimoramento permanente da excelência, agilidade e efetividade dos serviços prestados pela instituição. Trabalho em equipe: estimular e proporcionar condições para a atuação integrada, coesa e colaborativa entre os membros de um mesmo grupo e entre os integrantes de diferentes equipes. Comprometimento institucional: promover e estimular a responsabilidade dos colaboradores com os resultados institucionais, sustentada pelo orgulho de integrar e ajudar a construir permanentemente uma instituição de excelência. Austeridade: gerir o patrimônio público com parcimônia, integridade, honestidade e efetividade, comprometendo todos os colaboradores com essa postura. Responsabilidade social: comprometer-se com a saúde integral das pessoas e com a sustentabilidade econômica e ambiental, contribuindo para a qualidade de vida, a cidadania e o desenvolvimento do país. Transparência: manter canais de comunicação permanentes para a divulgação de informações e a prestação de contas sobre as ações institucionais, construindo uma relação de confiança com colaboradores e sociedade.

GERDAU

Ter a preferência do cliente. Segurança das pessoas acima de tudo. Pessoas respeitadas, comprometidas e realizadas. Excelência com simplicidade. Foco em resultados. Integridade com todos os públicos.

FRIGOL

Criatividade empírica. Paranoia produtiva. Disciplina fanática. Liderança e Compromisso.

ELETROBRAS DISTRIBUIÇÃO ALAGOAS

Foco em resultados. Ética e transparência. Valorização e comprometimento das pessoas. Empreendedorismo e inovação. Sustentabilidade.

CLEALCO

Integridade: atuamos nas relações internas e externas de forma ética, responsável e transparente; preservamos nossa confiabilidade e honradez. Segurança: garantimos condições de segurança do trabalho, envidando esforços para a não ocorrência de quaisquer tipos de acidentes e estabelecendo regras rígidas das quais não toleramos desvios. Competência: promovemos ambiente desafiador, incentivando o desenvolvimento do conhecimento, das habilidades e das atitudes das pessoas, em busca permanente por resultados crescentes. Comprometimento: apoiamos as pessoas que assumem responsabilidades, que trabalham com paixão e que lideram pelo exemplo, celebrando as conquistas e transformando erros em aprendizado. Confiança: acreditamos que um ambiente de confiança propicia o trabalho em equipe, o diálogo aberto e a oportunidade para falar e ouvir, encoraja a iniciativa e o comprometimento e constrói melhores soluções.

CCR NOVADUTRA

Desprendimento: o caminho para o crescimento das pessoas e da empresa. Integridade: fundamento das relações pessoais e profissionais. Ousadia: proatividade, criatividade e persistência para buscar desafios e superar limites. Respeito: pelo outro, pela vida e pela natureza. Autonomia: liberdade de ação com responsabilidade.

FERTIPAR MATO GROSSO

Ética, confiança, integridade, comprometimento e respeito.

ÍNDICE

A

Administração 45, 53
Afirmação autoconceitual 86
Akio Morita 162
Albert Dunlap 24
Alcançar autonomia 44
Alfred Sloan 23, 45, 53, 72
Ambiente competitivo 101
Análise SWOT 78, 127
Apple 15
Atividade organizacional 145

B

Burnout 2
Business Roundtable 24

C

Capital reputacional 3
Carl Gustav Jung 47
Ciclos de adaptação 40

Cidadania
　corporativa 97
　organizacional 101
Ciência jurídica 34
Clima organizacional 2
Coesão psicocomportamental 137
Companhia das Índias Orientais 32
Comportamento
　organizacional 136
　predatório 64
Compreensão comum 53
Comprometimento 51
Condição de personalidade 31
Conduta organizacional 18
Contradições internas 3
Contratos psicológicos 58
Controle democrático 18
Corporação 21
　controle concentrado 21
　essência da 30
　propriedade difusa 21
Costumes cotidianos 134

Cultura organizacional 47, 50, 76, 134
Culturas aspiracionais 73

D

Declarações
  de missão (DM) 70
  de visão (DV) 109, 145
Direito 34, 135

E

Economia 20, 27
  dinheiro 27
  formalização matemática na 20
Empregos remunerados 15
Energia criativa 114
Escambo 13
Escola
  de Chicago 21
    Chicago boys 21
  de design 79
  de Recursos Humanos 60
Estabelecer identidade 44

F

Fedex 46
Feudalismo 12
Frank Knight 21
Frederick Smith 46
Função
  pública 4, 11
  social 3, 69
Futuro vislumbrado 110

G

Gareth Morgan 42
General Electric (GE) 75
General Motors (GM) 23, 45

Gestão estratégica 77
Grupo Votorantim 27

H

Henri Fayol 52, 71
Henry Ford 13, 23, 53
Hipocrisia 143
  institucional 135
Homem Econômico 20
Homofonia 163

I

Ideário coletivo 134
Identidade corporativa 6, 18, 36, 74
  construção da 6
Ideologia central 109
Império Romano 30
Inovação 154

J

Jack Welch 75, 136
Jeff Bezzos 54
John Maynard Keynes 2, 21, 39
Jordan Peterson 49
Jorge Paulo Lemann 14, 111
José Ermírio 27
Joseph Schumpeter 113

L

Leland Stanford 35

M

Mentalidade coletiva 71
Milton Friedman 21, 62
Miopia de marketing 94
Missão 69

internalização da 76
Modelo bidimensional de perspectivas 100
  Cidadela 100
  Embaixada 100
  Forte 100
  Front 100
Modelos mentais 41
Modo de produção 12
Movimento de responsabilidade social corporativa 22

N

Necessidade social 14, 48
Nicolau Maquiavel 70

O

Obsessão
  pelo crescimento 26
  pelo lucro 26

P

Papel social 163
Personalidade jurídica 40
Pessoa
  jurídica 33
  moral 33
Peter Drucker 3, 41, 45, 57, 70, 112, 154
Philip Kotler 39, 82, 93
Potencial
  de inovação 41
  inspiracional 115
Processo de interpenetrabilidade 136
Propósito 3, 38, 159
  clareza de 41, 71, 109
  coletivo 56
  como centro de gravidade 4

como destino 162
declarado 163
importância do 3
instaurar previsibilidade 43
intencionalidade 38
internalização do 57
senso de 28, 59
vivido 163

R

Reciprocidade comportamental 56
Repugnância moral 141
Responsabilidade social 28
  corporativa 62
Retorno sobre o capital 24
Ricardo Semler 142
Robert Dahl 18

S

Sam Walton 16, 45
Sensação de pertencimento 42
Senso
  compartilhado de realidade 160
  de empatia 65
sistema interpretativo 53
Sistema sociotécnico 14
Southern Pacific Railroad Company 35
Steve Jobs 14
Stuart Mill 61
Supremacia do lucro 23

T

Tarefas organizacionais 13
Teoria
  clássica da administração 2
  de Skinner 42
  do Acionista 22

do Agente-principal 23, 60
Teorias jurídicas 32
Teóricos behavioristas 42
Theodore Levitt 72
Travis Kalanick 48

Uber 48
Uniformidade de conduta 140

Valor do cliente 25
Valores
    corporativos 133
    organizacionais 135, 138, 145
    pessoais 138
Vantagens materiais 26
Vigência coletiva 51

Walmart 16
Walt Disney 34, 70

Projetos corporativos e edições personalizadas
dentro da sua estratégia de negócio. Já pensou nisso?

Coordenação de Eventos
Viviane Paiva
viviane@altabooks.com.br

Contato Comercial
vendas.corporativas@altabooks.com.br

A Alta Books tem criado experiências incríveis no meio corporativo. Com a crescente implementação da educação corporativa nas empresas, o livro entra como uma importante fonte de conhecimento. Com atendimento personalizado, conseguimos identificar as principais necessidades, e criar uma seleção de livros que podem ser utilizados de diversas maneiras, como por exemplo, para fortalecer relacionamento com suas equipes/ seus clientes. Você já utilizou o livro para alguma ação estratégica na sua empresa?

Entre em contato com nosso time para entender melhor as possibilidades de personalização e incentivo ao desenvolvimento pessoal e profissional.

PUBLIQUE SEU LIVRO

Publique seu livro com a Alta Books. Para mais informações envie um e-mail para: autoria@altabooks.com.br

 /altabooks   /alta-books   /altabooks   /altabooks

CONHEÇA OUTROS LIVROS DA **ALTA BOOKS**

Todas as imagens são meramente ilustrativas.

Este livro foi impresso nas oficinas gráficas da Editora Vozes Ltda.,
Rua Frei Luís, 100 – Petrópolis, RJ.